AF747352

www.ingramcontent.com/pod-product-compliance
Lightning Source LLC
LaVergne TN
LVHW010808051026
849532LV00007B/2472
* 9 7 8 9 3 5 8 7 2 6 2 5 1 *

# مذہب کے افکار:

## سوامی وویکانند

(مضامین)

سوامی سوواہانندا

**Mazhab ke Afkaar : Swami Vivekananda** *(Essays)*
by: Swami Swahananda
Edition: September '2024
Publisher :
*Taemeer Publications LLC* (Michigan, USA / Hyderabad, India)

ISBN 978-93-5872-625-1



کتاب : **مذہب کے افکار : سوامی وویکانند**

مصنف : **سوامی سوواہانندا**

صنف : غیر افسانوی نثر

ناشر : تعمیر پبلی کیشنز (حیدرآباد، انڈیا)

سالِ اشاعت : ۲۰۲۴ء

صفحات : ۱۴۰

سرورق ڈیزائن : تعمیر ویب ڈیزائن

# فہرست مضامین

# پیش لفظ

سوامی وِویکانند کی سویں سالگرہ کی تقریب پر رامکرشن مشن کی مختلف شاخوں سے اُن کے لیکچروں اور دُوسری تصانیف کے مجموعے اپنے دیش کی زبانوں میں شائع کئے جارہے ہیں اس سلسلے میں سوامی سوواہانندا جی سیکریٹری رامکرشن مشن نئی دہلی نے فیصلہ کیا کہ سوامی وویکانند کی تقاریر اور تصانیف کا انتخاب اُردو زبان میں بھی چھپوایا جائے چنانچہ اس بنا پر اُنہوں نے سرکار ہند کے محکمہ تعلیم سے مالی امداد کا وعدہ بھی لے لیا اُس کے بعد اُنہوں نے سوامی جی کی تصانیف کا انتخاب میرے ہاتھ میں دے کر ترجمہ کی ذمہ داری مجھے سونپ دی اس لئے نہیں کہ مجھ میں اس کام کی کوئی خاص اہلیت ہے بلکہ اس وجہ سے کہ سوامی جی کی اردو دان طبقے میں زیادہ واقفیت نہیں۔

بہرحال میں نے اپنے ایک دوست کی معرفت اُردو کے دو مانے ہوئے ادیبوں کو ترجمہ کرنے پر راضی کر لیا "نعرۂ سنیاس"، "پارلیمنٹ آف ریلیجز" اور دُوسرے چند مضامین کا ترجمہ میں نے اپنے سر لے لیا اور باقی کام ان بزرگوں کے سپرد کر دیا۔ خیال تھا کہ کتاب چھ مہینوں میں تیار ہو جائے گی لیکن جب مجھے ترجمہ وصول ہوا تو میں نے دیکھا کہ اس پر نظرِ ثانی کی ضرورت تھی مجھے ان دونوں عُلما کا پُورا پُورا احترام ہے لیکن شاید چونکہ اُنہوں نے جلدی سے کام ختم کرنے کی کوشش کی اس لئے اُن کے ترجمے میں وِویکانند کے خیالات کی پُرزور روانی نہ آسکی۔ مجھے ان صفحات میں وِویکانند کی رُوح نظر نہ آئی اُن کی بھگتی اور پریم کا رس نہ ملا۔ کسی حد تک تو مترجم مجبور تھے کیونکہ انتخاب میں بہت سے "نوٹ"[1] شامل تھے "یہ نوٹ" سوامی جی کے لیکچروں کی یادداشتیں ہیں اور بحیثیت نوٹ ہونے کے ان میں روانی ہو ہی نہیں سکتی

---

[1] Notes

روانی پیدا کرنے کے لئے انہیں کچھ نہ کچھ پھیلانا پڑتا ہے میں نے ایسا کرنا ضروری سمجھا ہے کیونکہ اس مجموعے کا مقصد ودیکانند کے خیالات کو اُن بھائیوں تک پہنچانا ہے جو براہِ راست انگریزی میں اُن کی تصانیف کا مطالعہ نہیں کر سکتے ودیکانند کے الفاظ میں معنی اس طرح کوٹ کوٹ کر بھرے ہیں کہ بسا اوقات اُن کے محض لفظی ترجمہ سے (خواہ وہ کتنا ہی صحیح کیوں نہ ہو) پورے معنی پیدا ہی نہیں ہوتے، اس لئے جہاں تک مجھ سے بن پڑا ہے میں نے ترجمہ کرتے وقت یا اُس پر نظر ثانی کرتے وقت معانی کو خصوصاً پیشِ نظر رکھا ہے، چونکہ انگریزی اور اُردو کا اپنا اپنا محاورہ ہے، اس لئے بیان کی روانی اور خیال کے تسلسل کو برقرار رکھنے کی خاطر میں نے کہیں کہیں کچھ جملے اپنی طرف سے بڑھا دیئے ہیں۔ اُمید ہے کہ اہلِ ذوق کو اس پر کوئی خاص اعتراض نہیں ہوگا۔

مجھے اپنی خامیوں کا پورا احساس ہے لیکن سوامی ودیکانند سے عقیدت اور محبت کے تقاضے نے مجھے اپنے "ایڈیٹر" کے حقوق کا استعمال کرنے پر مجبور کر دیا اور میں نے اپنے ادیب دوستوں کے ترجمہ کو مرتب کرتے وقت اس میں جہاں کہیں بھی سوامی جی کے معانی کو اُبھارنے کے لئے ضروری سمجھا کم و بیش رد و بدل کر دیا ہے یہاں تک کہ بہت سے حصوں کو کلیتاً اپنے الفاظ اور اپنی طرز میں لکھ دیا ہے، اِن قلم درازیوں کے لئے میں اُن بزرگوں سے معافی کا خواستگار ہوں۔ مجھے اُمید ہے کہ ودیکانند کے نام پر وہ مجھے بخش دیں گے البتہ اس گستاخی کا ایک نتیجہ یہ نکلا ہے کہ تمام کتاب کا بیان کسی قدر ہموار ہو گیا ہے۔

کتاب کو اس طرح تہذیب و ترتیب دینے کے لئے مجھے کافی وقت نکالنا پڑا بعض اوقات ترجمہ پر نظر ثانی کرنے میں براہِ راست اصل سے ترجمہ کرنے سے بھی زیادہ وقت لگنے لگا۔ یہ دیکھ کر میں نے سوامی جی کی اجازت سے کچھ منتخب شدہ مضامین کی بجائے[1] دوسرے مضمون چن کر اُن کا براہِ راست ترجمہ کر دیا تاکہ کتاب کی اشاعت میں اور زیادہ تاخیر نہ ہو، اطلاعاً عرض ہے کہ اس مجموعہ میں جن مضامین کا ترجمہ میں نے خود کیا ہے وہ یہ ہیں نعرہ سنیاس، مذہب کیا ہے، مذہب اور معیارِ عقل، پارلیمنٹ آف رلیجنز، دنیا کے مذہبی رہنما، پیر ما حق و رعائت۔

ان حالات میں کتاب کی تیاری میں اندازے سے کہیں زیادہ وقت لگ گیا، دوسرے چینی حملے نے میری مشکلات کو اور بھی بڑھا دیا دفتر میں کام کی بھرمار کی وجہ سے آٹھ نو گھنٹے صرف ہونے لگے اور اس کام کے لئے رات ہی کو وقت نکالنا پڑا۔ نتیجہ یہ ہوا میری صحت خراب ہو گئی اور مجھے کچھ عرصہ بسترِ علالت پر دراز رہنا پڑا اس کے بعد کام کی رفتار بہت کم کرنا پڑی اور کتاب وقت پر شائع نہ ہو سکی اس کے لئے میں سوامی جی سے معافی کا خواستگار ہوں۔

---

[1] اس کتاب کی اشاعت کے بعد ان مضامین کو ترتیب دے کر اس مجموعے کی دوسری جلد میں شامل کرنے کا ارادہ ہے۔

آخر میں مجھے اُن سب اصحاب کا شکریہ ادا کرنا ہے، جن کی مدد اور تعاون سے یہ کام پایۂ تکمیل کو پہنچا ہے، میرے مترجم دوستوں میں سے ایک صاحب نے خصوصاً میرا ہاتھ بٹایا۔ کتاب ہذا کے کاتب اور اُن کے معاون کاتبوں نے متواتر محنت اور جانفشانی سے کتابت کی اور پُورے تحمل سے غلطیوں کی تصحیح کی میرے ایک دوست نے ساری کتاب پڑھ کر کتابت اور زبان کی غلطیوں کو دُور کرنے میں مدد دی اور پرنٹرز نے ۲ دو ہی مہینے میں کتاب چھاپ کر شائع کر دی لیکن ممکن ہے کہ باوجود سب کی محنت کے کتاب میں کئی غلطیاں اور خامیاں رہ گئی ہوں ناظرین سے میری التجا ہے کہ اِن سے درگزر کرتے ہوئے وِویکانند کے خیال اور معانی کی طرف توجہ دیں۔

بھگوان کی دیا سے کتاب اب چھپ کر تیار ہو گئی ہے، آج میں اپنی عقیدت کے اس پھُول کو سوامی وِویکانند کی خدمت میں بھینٹ کرتا ہوں اور دُعا کرتا ہوں کہ اُن کی معرفت اِسے اُس یزدانی ہستی کے پاک قدموں میں جگہ نصیب ہو جس کی الہامی آواز خود وِویکانند کے وجود میں مجسم ہوئی تھی۔

# سوامی جی کے سوانح حیات

سوامی وویکانند کا جنم ۱۲ جنوری ۱۸۶۳ء کو کلکتہ کی ایک بستی "سملہ" میں ہوا۔ اُن کے پتا وشوانا تھ دت ہائی کورٹ کے ایک نہایت کامیاب وکیل تھے۔ اُن کی ماتا کا نام بھونیشری دیوی تھا سوامی وویکانند کی تعلیم وتربیت پر اُن کا خاص طور پر اثر پڑا۔

سوامی جی کا نام نریندر ناتھ دت تھا لیکن سب اُنہیں "نرن" نام سے پکارتے تھے۔ نرن ایک شرارتی اور چنچل لڑکا تھا۔ دوسروں کو خوب چڑاتا تھا اور اپنی بہنوں کو خاص طور پر تنگ کرتا تھا سکول میں بھی کھیل کود میں سب سے آگے رہتا تھا لیکن ساتھ ہی اس قدر ذہین کہ اُستاد اُسے کچھ نہیں کہتے تھے۔

وہ نہ صرف جسمانی طاقت کا مالک تھا۔ بلکہ اُس کے دماغ میں بھی کسی قسم کا خوف وہراس نہ تھا ایک دفعہ وہ درخت سے چھلانگیں لگا رہا تھا کہ ایک بزرگ نے کہا کہ ایسا مت کرو، اِس درخت میں ایک بھوت رہتا ہے۔ وہ تمہاری گردن مروڑ دے گا نرن اُس وقت تو چپ ہو گیا لیکن جب وہ بزرگ چلے گئے تو پھر چھلانگیں لگانے لگا۔ جب اُس کے دوست نے بھوت کا خوف دِلایا تو نرن ہنس کر کہنے لگا۔

"اگر کوئی بھوت ہوتا تو اب تک میری گردن کئی بار مروڑ دی گئی ہوتی"۔ نرن کی شرارتوں سے تنگ آکر ایک دفعہ اُس کی ماں نے کہا: "میں نے بھگوان شِو سے ایک سپوت مانگا تھا لیکن اُنہوں نے مجھے ایک بھوت بھیج دیا ہے"۔

نریندر کی قابلیت اور ذہانت کے سب قائل تھے سکول اور کالج کی میں اُس کی دھاک تھی اس کا مطالعہ وسیع تھا۔ اُس کی یادداشت نہایت تیز تھی اس کے کالج کے پرنسپل نے لکھا ہے: "میں نے اِتنی قابلیت

اور ذہانت کا مالک کسی لڑکے کو نہیں پایا۔ یہ بڑا ہو کر نمایاں کام کرے گا۔

کالج کی تعلیم نے نریندر کے دل و دماغ میں بے چینی اور اضطراب پیدا کر دیا۔ اُسے اپنے مذہب کی سچائی پر شک ہونے لگا۔ وہ اصلاح کی تحریکوں میں حصّہ لینے لگا اور برہمو سماج سے اُس کی عقیدت بڑھنے لگی لیکن اس سے اس کی تسلی نہ ہوئی۔ وہ مہرشی دیوندر ناتھ ٹیگور کے پاس گیا اور کہا مہاراج کیا آپ نے بھگوان کو دیکھا ہے؛ وہاں سے منفی میں جواب پاکر وہ شری رام کرشن کے پاس دکشنیشور کے مندر میں پہنچا۔ جب اس نے اُن سے وہی سوال کیا تو انہوں نے کہا "بھگوان کے درشن ہو سکتے ہیں بھگوان سے عین اسی طرح گفتگو کی جا سکتی ہے جیسے میں تم سے کر رہا ہوں" آہستہ آہستہ نریندر شری رام کرشن کے نزدیک ہوتا گیا اور آخر ان کا ہی ہو کر رہ گیا۔ انہوں نے بھی نریندر کو اپنی ساری شکتی اور آگہی دیدی وویکانند کے اپنے لفظوں میں "مجھے جو کچھ ملا ہے اپنے گورو دیو سے ملا ہے۔ اور جو کچھ میں کر پایا ہوں وہ سب گورو دیو جی کی برکت ہے"۔ شری رام کرشن سے ہی انہوں نے اپنی زندگی کا مشن حاصل کیا اور وہ مشن یہ ہے کہ انسانوں میں خدا کو جلوہ گر دیکھ کر سب کی سیوا کرو، ہر جاندار کو بھگوان کا رُوپ مان کر اس کی سیوا ہی سچا دھرم ہے۔

شری رامکرشن ۱۸۸۶ء میں دُنیا سے کنارہ کش ہو گئے۔ اُن کے بعد نریندر نے ان کے سب چیلوں کو یکجا کر کے رام کرشن مٹھ کی بنیاد رکھی اور جلد ہی شری رامکرشن دوسرے چیلوں کے ساتھ خود بھی سنیاس اختیار کر لیا اسکے بعد نوجوان سنیاسی نے ہندوستان کا دَورہ کیا۔ اِس دورے میں اُن کے دل پر ہندوستان کی غریبی اور مفلسی کا خاص اثر ہوا اور انہوں نے اپنے دیش کی ترقی اور بہبودی کے لئے کام کرنے کا فیصلہ کیا۔ وہ خود لکھتے ہیں "میں ملک بھر گھوم آیا ہوں، مجھے اپنی آنکھوں سے عوام کی غریبی اور مصیبت دیکھ کر بہت ہی دُکھ ہوا اور میں خوب رُویا۔ میرا عقیدہ ہے کہ جب تک تنگ دستی اور دُکھ کو نہ مٹایا جائے۔ مذہب اور آتم گیان کی باتیں کرنا بالکل فضول ہے۔ میں اپنے دیش باسیوں کی بھلائی اور بہبودی کے لیے امریکہ جانے کا ارادہ رکھتا ہوں وہ مذہب ہی کیا جس کے سائے میں غریبی بستی ہو، میرا دل اب بہت وسیع ہو گیا ہے اور مجھے دیش بھر کے درد کا احساس ہے۔

چنانچہ دیش کی عزت بڑھانے اور اُس کے لئے دنیا کی ہمدردی حاصل کرنے کی خاطر وہ ۱۸۹۳ء میں امریکہ گئے۔ وہاں انہوں نے پارلیمنٹ آف ریلیجنز میں شرکت کی اور اپنی تقریر سے تہلکہ مچا دیا۔ یہاں اُنہوں نے دُنیا کو کائناتی اخوت کا پیغام سُنایا اور کہا "بھگوان تک پہنچنے کے بہت سے راستے ہیں وہ سب کے سب اس تک پہنچانے کی اہلیت رکھتے ہیں" اُنہوں نے اعلان کیا کہ "اگر دُنیا میں کوئی ایک عالمگیر مذہب ہونا ممکن ہے تو وہی مذہب ہو سکتا ہے جس کا کسی خاص مقام یا وقت سے کوئی تعلق نہ ہو جو کسی بھی طرح محدود نہ ہو۔ جس کے سورج کی روشنی بھگوان کرشن اور یسوع مسیح کے پجاریوں اور دوسرے سب مذاہب کے پیروؤں کو یکساں طور پر حاصل

ہو۔"

اِس تقریر کے بعد سوامی جی کا نام امریکہ اور یورپ میں گونج اُٹھا۔شہرت اور عزت کے اس ریلے میں بہہ جانا بہت ممکن تھا لیکن وہ ایک لمحہ کے لئے بھی اپنے دیش اور اپنے فرائض کو نہ بھولے۔ وہ اپنے خطوط میں لکھتے ہیں:۔

نوجوانو! دیش سیوا کے لئے کمر کس لو، بھگوان کی جے کے نعرے لگاتے ہوئے آگے بڑھتے چلو، پیچھے مڑکر دیکھنے کی بھی ضرورت نہیں کہ کون گرا۔ بس بڑھتے چلے جاؤ۔"

سوامی جی امریکہ اور یورپ میں تین سال تک متواتر کام کرتے رہے، ۱۸۹۶ء کے آخر میں وہ بھارت کے لئے روانہ ہو کر ۱۸۹۷ء کے شروع میں کامیابی کا سہرا باندھے اپنے دیش میں واپس آئے۔ یہاں تمام ملک اُن کے قدم چومنے کو جھک رہا تھا اُن کا جو عالی شان استقبال ہوا۔ وہ ہندوستان کی تاریخ میں اپنی مثال آپ ہے سوامی جی نے جنوب سے شمال تک مُلک کا فاتحانہ دَورہ کیا اور اُن کے جان بخش پیغام سے لوگوں میں ایک نئی زندگی کی لہر دَوڑ گئی۔ سوامی جی نے اعلان کیا:۔

"ہمارا مذہب وہی ہے جو ہمیں مَردانگی سکھائے۔ ہماری تعلیم وہی ہے جس سے مَردانگی کی بُو آئے۔ ہمارا فلسفہ وہی ہے جو ہماری قوت میں اضافہ کرے۔ یہی ایک معیار ہے حقیقی رُوحانیت کا، یہی کسوٹی ہے سچے مذہب کی، جو مذہب، جو نظریہ، جو فلسفہ انسان کو جسمانی، ذہنی، اخلاقی یا روحانی کمزوری کی طرف لے جاتا ہے۔ وہ سراسر جھوٹ ہے۔ افترا ہے، اس کے پاس نہ بھٹکو۔ وہ زہرِ ہلاہل ہے اُسے چھُو تک نہیں وہ موت ہے، زندگی نہیں سچ وہی ہے جو تقویت دے سچ ہی پاکیزگی ہے سچ ہی علم ہے۔ جھوٹ جہل کا دوسرا نام ہے سچ کے علم بردار رہو! اُٹھو اور کمزور کرنے والی رسُوں کو خیرباد کہو اور جان بخش سچی رُوحانیت کو اپناؤ، یاد رکھو، جیسے زندگی بذاتِ خود مشکل پسند نہیں ہے۔ اسی طرح سچائی، پیچیدہ نظریوں کا سلسلہ نہیں، حقیقت سادگی کے مترادف ہے"۔

اُنہوں نے فرمایا:۔"ہر فرد کی طرح ہر قوم کا بھی ایک مرکزی موضوع ہوتا ہے جو اس قوم کی صدیوں کی تاریخ سے اُبھرتا ہے، یا یوں کہو کہ ایک بُنیادی سُر ہوتا ہے جس میں اُس قوم کی اور کاروائیاں دوسرے سُروں کی طرح مِل کر ایک میٹھا راگ پیدا کر دیتی ہیں۔ کوئی قوم اپنے مرکزی موضوع سے منحرف ہو کر زندہ نہیں رہ سکتی"۔

"ہندوستان کا مرکزی موضوع، اس کا تاریخی راستہ، اس کے راگ کا بنیادی سُر رُوحانیت ہے۔ ہاں ایک بار پھر بھارت کے ہر طبقہ اور ہر ذات کے مرد، عورت اور بچے کو سُنا دو کہ تمہاری وراثت رُوحانیت ہے کوئی

طاقتور ہو یا کمزور، اونچی ذات کا ہو یا نیچی ذات کا، امیر ہو یا غریب، عالم و فاضل ہو یا اَن پڑھ، اَلغرض سب میں ایک ہی لازوال رُوحِ اعظم ہے جو کسی طرح بھی محدود نہیں جس کو جاننے سے بے حد طاقت حاصل ہوتی ہے جس کو جان کر ہر چیز ممکن ہو جاتی ہے اور نیکی اور بھلائی کرنے کی بیکراں قوت بیدار ہو جاتی ہے ہر شخص سے پکار پکار کر کہہ دو۔ "اُٹھو جاگو، اور آگے بڑھو، رُکنا تمہارا کام نہیں، جب تک منزلِ مقصود تک نہ پہنچ جاؤ، بڑھتے چلو" تمہاری کمزوریوں نے تم پر جادو کر رکھا ہے، تمہیں موت کی نیند سُلا دیا ہے جاگو یہاں کون ہے جو کمزور ہے، رُوح کو کون کمزور کہتا ہے تم ہر طاقت کے مالک ہو تم ہر جگہ ہو، کوئی شے تم سے چھپی نہیں ہے، اپنے آپ کو جانو، اُٹھو اور اپنی حقیقت سے آشنا ہو کر تم بھی انا الحق کے نعرے لگاؤ اپنے آپ سے غافل ہونا ہی خُدا سے منکر ہونا ہے اُٹھو اور یقینِ خودی کا اعلان کر دو۔"

اِس پیام کے ساتھ ساتھ سوامی جی نے اپنے ہم وطنوں کو اُن کی ذمہ داریوں سے آگاہ کیا، فرمایا "ہم اپنی ذلّت کے خود ذمہ دار ہیں، ہمارے آبا و اجداد نے عوام کو صدیوں سے روندا ہے، وہ غریب اس قدر پس گئے ہیں کہ اُنہیں اپنے انسان ہونے کا بھی احساس نہیں رہا۔ سالہا سال سے اِن مظلوموں سے فقط محنت و مشقت کا کام لیا گیا ہے۔ ان کی حالت باربرداری کے جانوروں کی سی بن گئی ہے، اِن غریبوں کا خیال کرو۔ اگر تمہارے دل میں اِن کروڑوں اِنسانوں کے لئے درد نہیں ہے تو تمہاری روحانیت، تمہاری ویدانت ایک بے معنی نظریہ سے زیادہ وقعت نہیں رکھتی! کیا تم کہہ سکتے ہو کہ تمہارے دل میں اپنے نام کی شہرت کی خواہش نہیں ہے؟ کیا تمہیں اپنے بیوی بچوں کا خیال نہیں ستاتا؟ کیا تمہیں اپنی جائیداد کی فکر نہیں ہے؟ اور کیا تم میں اپنی جان پر کھیل جانے کی ہمت ہے؟ اگر تم اِن تمام مرحلوں سے گزر چکے ہو تو دیش بھگتی کے رستے پر پہلا قدم اُٹھانے کے قابل ہو۔ دیش بھگتی کوئی آسان اور سستی چیز نہیں ہے، فضول باتوں سے دیش بھگتی نہیں ہوتی۔ جاؤ اپنے لئے کوئی عملی پروگرام بناؤ۔ محض نکتہ چینی سے کام نہیں چلے گا۔ جاؤ عملی طور پر دوسروں کی مدد کرو۔ کسی دُکھیارے کا دُکھ بانٹو۔ کسی غمزدہ کی دل جوئی کرو اور اُنہیں دکھ درد کے اندھیرے سے نکال کر زندگی کی روشنی میں لے آؤ۔ اس کام میں تمہارے رستے میں بہت سی مشکلات آئیں گی تمہیں بڑی سے بڑی مشکلوں کو ہٹانے کی ہمت پیدا کرنا ہوگی۔ اگر تمام دُنیا تمہارے راستے میں حائل ہو جائے تو بھی جان کی پرواہ نہ کرتے ہوئے تمہیں اس کا مقابلہ کرنا ہوگا اگر تم میں یہ طاقت ہے تو تم ضرور کامیاب ہوگے مگر جان لو کہ یہ کام آسان نہیں۔"

سوامی جی نے اس طرح دیش بھگتی اور خدمتِ خلق کا پرچار کیا۔ اِس کام کو سرانجام دینے کے لئے کئی مٹھ قائم ہوگئے۔ کتنے ہی سیوا آشرم بن گئے۔ جو آج بھی قائم ہیں۔ اور عوام کی خدمت کر رہے ہیں۔

سنہ ۱۸۹۹ء میں سوامی جی مغرب کے دوسرے دورے پر روانہ ہوگئے۔ کچھ دنوں لندن میں رُکے، اِس کے بعد سال بھر امریکہ رہے پھر پیرس، وی آنا، استنبول، ایتھنز اور قاہرہ ہوتے ہوئے دسمبر سنہ ۱۹۰۰ء میں واپس بھارت پہنچ گئے۔ ایسا معلوم ہوتا تھا کہ اب ان کا کام ختم ہوچکا تھا۔ اُن کی صحت بھی جواب دے چکی تھی۔ اب وہ زیادہ وقت کلکتہ میں اپنے شاگردوں کی تعلیم و تربیت میں گزارنے لگے۔

آہستہ آہستہ سوامی جی نے سب کاموں سے اپنا تعلق توڑ لیا۔ ایسا معلوم ہوتا تھا کہ وہ دُنیا کو خیرباد کہنے والے ہیں۔ آخر وہ دن آپہنچا۔ ۴ جولائی سنہ ۱۹۰۲ء شکروار کی صبح کو وہ مندر کے دروازے اور کھڑکیاں بند کرکے تین گھنٹے تک دھیان میں مگن رہے۔ اِس کے بعد ماتا کے چرنوں میں ایک میٹھا بھجن اَرپن کیا جس کو سُن کر سب آشرم نواسی مست ہوگئے۔ بہت دیر تک مندر سے بھجن کی میٹھی میٹھی لہریں اٹھتی رہیں۔ آخر سوامی جی سیڑھیوں سے اُترے اور آشرم کے میدان میں گھومنے لگے۔ دوپہر کا کھانا خلافِ معمول سب کے ساتھ مل کر کھایا، اس کے بعد تین گھنٹے تک سنسکرت پڑھاتے رہے۔ شام کی پُوجا کے وقت وہ اپنے کمرے میں چلے گئے۔ اور ایک گھنٹہ تک دھیان میں لگے رہے، اِس کے بعد بستر پر لیٹ گئے۔ اُن کی مالا ہاتھ میں تھی۔ ایک گھنٹہ کے بعد اُنہوں نے کروٹ لی۔ اور گہرا سانس لیا، پھر ایک دوسرا سانس لیا اور اس کے ساتھ ہی سب کچھ شانت ہوگیا۔ سوامی جی ایک تھکے ہوئے بچے کی طرح جگت ماتا کی گود میں ہمیشہ کے لئے سوگئے۔

سوامی جی کی عمر اس وقت اُنتالیس سال اور کچھ مہینے تھی وہ خود کہا کرتے تھے کہ میں چالیس سال تک نہ جی پاؤں گا۔ اور ان کی یہ بات پُوری ہوئی لیکن دراصل وہ زندۂ جاوید ہیں۔ وہ آج ہمارے درمیان نہیں۔ لیکن وہ اب بھی اپنا کام کر رہے ہیں اور کرتے رہیں گے۔

———×———

# مذہب کیا ہے؟

دندناتے ہوئے قوی ہیکل دیو کی طرح ریل کا انجن چھکا چھک چھکا چھک لپکتا چلا آرہا ہے، دھرتی اس کے پاؤں تلے کانپ رہی ہے، ریل کی پٹری پر لرزہ طاری ہے اور دُور ایک رینگتا ہوا ناچیز کیڑا اس ارتعاش کو محسوس کرتا ہے اور اپنی محدود قوت کو پوری طرح کام میں لاکر پٹری کے اوپر سے سرک جاتا ہے، انجن بجلی کی سی سرعت سے گزر جاتا ہے لیکن کیڑے کو کچل نہیں پاتا پٹری کے بازو سے لپٹی ہوئی یہ سہمی ہوئی ننھی سی جان پھر اپنے سکڑے ہوئے جسم کو ڈرتے ڈرتے پھیلا کر زمین پر اُتر آتی ہے، زندگی موت کی زد سے نکل کر پھر اپنی راہ پر چلنے لگتی ہے۔

سوچو تو اس ناچیز کیڑے اور ریل کے دیو صورت انجن میں کیا فرق ہے؟ آخر اس چھوٹے سے کیڑے کی ہستی تو بس اتنی ہے کہ ایک لمحہ میں کچلی جا سکتی ہے، مگر پھر بھی یہ ایک زندہ چیز ہے۔ اس میں جان ہے، اس کے برعکس انجن جسیم اور بھاری بھرکم ضرور ہے لیکن مُردہ مادّہ ہے، بے جان ہے، اس کی تمام طاقت تمام سینہ زوری، تمام رفتار محض مشینی ہے، میکانکی ہے، اس لحاظ سے ریل کی پٹری پر رینگنے والا ناچیز کیڑا جسے انجن کا ذرا سا لمس بھی جان سے مار سکتا تھا انجن سے کہیں زیادہ عظیم ہے کیونکہ وہ لامحدود زندگی کا حصہ دار ہے، خود اس میں اپنی رفتار کو کم بیش کرنے کی طاقت ہے انجن کو جس طرح ڈرائیور چلائے ویسے ہی چلنا ہوتا ہے، یہی فرق ہے مُردہ اور زندہ میں، مشین میں طاقت ضرور ہے لیکن وہ بس وہی کام کر سکتی ہے، جس کے لئے اُسے بنایا گیا ہے، اس کی میکانکی حرکت زندگی کی حرکت نہیں، زندگی کی حرکت میں آزادی اور شعور شامل ہیں، مُردہ مادہ ہر صورت میں محبوس و محدود ہے، کیونکہ اس کی نقل و حرکت میں آزادی اور شعور

کو ہرگز دخل نہیں۔ زندگی آزادی اور خودمختاری کے مترادف ہے' یہی آزادی اور خودمختاری ہی ہمارا طرۂ امتیاز ہے' اور ہماری تمام زندگی دراصل اسی آزادی اور خودمختاری کو حاصل کرنے کی متواتر اور مسلسل جدوجہد پر مشتمل ہے' ہم ہر لمحہ پہلے سے زیادہ آزاد ہونا چاہتے ہیں' ہماری تمام کوششوں اور کاوشوں کا مقصد زیادہ سے زیادہ آزادی حاصل کرنا ہی تو ہے' ہماری زندگی کا ہر قدم اسی منزل کی طرف اٹھتا ہے' زندگی کا کمال مکمل آزادی ہی میں مضمر ہے' جب انسان ہر بندش سے آزاد ہو جاتا ہے تو اپنے کمال کو پا لیتا ہے۔

ہمیں اس بات کا پوری طرح شعور اور احساس ہو یا نہ ہو لیکن حقیقت یہ ہے کہ پاٹھ پوجا' بھجن اور کیرتن زہد اور تقویٰ' ترک اور ریاضت غرضیکہ عبادت اور پرستش کی ہر مروجہ صورت کے پس پردہ حصولِ آزادی ہی کی خواہش اور کوشش کارفرما ہے' مثلاً ارتقا کی پہلی منزلوں میں انسان بھوت پریت کی پوجا کرتا ہے۔ اپنے آباواجداد کی رُوحوں کی پرستش کرتا ہے' سانپ اور اژدہے کے آگے سر جھکاتا ہے' اپنے قبائلی دیوی دیوتاؤں کی عبادت کرتا ہے۔ آخر کیوں؟ اس لئے تاکہ وہ غیر شعوری طور پر محسوس کرتا ہے کہ یہ ہستیاں اُس سے زیادہ بڑی ہیں' زیادہ طاقت ور ہیں اور اس کی آزادی کی راہ میں مخل ہیں' وہ ان طاقتوں کو خوش کرنے کی کوشش کرتا ہے تاکہ وہ اُسے تنگ نہ کریں' اس کی خواہشات کی تکمیل کے راستے میں حائل نہ ہوں بلکہ اس حد تک مددگار ہوں کہ اُسے دنیا کی تمام نعمتیں محنت اور مشقت کے بغیر ہی مل جائیں۔ دُوسرے لفظوں میں انسان ہر قسم کی بندشوں سے آزاد ہونے کے لئے ان طاقتوں سے جنہیں وہ اپنے سے بڑا سمجھتا ہے مدد طلب کرتا ہے یہی عبادت اور پرستش کی بنیاد ہے۔

غور سے دیکھا جائے تو آدمی کی نظر ہمیشہ معجزات پر لگی رہی ہے' دنیا ہر وقت کسی نہ کسی معجزہ کی متوقع رہتی آئی ہے۔ ہم لاکھ کوشش کریں معجزے کی اُمید ہمارا ساتھ نہیں چھوڑتی۔ مابعدالفطرت کا خیال ہم سے جُدا ہونے نہیں پاتا بلکہ میں تو کہوں گا کہ ہمارے دماغ کا وجود بذات خود اسرار و معنئ حیات کی تلاش کے لاانتہا سلسلے سے پیدا ہوتا ہے۔ یہی ابدی جستجو مجسم اور مسلسل ہو کر انسانی دماغ بن گئی ہے آپ کہہ سکتے ہیں کہ زیادہ تر غیر تربیت یافتہ لوگ ہی مابعدالطبیعات کی طرف مائل ہوتے ہیں' لیکن سوال تو یہ ہے کہ آخر ایسا کیوں ہوتا ہے؟ آپ جانتے ہیں کہ یہودی قوم ہمیشہ معجزے کی دُعا مانگ کر اس کا انتظار کرتی رہی ہے بلکہ ہزارہا سال سے تمام دنیا اُس معجزے کی راہ تک رہی ہے جس سے ہماری زندگی جنت کی زندگی میں مبدل ہو جائے بہرحال اسکا تو آپ کو اعتراف ہے کہ ہر شخص دنیا سے نالاں ہے کسی کو تسلی نہیں۔ چاروں طرف بے چینی اور ناشکیبائی ہے' ہم اپنی حالت پر راضی نہیں ہیں ہم آئے دن اپنے لئے ایک نیا نصب العین تیار کرتے ہیں

اور ابھی اس کی تحصیل کے لیے چند قدم ہی چلنے پاتے ہیں کہ ایک اور بلند تر آدرش تخلیق کر لیتے ہیں، ہم کسی خاص چیز، مقام یا مرتبہ کو حاصل کرنے کا تہیہ کر کے اس کے لئے لگاتار سخت کوشش کرتے ہیں لیکن ہمیں جلد ہی معلوم ہو جاتا ہے کہ ہماری مطلوبہ چیز ہماری ضرورت کو پورا کرنے سے قاصر ہے، اس سے ہماری تسلی نہیں ہوتی، بس بے چینی اور مایوسی ہے کہ ہر وقت دل پر چھائی رہتی ہے، آخر ایسا کیوں ہوتا ہے؟ اگر ہمارے نصیب میں انتشار اور بے قراری ہی لکھی ہے۔ اگر ہماری قسمت میں پریشانی ہی ہے تو ہمارے دماغ کو کیوں کسی غیر معلوم حقیقت کی تلاش ہے؟ ہمارے دل و دماغ کی خود اپنی حقیقت کیا ہے؟ اس جہان گیر بے چینی اور بے قراری کے کیا معنی ہیں؟ اس کی وضاحت بس یوں ہی ہو سکتی ہے کہ انسان کی منزل مکمل آزادی ہے اور وہ ہر گھڑی زیادہ سے زیادہ آزاد ہونے کی کوشش کر رہا ہے۔ جنم سے مرن تک انسان کی تمام زندگی کشمکش، اور جد و جہد میں مبتلا ہے۔ بچہ پیدا ہوتے ہی قوانین زندگی کے خلاف احتجاج کرتا ہے، اس کے گلے سے پہلی آواز ایک چیخ کی صورت میں نکلتی ہے جیسے کہ وہ زندگی کی غلامانہ بندشوں کے خلاف بغاوت کر رہا ہو۔ یہ احساس جس جو انسان اپنے ساتھ لئے دنیا میں آتا ہے، آزادی کی آرزو کو جنم دیتا ہے، اور آزادی کی زبردست خواہش سے ہی ہمارے دل و دماغ میں ایک ایسی ہستی کا تصور پیدا ہوتا ہے جو آزادِ مطلق ہے، خدا کا تصور ہماری سرشت میں داخل ہے، یہ تصور ہمارے وجود کا بنیادی عنصر ہے، ویدانت نے مکمل آزادی کے اس تصور کو ست چت آنند کا نام دیا ہے۔ جس کے معنی ہیں ہستی، شعور اور مسرت، ویدانت میں خدا کا بلند ترین تصور وہ ہستی ہے جس میں: وجود، شعور اور نشاط بیک وقت کمال پر پہنچ گئے ہوں، بلکہ وجود ہستی اور شعور نشاط ہی کے کمال کا نام خدا ہے۔ آگہی (گیان) کا عطر اور نشاط کا ست ہی خدا ہے، خدا ہماری زندگی کا مقصد ہے، ہم مدتوں اپنے دل کی اندرونی آواز کو دباتے رہے ہیں، ہماری کوشش یہی رہی ہے کہ قوانین قدرت کے مطابق زندگی بسر کریں لیکن ہماری فطرت میں کوئی چیز ایسی ہے جو ہمیں قدرت کے بظاہر اٹل قانونوں کے خلاف سر اٹھانے پر مجبور کرتی ہے، بغاوت ہماری فطرت کا تقاضا ہے، ہم اس بات کو پوری طرح سمجھیں یا نہ اپنی اس فطری خاصیت کے معنی کو پائیں یا نہ لیکن اس سے انکار نہیں کر سکتے کہ ہمارے اندر ایک مسلسل کشمکش جاری ہے، یہ کشمکش عموماً غیر شعوری طور پر ہوتی رہتی ہے لیکن وقتاً فوقتاً یہ کشمکش شعور کی سطح پر بھی نمودار ہو جاتی ہے ہمارے روحانی رجحانات اور جسمانی مطالبات کے درمیان یا یوں کہیے کہ ہمارے دماغ اور نفس کے درمیان یا دماغ کے اعلیٰ اور ادنیٰ حصوں کے درمیان ہمیشہ یہ کشمکش جاری رہتی ہے، ایک چیز ہمیں محدود و محبوس رکھنے میں کوشاں ہے تو دوسری آزاد ہونے کے لئے بے تاب ہے، اسی کشمکش سے ہماری انفرادی شخصیت کی تشکیل ہوتی ہے، جہاں مکمل آزادی ہے وہاں انفرادیت کا تصور ہی پیدا نہیں ہوتا اسی

طرح جہاں قدرت کی مکمل غلامی ہے، وہاں مُردہ مادّے کا وجود ہوتا ہے زندگی کا ظہور نہیں ہوتا۔

زندگی بذاتِ خود احساسِ حبس کے خلاف بغاوت ہے، یہ جو تقریباً ہر مذہب میں جہنم کا تصور ملتا ہے اس عظیم حقیقت کا ثبوت ہے کہ ہم پیدائشی باغی ہیں، ہم قوانین کی بندشوں کو قبول کرنے سے ہمیشہ انکار کرتے چلے آئے ہیں، پیدائش کے وقت بھی ہم چلّا چلّا کر کہتے ہیں، "ہائے یہ بندھن کیسا؟ یہ قانون کیوں؟" جب تک ہم قدرت کے قوانین کی پوری طرح پیروی کرتے ہیں ہماری ہستی مشینوں کے وجود سے بہتر نہیں ہوتی۔ کائنات کا کاروبار چلتا رہتا ہے اور اس میں میکانکی طور پر ہم بھی شامل ہیں لیکن ہم میں اس چکر سے باہر نکلنے کی طاقت نہیں ہوتی، ہماری فطرت قوانینِ قدرت کا عکس ہو کر رہ جاتی ہے، جب ہم اس میکانکی درجہ سے اوپر اُٹھ کر محسوس کرتے ہیں کہ ہمارے اندر کوئی ایسی طاقت ہے جو قوانینِ قدرت کی زنجیروں کو توڑ کر آزاد ہونا چاہتی ہے تو ہم انسانی زندگی کے ارتقاء کا پہلا قدم اٹھاتے ہیں۔ ہماری رُوح آزادی کا نعرہ لگاتی ہے "آزادی" "آزادی" "مطلق اور مکمل آزادی" کی صدا درونِ قلب سے اٹھتی ہے، لیکن صد حیف کہ اس مقام پر تو ایسا معلوم ہوتا ہے کہ قوانینِ قدرت نے ہمیں پوری طرح جکڑ رکھا ہے اور غلامی ہی ہمارے حصے میں آئی ہے۔

ہمارا یہ مجبوری کا احساس ہی خارجی امداد کی تلاش کا محرک بنتا ہے، ورنہ یہ سانپ اور اژدھے یا جن اور بھوت کی پوجا کے کیا معنی؟ یہ معجزوں کی جستجو کے مختلف طور طریقوں کا کیا مطلب؟ آخر ہم کیوں کہتے ہیں کہ ایک چیز میں جان ہے اور دُوسری میں نہیں؟ اس تلاش، اس جستجو، اس جدوجہد کا آخر کچھ تو مطلب ہونا چاہیے یہ کشمکش، یہ سعیِ مسلسل بے معنی اور فضول تو نہیں ہو سکتی، یہ سب کرشمے ہیں انسان کی تلاشِ آزادی کے، لیکن ہم ابھی تک یہ نہیں سمجھ پائے کہ قوانینِ قدرت کے دائرے میں آزادی ناممکن ہے۔ یہاں تو اٹل قانون ہے اور سب، ستاروں سے ذرّوں تک سب قانونِ قدرت کی زنجیروں میں جکڑے ہوئے ہیں اور قدرت کی تمام وسعتیں انسان کے لئے آزادی کو محدود کرنے کی حدیں ہیں، تمام عالمِ کائنات میں انسان کے لئے آزادی ناممکن ہے، لیکن ہمیں اس تلخ حقیقت کا یقین نہیں آتا۔ خارجی علم جسے ہم آج کل سائینس کے نام سے موسوم کرتے ہیں ہزار ہا سال سے اس کوشش میں ہے کہ قدرت پر قابو حاصل کر کے آزادی حاصل کر لی جائے، لیکن ایک قانون سے گزر کر اُس سے زیادہ ہمہ گیر قانون سے پالا پڑتا ہے، پھر بھی ہم یہ ماننے کے لئے تیار نہیں کہ قدرت کی چار دیواری میں حصولِ آزادی ناممکن ہے، ہم ابتدائے زمانہ سے قوانینِ قدرت کا مطالعہ کرتے آرہے ہیں لیکن اس بات کو ہرگز تسلیم نہیں کرنا چاہتے کہ خود انسان انہیں قوانین کا پابند ہے، ہماری رُوح بار بار آزادی کی رٹ لگائے جاتی ہے، جب سے انسان نے خدا کی آزاد مطلق ہستی کا تصور پایا ہے، وہ قدرت کی دوامی غلامی کو قبول کرنے کے لئے کسی صورت بھی راضی نہیں ہوتا، بندشوں میں گھِر کر بھی انسان بندشوں کا قائل نہیں ہوتا، وہ کہتا ہے "میں مانتا ہوں کہ

میں جنم سے غلام ہوں، مجھے اس سے بھی انکار نہیں کہ قدرت نے مجھے ہر طرف سے جکڑ رکھا ہے، میری مشکیں کس رکھی ہیں لیکن یہ بھی جانتا ہوں کہ ایک ایسی ہستی بھی ہے جو قدرت کے ہر قانون سے بالا ہے، جو آزادِ مطلق ہے، جو خود قدرت کا آقا اور حاکم ہے جس کے اشارے پر قدرت ناچتی ہے۔ میں غلام سہی پر اس ہستی کو پا کر آزاد ہو سکتا ہوں۔"

ظاہر ہے کہ آزادیٔ مطلق یعنی خدا کا تصور انسانی دماغ کا اتنا ہی اہم اور بنیادی جزو ہے جتنا کہ فطرت کی مجبوری اور غلامی کا خیال اگر جبر ایک حقیقت ہے تو اختیار کا ہونا بھی لازم ہے، اگر انسان مجبور ہے تو اُس کا خدا مختارِ کُل ہے، سچ تو یہ ہے کہ فطرت کی مجبوری اور خدا کے اختیار کے تصور دراصل دونوں اس ایک حقیقت کے دو رُخ ہیں جسے ہم آزادیٔ مطلق کہہ سکتے ہیں، آزادی کے بغیر زندگی ناممکن ہے، آزادی کے بغیر کوئی پودا تک اُگ نہیں سکتا، کوئی کیڑا تک رینگ نہیں سکتا، فرق صرف اتنا ہے کہ پودے یا کیڑے میں زندگی کبھی انفرادی شخصیت کے درجے تک اٹھا ہوتا ہے لیکن آزادی کا احساس بغیر شعوری طور پر ان میں بھی کارفرما ہوتا ہے، ایسا معلوم ہوتا ہے کہ پودا قدرت کا غلام نہیں بلکہ اپنی خاص صورت اور اپنی مخصوص قسم کے تحفظ کے لئے زندہ رہتا ہے یہی حال زندگی کی دُوسری صورتوں کا ہے۔

جبر اور اختیار کی کش مکش ہر جگہ اور ہر وقت جاری ہے۔ بظاہر ہر قدم پر ہماری آزادی قوانینِ قدرت کی پابند معلوم ہوتی ہے لیکن جتنا ہی مادی دُنیا کا دائرہ وسیع ہوتا چلا جاتا ہے ان وسیع بندشوں سے نکلنے کا خیال بھی تقویت پکڑتا جاتا ہے، جیسے ہمارا علم مادیات بڑھتا ہے اور ہم قوانین قدرت کی عالمگیری سے واقف ہوتے ہیں ویسے ہی ان ہمہ گیر قوانین سے بالا اور آزاد حالت کا تصور بھی زیادہ کشادہ اور مضبوط ہوتا جاتا ہے اور اس طرح جبر اور اختیار کی یہ مسلسل جنگ جاری رہتی ہے یہ جنگ کبھی ایک صورت اختیار کر لیتی ہے کبھی دوسری شکل میں نمودار ہوتی ہے، وقت اور مقام کے لحاظ سے اور انسانی ارتقا کے مطابق مختلف مذہب اور مسلک ظہور میں آتے ہیں اور نئے نئے اعتقاد والے فرقے پیدا ہوتے ہیں، صوری اختلافات کی وجہ سے یہ فرقے آپس میں برسرِ پیکار نظر آتے ہیں، بہت حد تک جبر اور اختیار کے تصادم کی یہ صورتیں ناگزیر ہیں جبر کی حدیں بڑھیں گی تو آزادی بھی ان حدوں کو عبور کرنے کے لئے اور زیادہ مکمل صورت اختیار کرے گی، اگر ہم اس بات کو ذہن نشین کر لیں تو پھر "جنگِ ہفتاد و دو ملت" بے معنی ہو کر رہ جاتی ہے کیوں کہ ہم سمجھتے ہیں کہ ہم سب ایک ہی منزل یعنی مکمل آزادی کی طرف گامزن ہیں۔

اسی مکمل آزادی کے تصور ہی کو مجسم کر کے ہم قادرِ مطلق یا خدا کہتے ہیں، خدا کی ہستی سے انکار ناممکن ہے، آزادی کے خیال کے بغیر زندگی ناممکن ہے اسی خیال ہی کے سہارے تو ہم جیتے ہیں اس کا ترک

کیوں کر ممکن ہو سکتا ہے مثلاً اگر آپ کو اپنی آزادی اور خود مختاری کا پورا یقین نہ ہوتا تو کیا آپ میرا لیکچر سننے کے لئے یہاں آتے؟ آپ میں سے کون ہے جو یہ محسوس نہیں کرتا کہ وہ یہاں اپنی خوشی اور مرضی سے آیا ہے؟ کون ہے جسے قدرت کے اٹل قوانین کے باوجود اپنی آزادی اور اپنے اختیار کا احساس نہیں، یہی احساس تو ایمان ہے، یہی خدا کی ہستی کا اقرار، ممکن ہے کہ کسی نہ کسی وقت حیاتیات کی سائنس یعنی بائیالوجی ( Biology. ) اس احساسِ اختیار کی وضاحت مہیا کر دے، آزادی کی اس دائمی جد و جہد کی تشریح کر دے لیکن یہ سب کچھ مان بھی لیا جائے تو بھی مکمل آزادی کا تصور بجائے خود قائم رہتا ہے، یہ خیال تو کسی صورت نہیں مٹنے پاتا جیسے کہ میں پہلے عرض کر چکا ہوں اختیار اور آزادی کے اس تصور کی اتنی ہی حقیقت ہے جتنی قوانین قدرت کے سامنے ہماری مجبوریوں کی؛

غلامی اور آزادی، روشنی اور اندھیرے، نیکی اور بدی کا چولی دامن کا ساتھ ہے اگر غلامی اور مجبوری کی کوئی حقیقت ہے تو آزادی اور اختیار کی حقیقت سے بھی انکار نہیں کیا جا سکتا۔ مانا کہ انسانی ارتقا کے مطالعہ سے بیشتر یہی ظاہر ہوتا ہے کہ انسان کو اپنی مجبوریوں کا زیادہ احساس رہا ہے لیکن آزادی اور اختیار کا تصور بھی ضرور رہا ہوگا۔ آج ہم یہ تو نہیں کہہ سکتے کہ اوائل تاریخ کے انسان کا احساسِ مجبوری حصولِ آزادی کی جد و جہد کی ایک صورت تھی، لیکن یہ کہنا بھی غلط ہوگا کہ آزادی اور اختیار کے خیال نے جنم ہی نہیں لیا تھا۔ ہم دیکھتے ہیں کہ غیر مہذب انسان کے ضمیر میں ناپاکیزگی اور گناہ کا خیال بہت کم ہوتا ہے کیونکہ ارتقا کے اس مقام پر اس کا درجہ جانوروں سے کچھ ہی اونچا ہوتا ہے اس لئے اُسے گناہ کی مجبوری کا احساس نہیں ہوتا وہ تو مادی مجبوریوں کے خلاف جد و جہد کرتا ہے۔ اس کی ساری کوششیں اپنی جسمانی ضروریات کو پورا کرنے میں صرف ہوتی ہیں لیکن انسانی شعور کے اس پست مقام سے ہی آہستہ آہستہ دماغی محدودیت کا احساس پیدا ہوتا ہے اور بڑھتے بڑھتے روحانی آزادی کی زبردست خواہش میں مبدل ہو جاتا ہے۔ شروع شروع میں تو یہ یزدانی نور جہالت کے موٹے موٹے پردوں کے پیچھے بالکل نظر ہی نہیں آتی لیکن جوں جوں جہالت کم ہوتی جاتی ہے۔ اس نورِ ازلی کی کرنیں چھن چھن کر آنے لگتی ہیں اور حقیقت تو یہ ہے کہ آزادی اور کمال کا یہ لازوال مجسمہ ہمیشہ اور ہر وقت اپنی پوری آب و تاب سے جلوہ ریز ہے جس کو جتنی تابِ دید ہوتی ہے اسے اتنا ہی فیض یاب ہوتا ہے، فرق صرف درجے کا ہوتا ہے، نوعیت کا نہیں ہوتا۔

اس نقطۂ نظر سے تمام عالم ایک عبادت گاہ ہے اور قدرت کی ہر جنبش اور حرکت خدا کی پرستش کی ایک صورت ہے، جہاں کہیں زندگی جلوہ گر ہوتی ہے، آزادی اور اختیار ساتھ لئے ہوتی ہے اور چونکہ مکمل آزادی اور اختیارِ کل کا نام ہی خدائی ہے اس لئے آزادی کی جستجو خدا کی تلاش ہے، خدا کی عبادت ہے اور حصولِ آزادی

کا مطلب "وصلِ الٰہی" ہے۔

مکمل آزادی ملتے ہی ہمیں قدرت پر پُورا اختیار حاصل ہو جاتا ہے لیکن یہ آزادی علم اور آگہی کے بغیر ناممکن ہے، ہم جانتے ہیں کہ جتنا وسیع ہمارا علم ہوتا چلا جاتا ہے اتنی ہی زیادہ قدرت ہمیں فطرت پر حاصل ہو جاتی ہے۔ اور اس اختیار اور قدرت کے ساتھ ساتھ ہمیں اپنی طاقت کا احساس ہوتا چلا جاتا ہے، ظاہر ہے کہ اگر کوئی ہستی ایسی ہے جو قادرِ کُل ہے، جو آزادِ مطلق ہے تو اس ہستی کا علم بھی مکمل ہوگا، اسے قدرت سے پوری طرح واقفیت ہوگی یعنی وہ ہستی حاضر و ناظر ہوگی، دانائے کُل ہوگی۔ آزادی اور قدرت، اختیار و معرفت کو علیحدہ نہیں کیا جاسکتا، یہ دونوں ایک ساتھ ہوتی ہیں اور وہی ہستی قوانینِ قدرت سے بالا ہو سکتی ہے اور کامل کہلاسکتی ہے جس میں پوری آزادی اور قدرت کے ساتھ ساتھ علم اور معرفت بھی بدرجۂ اتم موجود ہو۔

اس کے علاوہ کامل ہستی کے اعلیٰ ترین تصوّر میں برکت اور دائمی سکون شامل ہیں۔ حق تو یہ ہے کہ مذہب کا بلند ترین تصور اس برکت اور شانتی کا تصور ہے جو مکمل آزادی سے پیدا ہوتی ہے خصوصاً ویدانت میں تو بھگوان کے متعلق تمام خیالات کی اصل وہ آزادِ مطلق ہستی ہے جو کسی چیز کی پابند نہیں جس میں کوئی تغیر پیدا ہی نہیں ہوسکتا جو قوانینِ قدرت سے بالا ہے، بلکہ قدرت خود اس ہستی میں شامل ہے جو ہمیشہ یکساں ہے، ساتھ ہی ویدانت یہ بھی اعلان کرتا ہے کہ یہ مکمل آزادی آپ کی اور میری، ہم سب کی اصل ہے، اسی کو پانا ہی سچی نجات ہے باقی سب غلامی ہے۔

مشکل یہ ہے کہ ہم سب یہ تو مانتے ہیں کہ خدا کی عظیم الشان ہستی ہمیشہ قائم ہے۔ بس ایک اُسی کو ثبات ہے لیکن جب ہم اُسے اپنانے کی کوشش کرتے ہیں، جب ہم آزادی حاصل کرنے کے لئے ہاتھ پاؤں مارتے ہیں تو ہم اپنی جدوجہد کو قدرت کی خارجی سطح پر ہی محدود کرلیتے ہیں اپنی روزمرّہ کی زندگی کی معمولی باتوں پر اپنی ساری قوت صرف کر دیتے ہیں ہم دولت کمانے، جاہ و مرتبہ پانے اور کسی کی محبت حاصل کرنے پر ہی اکتفا کرتے ہیں اور اسی میں اپنی کامیابی سمجھتے ہیں، ہم یہ بھول جاتے ہیں کہ یہ چیزیں غلامی کی زنجیریں ہیں۔ ان کے حاصل کرنے سے آزادی نہیں ملتی بلکہ ان سے غلامی کو تقویت پہنچتی ہے، تغیر پذیر اور فانی چیزیں ہمیں اپنی اصل سے اور دور لے جاتی ہیں آخر قدرت کی درخشندگی کی اصل کیا ہے؟ وہ کیا شے ہے جو قدرت کی ہر روز بدلتی ہوئی صورتوں میں متواتر درخشاں ہے؟ دُنیا سورج یا چاند یا ستاروں کی روشنی سے زندہ نہیں، زندگی کی چمک، قدرت کا حُسن و جمال، عالمِ کائنات کی تابانی سب اسی ازلی اور ابدی نور سے پیدا ہیں جسے ہم خدا یا بھگوان کہتے ہیں، دنیا میں جہاں کہیں بھی نور کی کرنیں نظر آتی ہیں سب اسی کا عکس ہیں

سُورج کی تاب و تپش بھی اُسی سے ہے اور ہمارے ضمیر کی چشم افروز روشنی بھی وہی ہے جو ہر طرف نور پاش ہے اُسی کے نور سے سب چیزیں روشن ہیں۔

تو ہم اس نتیجے پر پہنچتے ہیں کہ خدا اپنا ثبوت آپ ہے۔ خود درخشاں ہے، حاضر و ناظر ہے، دانائے کُل ہے۔ آزادِ مطلق ہے۔ تمام فطرت کا آقا و مالک ہے، شہنشاہِ عالم ہے، ہم اس بات کو سمجھیں یا نہ سمجھیں لیکن دُنیا میں جہاں کہیں بھی اور جیسے بھی پُوجا ہوتی ہے، سب اُسی ہی کی عبادت اور پرستش ہوتی ہے، وہی ہم سب کے سجدوں کی آستانہ[1] ہے بلکہ میں تو یہاں تک کہوں گا کہ جس چیز نے ہم سب کو حیران اور پریشان کر رکھا ہے اور جسے ہم بدی اور شیطنت کے نام سے پکارتے ہیں، وہ بھی خدا ہی کی پرستش کی ایک صورت ہے[2]، اگر خدا مکمل آزادی کا نام ہے تو اُس آزادی کو حاصل کرنے کی ہر کوشش اُس کی پُوجا ہے۔ اگر اُس کی صورت بگڑی ہوئی ہے تو کیا اُس کی نوعیت تو دُوسری نہیں آپ کو میری بات سے خوف تو ضرور آئے گا لیکن میں یہ کہے بغیر نہیں رہ سکتا کہ گناہ اور ثواب، خیر و شر آزادی حاصل کرنے کی دو صورتیں ہیں، وہی آزادی کی خواہش ہے جو ایک آدمی کو نیک اعمال کی طرف مائل کرتی ہے اور دُوسرے کو بُرے کاموں کی ترغیب دیتی ہے، میں یہ ماننے کے لئے تیار ہوں کہ دُوسری حالت میں آزادی کی خواہش غلط رستے پر چل نکلی لیکن اس حقیقت سے کیوں کر انکار ہو سکتا ہے کہ قوتِ تحریک دونوں حالتوں میں ایک ہے، اور وہ ہے بندشوں سے نکل کر آزاد ہونے کی خواہش[3] آزادی کی یہ تمنا عالمِ کائنات کے ذرے ذرے میں موجود ہے، زندگی کی ہر دھڑکن کی محرک ہے[4]۔ حیاتِ عالم کے وجود میں بس یہی واحد دل دھڑک

---

[1] ہمہ کس طالب یار اند چہ ہشیار چہ مست ÷ ہمہ جا خانۂ عشق است چہ مسجد چہ کنشت

[2] میخوارہ و سرگشتہ و رندیم و نظر باز ÷ وآنکس کہ چو ما نیست دریں شہر کدام است

با محتسبم عیب مگوئید کہ او نیز ÷ پیوستہ چو ما در طلبِ شربِ مدام است

[3] نیک سیرت آدمی دل کی کشادگی اور نظر کی وسعتوں میں آزادی محسوس کرتا ہے، اور اپنی محبت کے دائرے کو متواتر وسیع تر کرنے کی کوشش کرتا ہے، برعکس اس کے شیطان سیرت آدمی تمام دُنیا کو اپنے بس میں لانا چاہتا ہے، اس کے ہر کام میں خود غرضی پیدا ہو جاتی ہے اور ہم اسے بجا طور پر بد اعمال کہتے ہیں۔

(ایڈیٹر)

[4] روشن از پرتوِ رویت نظرے نیست کہ نیست ÷ منتِ خاکِ درت بر بصرے نیست کہ نیست

ناظرِ روئے تو صاحب نظرانند آرے ÷ سرِ گیسوئے تو در ہیچ سرے نیست کہ نیست

رہا ہے، اسی کی نسبت سے ہی اعضائے زندگی کی کثرت سمجھ میں آتی ہے،

یہ ہے خدائے ذوالجلال کا وہ عظیم تصور جو ہمیں اُپنشدوں میں ملتا ہے لیکن اُپنشدہمیں نہیں رُک جاتے، وہ ہمیں یہاں سے بھی آگے اس مقام پر لے جاتے ہیں جہاں اوّل اوّل ہم حیران و ششدر رہ جاتے ہیں۔ اُپنشد کہتے ہیں کہ ہماری اصل اور خُدا درحقیقت ایک ہیں۔ بندہ اور خدا اصل میں دو نہیں بلکہ ایک ہی ہستی ہیں۔ وہی ہستی جو تتلی کے خوب صورت پروں میں اور گلاب کے دل کش غنچوں میں رنگ بن کر جلوہ گر ہوتی ہے، اُسی کے دم سے تتلی پرواز کرتی ہے اور غنچہ کھلتا ہے، وہی خالق جو ہمیں زندگی بخشتا ہے، خود ہمارے اندر ہماری قوتِ محرکہ بن کر رہتا ہے اسی کے پیار کی گرمی سے حیات رُونما ہوتی ہے، اور اُس کی سرد مہری سے کڑی سے کڑی موت واقع ہوتی ہے، زندگی اور موت اسی کی قدرت کے کرشمے ہیں زندگی جاوداں اُس کا عکسِ منور ہے اور موت اُسی کی کالی پرچھائیں۔ اگر ہمیں اُپنشدوں کے خدا کے ہمہ گیر تصور کو سمجھنا ہے تو اُس کی دونوں صورتوں کو قبول کرنا ہوگا۔ ہم عام طور پر دنیا کی خوف ناک چیزوں سے اس طرح دور بھاگتے ہیں جیسے خرگوش شکاری کتوں کو دیکھ کر بھاگ کھڑے ہوتے ہیں اور افسوس کی بات تو یہ ہے کہ خرگوش کی طرح سر چھپا کر ہم یہ سمجھ لیتے ہیں کہ خطرے سے بچ گئے۔ حالانکہ اس طرح کی خود فریبی سے ہماری موت اور بھی یقینی ہو جاتی ہے۔ تمام دُنیا خوف ناک چیزوں کے آگے بھاگ رہی ہے اور آخر یہ دہشت ناک چیزیں اِسے دبوچ لیتی ہیں۔ خطرے کا مقابلہ اس طرح کبھی نہیں ہوسکتا۔ اس سلسلے میں میں آپ کو اپنی زندگی کا ایک واقعہ سناتا ہوں۔ ایک دفعہ میں بنارس شہر کے ایک ایسے حصے سے گذر رہا تھا جہاں ایک طرف تو بڑا بھاری تالاب تھا اور دوسری طرف ایک بہت اونچی دیوار تھی اس علاقے میں بے شمار بندر رہتے تھے۔ شاید آپ جانتے ہیں کہ بنارس کے بندر کافی بڑے ہوتے ہیں اور اشتعال میں آجائیں تو مسافروں کے لئے وبالِ جان بن جاتے ہیں بہرحال ایسا معلوم ہوتا ہے کہ جب میں تالاب کے پاس سے گزرنے لگا تو انہوں نے دل میں ٹھان لی کہ مجھے اپنی گلی سے نہیں جانے دیں گے گروہ کے گروہ میرے گرد آکر چیخنے اور شور مچانے لگے یہاں تک کہ وہ اس قدر نزدیک آگئے کہ میرے پاؤں پر جھپٹ مارنے لگے۔ یہ دیکھ کر میں نے وہاں سے بھاگنے کی ٹھانی لیکن میں جو بھاگنے لگا تو بندروں نے میرا تعاقب کرنا شروع کر دیا، جتنا میں تیز بھاگتا اتنا ہی تیزی سے وہ میرے پیچھے دوڑتے آتے تھے۔ نوبت یہاں تک پہونچی کہ وہ دانت نکال کر کاٹنے کو آگئے۔ ایسا معلوم ہوتا تھا کہ جان بچ نہیں پائے گی۔ عین اس وقت ایک اجنبی کا ادھر سے گزر ہوا اس نے مجھے پکارا اور کہا "بھاگو مت ان وحشیوں کے سامنے سینہ تان کر کھڑے ہو جاؤ" چنانچہ میں فوراً رک گیا اور مڑ کر بندروں کے سامنے کھڑا ہو گیا۔ آناً فاناً بندر بھی رک گئے اور ایک ایک کر کے سب وہاں سے چلے گئے، دنیا میں کامیاب زندگی بسر کرنے کا یہی راز

ہے۔ خوف ناک اور دہشت ناک چیزوں کا دلیری سے ڈٹ کر مقابلہ کرو۔ زندگی کی مشکلات بنارس کے بندروں کی طرح بھاگ جاتی ہے اور ہمیں اُن کے آگے بھاگنے کی ضرورت نہیں رہتی اگر ہمیں آزادی حاصل کرنا ہے تو اُس کا واحد طریقہ قدرت پر اختیار حاصل کرنا ہے، قدرت کے آگے بھاگنے سے کام نہیں چلے گا بزدلوں کی کبھی جیت نہیں ہوتی۔ ہمیں خوف سے جنگ کرکے اس پر فتح حاصل کرنا ہے، ہمیں مشکلات کا سامنا کرکے انہیں مٹانا ہے، ہمیں جہالت کا مقابلہ کرکے اُسے بھگانا ہے، ہاں تو ہمیں ہر خوف ناک چیز کا شیروں کی طرح مقابلہ کرنا ہے، آخر یہ تمام ڈراؤنی چیزیں کیا ہیں جن سے ہمیں دہشت ہوتی ہے؟ اور سب سے ڈراؤنی چیز موت کیا ہے جس سے سب ڈرتے ہیں؟ کیا آپ کو ان سب خوف ناک چیزوں کے ڈراؤنے نقاب کے پیچھے بھگوان کا مسکراتا ہوا چہرہ نظر نہیں آتا؟ اس رُخِ روشن کا خیال کیجئے سب خوف دُور ہو جائے گا، شیطنت، خوف اور مصیبتوں سے فرار ان کو تعاقب کی دعوت دینا ہے، جتنا کوئی اُن سے بھاگے گا اتنا ہی وہ اس کا پیچھا کریں گے، اُن کے سامنے ڈٹ کر کھڑے ہو جائیے تو سب دُم دبا کر بھاگ جائیں گے، تمام دنیا عیش و آرام کی طالب ہے، سب لوگ سُکھ اور چین کی پوجا کرتے ہیں کون ہے، جو دکھ اور درد کا سامنا کرنے کو تیار ہے کس میں رنج والم کو پُوجنے کی ہمت ہے، آزادی تو تب ہی ملتی ہے جب انسان سُکھ اور دُکھ دونوں سے بالا ہو جاتا ہے۔ سُکھ بھوگ کر اور دکھ سے بھاگ کر آزادی دستیاب نہیں ہو سکتی ہم سب کو دُکھ سُکھ کا سامنا کرنا ہے اُن سے گزرنا ہے، آزادی کا جذبہ ہم سب میں ہے، دُکھ سُکھ کے کواڑوں سے بنے دروازے سے گزر کر ہی انسان آزادی کی فضا میں سانس لے سکتا ہے بھگوان کو پوجنے کی خواہش ہم سب کے دل میں ہے، ہم سب اپنے مالک کی پرستش کی کوشش بھی کرتے ہیں لیکن ہمارے اور خدا کے درمیان جسمانی کمزوریوں کی دیوار حائل ہو جاتی ہے۔ قوانینِ فطرت کی قوتیں پہاڑ بن کر ہمارے سامنے اکھڑی ہوتی ہیں اور ہماری نظر محدود ہو کر رہ جاتی ہے، لیکن ہمیں وُسعتِ نظر پیدا کرنا ہوگا۔ ہمیں خدا کے پورے جلوے کی دید کی تاب پیدا کرنا ہوگی فقط برکت اور رحمت نیکی اور بھلائی حُسن و جمال اور رنگ و نکہت ہی میں نہیں بلکہ ظلم اور قہر، آفت اور مصیبت، رنج و غم اور کثافت و گناہ میں بھی اُسی ایک ہی ہستی کا جلوہ دیکھنے کی اہلیت پیدا کرنا ہوگی آج تک دنیا میں نیکی کے خدا کا پرچار ہوتا آیا ہے، میں جس خدا کی تعلیم دیتا ہوں وہ نیکی اور برائی دونوں کا خدا ہے اگر ہمت ہے تو آؤ میرے اس خدا کو قبول کرو جس میں نیکی بھی ہے اور برائی بھی۔ یہی نجات اور مطلق آزادی کا واحد طریقہ ہے اِس طریقے سے انسان کو اس آخری حقیقت کا شعور اور احساس ہوتا ہے جسے وحدت الوجود کہتے ہیں جب ہم گناہ و ثواب دونوں کو خدا کے وجود میں شامل کر لیتے ہیں تو بھلے بُرے کا فرق نہیں رہتا چھوٹے بڑے کا امتیاز مٹ جاتا ہے، ہمارا دماغ ان تفرقات کی بندشوں سے آزاد ہونے لگتا ہے اور جوں جوں ہم

مطلق آزادی کے نزدیک ہوتے چلے جاتے ہیں، ہماری مشکلات مٹتی جاتی ہیں اور ایسا محسوس ہوتا ہے کہ ہم پر خُدا کی خاص رحمت ہو رہی ہے ہم اس کے سایہ تلے چلے جارہے ہیں۔ ایسی حالت میں وہ ہمیں جہنم میں ڈال دے یا بہشت میں رکھے ہمارے لئے دونوں برابر ہیں۔ ہمیں دونوں میں وہی جلوہ گر نظر آتا ہے، بلکہ جنت و دوزخ کا تصور ہی باقی نہیں رہتا۔ آدمی آدمی میں کوئی فرق نظر نہیں آتا، کوئی کیوں کر یہ کہہ سکتا ہے کہ "میں جہان بھر کے دوسرے آدمیوں سے برتر ہوں" یہ فرق و امتیاز تو بس اسی وقت تک قائم رہ سکتا ہے جب تک ہماری نظر میں خدا کے علاوہ اور چیزوں کی انفرادی ہستی موجود ہوتی ہے، جب نظر میں بس اُسی کا جلوہ ہو، جب ہر شے میں ہر جگہ اور ہر وقت وہی نظر آئے تو فرق و امتیاز کی گنجائش ہی کہاں رہ جاتی ہے، خدا کو پاکر ہی ہمیں وحدت کا احساس ہوتا ہے، نہیں تو کثرت ہی کا شعور رہتا ہے۔

مثال کے طور پر میں اُپنشدوں کی ایک کہانی پیش کرتا ہوں: دو خوب صورت پرند، ایک درخت پر رہتے تھے۔ یہ دونوں دوست ایک دوسرے سے کبھی جُدا نہیں ہوتے تھے۔ ایک درخت کی چوٹی پر رہتا تھا اور دُوسرا نچلی شاخوں میں، آخرالذکر پرند درخت کے پھل کھاتا تھا۔ کبھی کڑوے اور کبھی میٹھے پھل اُس کے مُنہ لگتے تھے۔ میٹھے پھل کھاکر خوش ہوتا اور کڑوے پھلوں سے اُسے رنجش ہوتی اور کبھی سخت کڑوا پھل کھا بیٹھتا تو دُکھی ہوکر چوٹی والے پرندے کی طرف دیکھنے لگتا جو میٹھے اور کڑوے پھلوں سے بے نیاز اپنے آپ میں مست بڑی شان سے چوٹی پر اطمینان کی تصویر بنا بیٹھا ہوتا اُس کی شاہانہ عظمت کو دیکھ کر یہ پرندہ بھی پھُدک کر اونچی شاخوں کی طرف چلا جاتا لیکن جلد ہی پھل کھانے کے شوق سے مجبور ہوکر رُک جاتا اور پھر کڑوے اور میٹھے پھل کھانے لگتا ایسا کئی بار ہوا اور یہ پرندہ آہستہ آہستہ اوپر کو اٹھتا گیا۔ آخر کار اُس کے مُنہ ایک ایسا سخت کڑوا پھل لگا کہ اُس کا جی بھر گیا اور اوپر والے پرندے کی طرف بڑھنے لگا حتیٰ کہ وہ اس کے بہت نزدیک پہنچ گیا۔ یہاں پہنچتے ہی اُس نے دیکھا کہ جو نور اوپر والے پرندے سے برس رہا تھا اُس کی شعاعوں نے اُسے کچھ اس طرح گھیر لیا کہ وہ خود اوپر والا پرندہ بن گیا۔ اس کو پورا اطمینانِ قلب حاصل ہوگیا اُسے اپنی شان و عظمت کا احساس ہوا اور وہ سمجھ گیا کہ دراصل دو پرند کبھی تھے ہی نہیں، نچلی شاخوں میں تو چوٹی والے پرندے کا عکس رقص کر رہا تھا۔

یہی حال ہم سب کا ہے، دراصل ہماری ہستی، خدا کی ہستی سے جُدا نہیں، ہستی تو ایک ہی ہے، اس کے عکس کی مختلف صورتوں سے کثرت کا دھوکا ہوتا ہے، جیسے سورج ایک ہے لیکن شبنم کے لاکھوں قطروں میں اس کا عکس جُدا جُدا ہے۔ اسی طرح حقیقت ایک ہے اُسی کے جلوے بے شمار نظر آتے ہیں۔ شبنم کے قطرے

---

لہ کیا آئینہ خانے کا وہ نقشہ تیرے جلوہ نے ۔ کرے جو پرتو خورشید عالم شبنمستاں کا۔ — غالب

بخارات بن جاتے ہیں تو چھوٹے چھوٹے لاکھوں سورج غائب ہو جاتے ہیں اور بس ایک ہی سورج رہ جاتا ہے اسی طرح خدا کی واحد ہستی کے کروڑوں عکس جب سمٹ جاتے ہیں تو وہی ایک حقیقت رہ جاتی ہے ہمیں اپنی انفرادی شخصیت کو مٹا کر ہی خدا سے ایک ہونے کا احساس ہو سکتا ہے، نظر عکس سے ہٹ کر ہی اصل کو دیکھ سکتی ہے۔ انسانی خودی کو مٹا کر ہی اپنی یزدانی خودی کا شعور مل سکتا ہے، یہ تمام کائنات اپنی وسعتوں کے باوجود ہماری تسلی کے لئے کافی نہیں ہے، ہم یہاں خود کو محدود محسوس کرتے ہیں اور ہر وقت اپنی بندشوں سے آزاد ہونے کی کوشش میں لگے رہتے ہیں، اسی مقصد کی خاطر کنجوس زیادہ سے زیادہ روپیہ جمع کرنے میں لگا رہتا ہے، ڈاکو ڈاکہ ڈالتا ہے، گناہ گار گناہ کرتا ہے اور یہ جو آپ یہاں اگر مذہب اور فلسفہ کی بات سن رہے ہیں اس کی محرک بھی وہی ایک قوت ہے جسے آزادی کہتے ہیں، دنیا کے تمام کاروبار کا حاصل یہی ہے اس کے علاوہ زندگی کا اور کوئی مقصد ہی نہیں۔ سمجھ بوجھ کر یا لاشعوری طور پر ہر شخص کمال حاصل کرنے میں کوشاں ہے، اور یہ یقینی امر ہے کہ ہر شخص اپنے کمال تک پہنچ کر رہے گا جو شخص دکھ درد اور مصیبتوں کا بوجھ اٹھائے، جہنم کے راستے گناہ کی تاریکیوں میں ٹھوکریں کھا رہا ہے، اُسے کمال حاصل کرنے میں وقت ضرور لگے گا لیکن بالآخر وہ بھی اپنی منزل پر پہنچ جائے گا۔ ایسے شخص نے جو غلط راستہ اختیار کیا ہے ہم اسے عام طور پر اس راستے سے ہٹا نہیں سکتے، لیکن جب وقت کے ہاتھوں اُس کو کچھ شدید چوٹیں لگیں گی تو اُس کے ہوش ٹھکانے آجائیں گے اور وہ بھی اس سیدھے راستے پر آجائے گا جو اُسے خدا تک لے جائے گا۔ آخر کار نیکی، پاکیزگی، بے غرضی، خود سپردگی اور روحانیت کا راستہ ہر شخص کے لئے کھل جاتا ہے۔

قابل غور بات یہ ہے کہ جہاں عوام غیر شعوری طور پر اپنے کمال کی منزل کی طرف گامزن ہیں، وہاں اہل بصیرت دیدہ ودانستہ اپنی ذات کے انکشاف کی جدوجہد میں لگے ہوئے ہیں اسی خیال کو سینٹ پال[1] نے یوں بیان کیا ہے، فرماتے ہیں" وہ خدا جس کی آپ سب لوگ انجانے میں پوجا کرتے ہیں میں اسی خدا کا آپ کے سامنے اعلان کرتا ہوں[2] " یہ ہے وہ عظیم الشان سبق جسے تمام دنیا کو سیکھنا چاہئے۔

فطرت اور زندگی کے متعلق فلسفے اور منطق کے بے شمار نظریے سب بے سود ہیں اگر ان سے ہمیں اپنی منزلِ مقصود تک جانے میں مدد نہیں ملتی، آؤ ہم مخلوقات کی ہر شئے سے اپنی وابستگی کا احساس اور

---

[1] Saint Paul

[2] The God that ye ignorantly worship Him declare I unto ye.

شعور پیدا کریں آؤ ہم دیکھیں کہ ہم سب میں ایک ہی حقیقت جلوہ گر ہے' اور وہ حقیقت' وہ وحدت خود ہماری ذات ہے۔ آؤ ہم دنیا کی ہر شے میں اپنی ذات کے جلوہ کو دیکھنے کی اہلیت پیدا کریں آؤ ہم خُدا کے سب محدود تصورات کو ترک کر دیں اور قبائلی دیوتاؤں اور مختلف مذہبی فرقوں کے علیحدہ علیحدہ خداؤں کی پرستش اور عبادت کی حدود سے نکل جائیں تاکہ ہمیں ہر طرف اور ہر جگہ خدا ہی خدا نظر آئے' یہی سچی آگہی ہے۔ یہی علمِ معرفت ہے یہ وہ حالت ہے جب خارجی اور داخلی دنیا میں کوئی فرق نہیں رہتا۔ ایک طرف دل کے مندر میں ہر وقت بھگوان کی پوجا ہوتی ہے' دوسری طرف عالم کائنات کی ہر شے سربسجدہ نظر آتی ہے خدا کی عبادت کے مختلف طریقوں کا فرق مٹ جاتا ہے۔ اور ہر شخص کا مخصوص طریقہ ہر لحاظ سے حق بجانب نظر آنے لگتا ہے۔

میں آپ کو یہ سچی آگہی حاصل کرنے کی دعوت دیتا ہوں۔ اس کے لئے سب سے پہلے تو خُدا کے متعلق سب محدود خیالات کو خیر باد کہنا ہوگا ہر شخص میں اُسی کو دیکھنے کی کوشش کیجئے وہی سب کے ہاتھ بن کر کام کر رہا ہے' وہی پاؤں بن کر چل رہا ہے' سب مُنہ اسی کے ہیں' کھانا وہی کھا رہا ہے' اُسی کے دم سے زندگی ظہور پذیر ہے' ہر دماغ میں اسی کی روشنی ہے' ہر خیال اُسی سے اُبھرتا ہے' وہ اپنا ثبوت آپ ہے' وہ خود درخشاں ہے' اس کا وجود خود ہمارے جسمانی وجود سے بھی زیادہ قریب ہے' اس حقیقت کو جان لینے کا نام ہی مذہب اور ایمان ہے اور میری بھگوان سے یہی پرارتھنا ہے کہ ہم سب کو آگہی کی اس برکت سے مالا مال کر دے جب ہمیں اس وحدت کا پورا احساس ہوجائے گا تو ہم امر ہوجائیں گے۔ ہم سمجھ جائیں گے کہ لازوال عالمِ کائنات کا ایک جزو ہونے کی حیثیت سے ہم مادی طور پر بھی زندہ جاوید ہیں[1]۔

یہی ہے زندگیٔ دوام کا رازِ سربستہ' آؤ اعلان کر دو کہ میں کوئی محدود ہستی نہیں ہوں' میری ہستی کائناتی ہے' گزرے زمانوں کی سب عظیم ہستیوں کی رُوح میں ہی تھا' میں ہی بدھ کی رُوح تھا' عیسیٰ میں ہی تھا' اور محمدؐ بھی میں ہی۔ جتنے رہنما اور معلم گزرے ہیں سب میں میرا ہی جلوہ تھا اس کے ساتھ ہی دنیا کے تمام ڈاکو لٹیروں کی ہستی بھی میرے ہی دم سے تھی، میں نے ڈاکے ڈالے' قتل کئے اور مجھے ہی سُولی پر چڑھایا گیا[2]۔ میں ہرگز محدود و محبوس نہیں ہوں۔ میری ہستی کائناتی ہے۔ تمام عالم ایک زندہ وحدت

---

[1] ثبت است بر جریدۂ عالم دوامِ ما۔

I am the universal ; I am the life of all the sons of the past ;

I am the soul of Buddha, of Jesus, of Mohammad ; I am the بقیہ اگلے صفحہ پر

ہے اور میری ہی ذات ہے وہ وحدت، میں زندۂ جاوید ہوں، میری ابتدا ہے نہ انتہا، میں لازوال ہوں، لافانی ہوں - لاثانی ہوں ۔

اٹھو میرے دوستو - اپنی حقیقت کو پہچانو اپنی ذات کا انکشاف ہی اعلیٰ ترین عبادت ہے، سب کائنات تمہاری ذات میں موجود ہے، تم سے جُدا نہیں ۔ میری نظر میں اپنی حقیقت کا اعلان ہی سچا علم ہے، گھٹنے ٹیک کر ماتھا رگڑنا اور اپنے آپ کو گناہ گار کہنا سراسر جھوٹ ہے، انسانی ارتقا کا بلند ترین مقام وہ ہے جہاں تفرقات کے پردے چاک ہو جاتے ہیں - انسانی مذہب کی بلند ترین تعلیم وہ ہے جو ہمیں کائناتی وحدت کا راز بتاتی ہے - یہ کہنا کہ میں فلاں ابنِ فلاں ہوں، اپنی ذات کو محدود کر دیتا ہے، یہ خیال حقیقت سے بہت دور ہے ۔ اس خیال کو کلیتاً ترک کر دو، اپنی زندگی کو اس خیال سے تشکیل دو کہ میری ہستی کائناتی ہے اور ہمیشہ اس بلند مقام پر کھڑے ہو کر خدا کی بلند ترین ہستی کی عبادت کرو ۔ زندگی کا اعلیٰ ترین مظہر تم خود ہو ۔ اپنی ہستی کے دیپ جلا کر بھگوان کی پوجا کرو، خدا رُوحِ پاک ہے، رُوح کا واسطہ رُوح سے ہی ہو سکتا ہے اس کی عبادت رُوح سے کرو[1]، صدقِ دل سے کرو۔ عبادت کے کم درجہ طریقوں سے انسان کے مادّی خیالات کو رُوحانی سطح تک اُٹھنے میں مدد ملتی ہے لیکن یہ طریقے مقاماتِ راہ ہیں، بالآخر لامحدود کائناتی ہستی کی بھی عبادت روح کی وساطت سے ہی ہو سکتی ہے ۔ ہر محدود چیز مادّی ہے ۔ فقط رُوح لامحدود ہے انسان بھی دراصل رُوح ہے اور لامحدود ہے، لامحدود کی عبادت لامحدود کر سکتا ہے، یعنی لامحدود کو لامحدود ہی سمجھ سکتا ہے اور پا سکتا ہے، آؤ ہم پوجا کے اِس معیار کو اپنائیں اور لامحدُود ہو کر لامحدُود کی پُوجا کریں ۔

میں جانتا ہوں کہ ان خیالات کی عظمت کا تصور کرنا آسان نہیں، اُن کو سمجھنا اور اُن پر عمل کرنا تو

---

soul of all the teachers and I am all the robbers that robbed and all the murderers that were hanged. I am the Universal.

[1] God is spirit, is infinite. Man is spirit and therefore Infinite and the Infinite alone can worship the Infinite.

اور بھی مشکل ہے، بات یہ ہے کہ یہاں ذکر اس چیز کا ہے جو بیان سے باہر ہے جو شعور کی گرفت میں نہیں آسکتی نظریہ بازی آسان ہے، میں آپ کے سامنے خوب باتیں بنا رہا ہوں، فلسفہ بگھار رہا ہوں، لیکن عین ممکن ہے کہ اسی گھڑی اگر کوئی چیز میری مرضی کے خلاف ہو جائے تو مجھے خود بخود فوراً غصہ آجائے گا۔ میں اپنے اعلیٰ فلسفہ کو بھول جاؤں گا مجھے یہ یاد نہیں رہے گا میری ہستی کائناتی ہے، میں جھٹ اپنے آپ کو اپنی انفرادی شخصیت پر محدود کرلوں گا اور میرا ردِ عمل اسی کے مطابق ہوگا ایسی حالت میں میں اپنے آپ سے یہ کہنا بھول جاتا ہوں کہ میں رُوح ہوں اس معمولی سی رنجش سے میرا کیا بگڑتا ہے، میرا بگڑ ہی کیا سکتا ہے۔ میں تو رُوح ہوں، میں بھول جاتا ہوں کہ یہ سب تو میرا ہی رچایا ہوا کھیل ہے، میں خدا کو بھول جاتا ہوں۔ مجھے اپنی مطلق آزادی کا دھیان نہیں رہتا۔

رُوحانی آزادی کا رستہ لمبا اور کٹھن ہے، اس پر چلنا تلوار کی تیز دھار پر چلنے کے برابر ہے[1] مہاتماؤں نے اس راہ کی مشکلات کا بار بار ذکر کیا ہے، لیکن ان مشکلات کو سر کرنا ہی ہوگا اپنی کمزوریوں اور ناکامیوں سے ہار مت مانو، پاؤں کی ان بیڑیوں کو کاٹ ڈالو، اُپنشدوں نے ڈنکے کی چوٹ اعلان کیا ہے، "اٹھو، جاگو، اور بڑھتے چلو، مڑ کر مت، منزل سے اِدھر دم لینا حرام ہے"[2]۔

تلوار کی دھار کی طرح تیز سہی لیکن ہم اس راہ پر ضرور چلیں گے۔ مشکل اور لمبا سہی لیکن ہم اس راستے کو ضرور سر کریں گے۔ آخر انسان کو دیوؤں اور دیوتاؤں دونوں کے مقام سے آگے گزرنا ہے، اگر آج ہمارے سر پر مصیبتیں نازل ہو رہی ہیں، اگر آج ہم رنج والم میں مبتلا ہیں تو اس کا الزام خود ہمارے ہی سر پر ہے۔ ہمیں اپنے دُکھ درد کا علاج آپ کرنا ہے، مایوس ہونے کی کوئی وجہ نہیں، کون کہتا ہے کہ

---

[1] Sharp like the blade of a razor, long and difficult and hard to cross is the way to freedom.

الا یا ایہا الساقی ادر کاساً و ناولہا ✤ کہ عشق آسان نمود اول ولے افتاد مشکلہا
شب تاریک و بیم موج و گردابے چنیں حائل ✤ کجا دانند حال ما سبکساران ساحلہا
مرا در منزل جاناں چہ امن و عیش چوں ہر دم ✤ جرس فریاد می دارد کہ بر بندید محملہا

[2] Arise, awake and stop not till the goal is reached.

جدوجہد فضول ہے، کون کہتا ہے کہ زندگی زہر کا پیالہ ہے اور یہاں امرت کی تلاش بے سود ہے، امرت یقیناً ہے اور ہر شخص کو اُسے پانا ہے، زندگی جاوید ہر شخص کا حق ہے۔ خود بھگوان کرشن نے کہا ہے" اِدھر اُدھر کی راہیں ترک کر دو فضول ہاتھ پاؤں نہ مارو، میری شرن میں آؤ میں تمہیں سنسار کے اُس پار لے جاؤں گا۔ ڈر کی کوئی بات نہیں[۱]۔ یہ پیغام ہمیں دنیا کی سب متقدس کتابوں سے ملتا ہے[۲]۔ انجیل مقدس سے یہی آواز اس طرح آرہی ہے" "اے میرے مالک ہمیں طاقت دے کہ جیسے آسمانوں پر تیری رضا سب کو قبول ہے ویسے ہی زمین پر بھی تیری رضا ہمیں صدق دل سے قبول ہو کیونکہ تو ہی سرورِ عالم ہے تمام عظمت اور شان تجھ سے ہی منسوب ہے[۳]۔

سیدھی سی بات ہے لیکن اس پر عمل کرنا مشکل ہے، سخت مشکل ہے، کہنے کو تو میں جھٹ کہہ اٹھتا ہوں کہ "میرے مالک میں اِسی دم تیری شرن میں آرہا ہوں، مجھے اپنا پریم بخش دے، میں تیرے لئے ہر قربانی کرنے کیلئے تیار ہوں، بُرا بھلا جیسا بھی ہوں تیرے در پر پڑا ہوں۔ اگر میں نے کوئی بھلائی کی ہے اگر مجھ سے کوئی نیک کام ہو پایا ہے تو سب تیرے قدموں میں بھینٹ کرتا ہوں، میرے گناہ۔ میری برائیاں اور میرا دکھ درد تم سے پوشیدہ نہیں، میں انہیں بھی تیرے ہی آگے پیش کرتا ہوں۔ تو میرا سب کچھ لے لے اور میں جیسا بھی ہوں مجھے قبول کر، مجھے اپنا لے میرے مالک میں تجھے کبھی نہیں بھولوں گا" اسی طرح میں یہ بھی کہتا ہوں کہ "خداوندا تیری رضا مجھے قبول ہے" لیکن ذرا سی بات میری مرضی کے خلاف ہو تو مجھے آگ لگ جاتی ہے، میں طیش میں آجاتا ہوں، مذہبی صداقتوں کا اعتراف کرنا آسان ہے، ان پر عمل کرنا مشکل ہے اور عمل ہی تو مذہب کی جان ہے۔

سب مذہبوں کی منزلِ مقصود ایک ہی ہے، اگر کچھ فرق ہے تو مذہبی رہنماؤں کی زبان میں ہے

---

۱۔ Give up all these paths and struggles. Do thou take refuge in Me. I will take thee to the other shore, be not afraid.

۲۔ Thy will be done upon earth as it is in heaven.

۳۔ Thine is the kingdom and the power and the glory.

سب کا مقصد انسان کی جھوٹی خودی کو مٹانا ہے تاکہ سچی خودی آشکار ہو جائے اور خدا کی رضا سچے معنوں میں قبول ہو۔ یہودیوں کی مقدس کتاب میں خدا یوں اعلان کرتا ہے "میں تمہارا واحد خدا اور مالک ہوں میرے سامنے کسی دوسرے خدا کا نام نہ لو میں کثرت کے خیال کو برداشت نہیں کرسکتا یاد رکھو کہ اس لحاظ سے مجھے دوسرے دیوتاؤں سے سخت حسد ہے ۔[لہ] مطلب یہ ہے کہ جہاں خدا کی ہستی کا سچا شعور اور احساس ہوتا ہے وہاں کسی اور چیز کا وجود ہو ہی نہیں سکتا۔ خدا ہے تو اور کچھ نہیں آؤ ہم صدق دل سے یہ دعا کریں کہ خداوندا میری کوئی ہستی نہیں بس تو ہی تو ہے اور یہ کہہ کر خدا کے علاوہ سب چیزوں کے خیال کو کلیتاً اور عملاً ترک کر دیں۔ اس کے بعد اسی کا راج ہوگا ہی ہر طرف اور ہر شے میں جلوہ گر نظر آئے ممکن ہے کہ ہماری پوری اور سچی کوششوں کے باوجود ہمارے پاؤں لڑکھڑا جائیں اور ہمیں پھر یزدانی مدد کے لئے ہاتھ پھیلانے کی کوئی ضرورت محسوس ہو مایوس ہونے اور گھبرانے کی کوئی وجہ نہیں۔ کوئی بات نہیں اگر ہمیں سہارے کی ضرورت محسوس ہوتی ہے ہمیں سہارا بھی مل جائے گا اور اگر ہمارا ارادہ مصمم اور مضبوط ہے تو ہمیں ضرور کامیابی حاصل ہوگی۔

زندگی لامحدود ہے خدا کی رضا کو قبول کرنا اور اسے عملی جامہ پہنانا اس کا ایک پہلو ہے عارضی ناکامی اور مایوسی اسی لامحدود زندگی کا ایک دوسرا پہلو ہے اور جب تک آدمی زندگی کے ہر باب پر عبور حاصل نہیں کر لیتا زندگی کو پوری طرح نہیں سمجھ سکتا۔ ہم صدق دل سے چاہتے بھی ہیں اور کہتے بھی ہیں کہ خداوندا تیری رضا ہمیں قبول ہے لیکن ہر گھڑی ہمارا غدار من اس کے خلاف سخت بغاوت کرتا ہے اور اپنی بات منوانا چاہتا ہے اس کا واحد علاج یہی ہے کہ ہم بار بار اس ارادے کو دہراتے رہیں کہ خدا کی مرضی ہماری مرضی ہے بس اس طریقے ہی سے ہم اپنے نفس پر فتح حاصل کر سکتے ہیں۔ یہ بات تو صاف ظاہر ہے کہ ہم دماغ کی غلامی کر کے اس کا کہنا مان کر آزادی اور اختیار حاصل نہیں کر سکتے ہماری نجات اسی میں ہے کہ ہم اپنے نفس کے احکام بجالانے سے انکار کرتے رہیں اور اپنے ضمیر کی آواز پر کان دیں۔ دنیا میں سب گناہ معاف ہو سکتے ہیں لیکن غدار توم فروش کو معاف نہیں کیا جا سکتا ہمارا من خود ہمارا مخالف ہے۔ یہ ہماری ذات کے ساتھ غداری کرتا ہے۔ یہ ہمیں اپنی یزدانی عظمت کے خلاف بغاوت کرنے کے لئے اکساتا ہے اگر ہم نفس کی باتوں میں آ کر اپنی حقیقی ذات کی آواز کو سننے سے انکار کرتے ہیں تو ہم اپنے ساتھ غداری

---

لہ I the Lord thy God am a Jealous God ; thou shalt have no other gods before Me.

کرتے ہیں، آؤ آج ہم قطعی فیصلہ کرلیں کہ جو کچھ بھی ہو ہم اپنا تن من سب بھگوان کے ارپن کر دیں گے، اپنا سب کچھ خدا کے سپرد کر دیں گے، اُسی کی رضا پر قانع رہیں گے۔ اُسی کی مرضی کو اپنی مرضی بنائیں گے۔ کسی فلاسفر نے کیا خوب کہا ہے، اگر کوئی شخص یہ دو بار کہتا ہے کہ خداوند تیری رضا مجھے قبول ہے تو وہ گناہ کا ارتکاب کرتا ہے، جب ایک بار کہہ دیا کہ "خداوند تیری رضا مجھے قبول ہے"۔ تو اُسے دُوسری بار دُہرانے کے معنی ہی کیا ہیں۔ جب اُس کی رضا قبول کرلی تو باقی رہ ہی کیا گیا دو بارہ کہنے کا تو مطلب ہوا کہ ہمارا پہلا فیصلہ قطعی نہیں تھا آؤ ہم ایک ہی بار بالکل قطعی فیصلہ کرلیں، اور ہمیشہ کے لئے اعلان کریں کہ "خداوندا جیسے آسمانوں پر تیری رضا سب کو قبول ہے ویسے ہی ہم زمین پر تیری رضا قبول کرتے ہیں[ل]۔ تو ہی سرورِ دو عالم ہے تمام عظمت اور شان تیری ہے اور تیری رہے گی۔"

---

[ل] بہ دردو صاف ترا کار نیست خوش درکش ؛ کہ ہرچہ ساقیٔ ما ریخت عین الطاف است
اگر بلطف بخوانی مزید الطاف است ؛ دگر بہ قہر برانی درون ما صاف است
من و مقامِ رضا بعد ازیں و شکر و شکیب ؛ کہ دل بدردِ تو خو کرد و ترک درماں گفت
در طریقت ہرچہ پیشِ سالک آید خیرِ اوست ؛ در صراطِ مستقیم اے دل کسے گمراہ نیست

# مذہب اور معیارِ عقل[1]

## (علم اور عرفان)

ہمارے ایک رِشی جن کا نام نارد تھا ایک دفعہ ایک دوسرے رِشی سنت کمار کے پاس اُن سے حقیقت کا علم حاصل کرنے کے لئے گئے۔ رِشی سنت کمار نے پوچھا اب تک کیا کیا علوم حاصل کر چکے ہو؟ نارد جی نے بتایا کہ چاروں ویدوں کے علاوہ علمِ نجوم وغیرہ سب پر عبور حاصل کر لیا ہے۔ رِشی سنت کمار بولے کہ ویدوں کا علم اور علم نجوم اور فلسفہ وغیرہ کی حیثیت ثانوی ہے، سب سے اعلیٰ علم وہی ہے جس کی مدد سے ہم برہم کو پا سکتے ہیں۔

یہ خیال کہ خارجی علوم کا درجہ داخلی عرفان سے بہت کم ہے، ہر مذہب میں پایا جاتا ہے، ہر مذہب کا دعوے ہے کہ خارجی علوم ہماری زندگی کے ایک جزو کو بیان کرتے ہیں لیکن داخلی عرفان جو مذہب سے حاصل ہوتا ہے ہمیں لامحدود اور لازوال حقیقت سے آگاہ کرتا ہے اور اس لئے اس کا درجہ سب علوم سے بلند ہے۔ اس دعویٰ کا عملی نتیجہ یہ ہوا کہ بدقسمتی سے مذہب کے علمبردار خارجی علوم کو حقارت کی نظر سے دیکھنے لگے، یہاں تک کہ ان علوم سے مذہبی حقائق کا ثبوت ملتا ہو تو بھی اُن کو مذہب کے نزدیک نہ آنے دیا گیا۔ مذہب اور خارجی علوم میں یہ خود ساختہ فاصلہ بڑھتے بڑھتے عناد و عداوت تک جا پہنچا اور اس دشمنی نے تعصب کی صورت اختیار کر لی مذہب کا دعویٰ ہمیشہ یہ رہا ہے کہ رُوحانی علم ہی سچا علم ہے عرفان ہی ہماری سچی رہنمائی کر سکتا ہے کیونکہ یہاں غلطی کا امکان ہی نہیں ہے۔ خارجی علم کی باتوں پر کان دھرنا بے کار ہے مذہب والوں کے یہ طور دیکھ کر خارجی علم کے طرفدار عقل اور منطق کی تیز تلوار سے مذہب کی ہر بات کا قلع قمع کرنے پر تل گئے، یہ جنگ ہر زمانے اور ہر ملک میں ہوتی رہی ہے اور آج بھی جاری ہے۔ مذہب کو ہمیشہ شکست ہوئی ہے اور کئی بار تو ایسا معلوم

---

[1] Religion and Reason.

ہوتا تھا کہ مذہب جہان سے اٹھ ہی جائے گا۔ زمانۂ جدید میں اس کی مثال انقلابِ فرانس[1] ہے جب مذہب اور رُوحانیت کی قدروں کو کچل دیا گیا اور اُن کی جگہ عقلی قدروں نے لے لی۔ انسانی تہذیب کی تاریخ میں پہلے بھی کئی بار ایسا ہوا ہے۔ کہ بس عقل اور منطق کو خُدا مان کر اس کی پُوجا کی گئی۔ انقلابِ فرانس تو گزشتہ واقعات کا اعادہ تھا۔ ہاں اتنا ضرور ہے کہ اس انقلاب کی شکل میں مذہب اور عقل کے پُرانے عناد نے ایک جنگِ عظیم کا رنگ اختیار کر لیا جو آج تک جاری ہے۔ بلکہ روز بروز بڑھتی جاتی ہے۔ ایک طرف تو طبعی علوم نے آج بہت ترقی کر لی ہے دُوسری طرف رفتارِ زمانہ سے غافل ہو کر مذہب پہلے سے بھی زیادہ کمزور ہو گئے ہیں۔ مذہب اور عقل کے درمیان یہ خلیج جتنی وسیع ہوتی جاتی ہے اتنی ہی نفرت اور دشمنی زیادہ ہوتی جاتی ہے۔ ایسا معلوم ہوتا ہے کہ مذہب کی بنیادیں ہل گئی ہیں۔ آج کل کے لوگ بظاہر کچھ ہی کیوں نہ کہیں۔ اپنے دل میں بخوبی جانتے ہیں کہ جب تک عقل کسی بات کو قبول نہ کرے اُس پر ایمان اور اعتقاد لانا ناممکن ہے وہ زمانہ گیا جب لوگ پنڈتوں، ملّاؤں اور پادریوں کے کہنے پر یقین کر لیتے تھے یا مذہبی کتابوں کی ہر بات کو مان لیتے تھے یا سماج کی دیکھا دیکھی مذہبی رُسوم کی پیروی کرتے تھے۔ کچھ لوگ ایسے ضرور ہیں جو آج کل بھی اندھا دھند ہر قسم کی مبیّنہ مذہبی اور رُوحانی باتوں پر ذرا یقین لے آتے ہیں لیکن ان ضعیف الاعتقاد لوگوں میں سوچ بچار کی طاقت ہی نہیں، ان لوگوں کا ایمان تو بس اندھی تقلید اور دماغی کاہلی ہے۔ زمانہ جلد ہی ان لوگوں کو جھنجھوڑ کر جگا دے گا۔ بھلا کوئی کب تک سویا رہ سکتا ہے۔ مجھے تو ایسا نظر آتا ہے کہ یہی حالت رہی تو مذہب اور عقل کی جنگ جلد ہی ختم ہو جائے گی اور مذہب ہمیشہ کے لئے ہار جائے گا اور ہم رُوحانیت کی بے بہا دولت سے ہاتھ دھو بیٹھیں گے۔ دیکھنا تو یہ ہے کہ کیا اس نعمت کو بچایا جا سکتا ہے؟ دوسرے لفظوں میں کیا کوئی ایسی صُورت ہے کہ مذہب کو عقل کی کسوٹی پر پرکھ کر روحانی حقائق کو ثابت کر دیا جائے۔ اگر خارجی عُلوم کی بنیاد عقل اور منطق پر ہے تو مذہب کی بُنیاد عقل اور منطق پر کیوں نہیں رکھی جا سکتی؟ میں سمجھتا ہوں کہ فی زمانہ عقل اور مذہب میں موافقت بہت ضروری ہے، اگر عقل کو مخصوص طریقوں کے استعمال کر کے سائنس اور خارجی علوم میں اس قدر ترقی ہو سکتی ہے تو کیا وجہ ہے کہ عقلی تجزیہ سے مذہبی صداقتوں کا ثبوت بہم نہ پہنچایا جا سکے اگر مذہب عقل کا چیلنج قبول نہیں کر سکتا۔ اگر مذہب عقل کے سامنے نہیں ٹھہر سکتا ہے تو ایسے مذہب کا مِٹ جانا ہی اچھا ہے، سمجھ لو کہ ایسا مذہب شروع ہی سے فضول اور بے کار توہمات کا سلسلہ تھا اور توہمات کا مٹ جانا ہی اچھا ہوتا ہے یقین مانئے ایسے مذہب کو زندہ رہنے کا کوئی حق نہیں لیکن مذہب کوئی وہم نہیں، خواب و خیال نہیں۔ رُوحانیت ایک روشن حقیقت ہے، توہمات کو مِٹ جانے دو عقل کو اپنا کام کر لینے دو، مذہب کے روشن چہرے پر جو گرد جم گئی ہے اُسے صاف ہو لینے دو پھر دیکھئے مذہب کس آب و تاب سے چمکتا ہے رُوحانیت کس شان سے جلوہ گر ہوتی ہے۔ سائنس کو توہمات کی بوسیدہ بنیادوں کو ڈھا لینے دو مذہب کی شان دار

---

[1] The French Revolution.

عمارت کو کوئی گزند نہیں پہنچ سکتا اس سے رُوحانیت کے محل کی پائندگی اور بھی نمایاں ہو جائے گی طبیعات اور علم کی طاقت محض خارجی ہے۔ مذہب اور رُوحانیت کی داخلی قوت میں جب سائنس کی خارجی طاقت شامل ہو جائے گی تو مذہب کی عظمت پوری طرح ثابت ہو جائے گی۔ مجھے اُن لوگوں سے اتفاق نہیں جو کہتے ہیں کہ عقل اور مذہب میں موافقت ہو ہی نہیں سکتی کیونکہ دونوں کے میدان ہی مختلف ہیں مذہبی اصولوں کو عقل اور منطق کی کسوٹی پر پرکھنا فضول ہے۔ میں سمجھتا ہوں کہ ایسا کہنا خود اپنی بات کی تردید کرنا ہے۔ سب مذہب والوں کا دعویٰ ہے کہ صرف اُن کا مذہب ہی سچا ہے، کیوں کہ وہ اُن کے پیغمبر پر نازل ہوا اب اگر دو مذہبوں کی اخلاقیات میں ایک ہی بات کے متعلق مختلف اور متضاد احکام درج ہوں تو عقل اور منطق سے کام لئے بغیر کوئی کیونکر یہ جان سکتا ہے کہ کس مذہبی ہدایت پر عمل کرنا ٹھیک ہے مثلاً ایک مذہب لوگوں کو زبردستی اپنے دائرے میں لانے کی اجازت دیتا ہے یہاں تک کہ بعض حالات میں قتل بھی روا سمجھتا ہے۔ دوسرا مذہب تشدد اور قتل کو بدترین گناہ قرار دیتا ہے، دونوں مذہبوں کے پیرو اپنے اپنے مذہب کو سچا کہتے ہیں، اور اس کے ثبوت میں اپنی اپنی مقدس کتاب کا حوالہ دیتے ہیں۔ یہاں یہ سوال پیدا ہوتا ہے کہ جب دو مقدس کتابوں میں دو ایسی باتیں لکھی ہوں جو ایک دُوسرے کی ضد ہوں تو وہ کونسا معیار ہے جس کی رُو سے ہم یہ فیصلہ کرلیں کہ کونسی بات سچی ہے اور کونسی جھوٹی؟ ہر مذہب کے حامی اپنی بات کی حمایت میں یہی ایک دلیل پیش کرتے ہیں کہ ہماری بات خُدا کے اُن احکام پر مبنی ہے جو خُدا نے ہمارے پیغمبر کی معرفت عائد کئے اگر حق اور باطل کو جانچنے کا معیار یہی ہے تو قتل کرنا بھی روا ہے اور کسی کو نقصان نہ پہنچانے کی تلقین بھی بجا ہے۔ اس کا یہ مطلب ہوا کہ کبھی خُدا ایک بات کو روا قرار دیتا ہے اور کبھی اس کے خلاف احکام صادر کرتا ہے، ایسے خدا پر ایمان لانا مشکل ہو جاتا ہے جن لوگوں میں ذرا بھی ذہانت ہے وہ قدرتی طور پر مذہب سے احتراز کرنے لگتے ہیں۔ ظاہر ہے کہ جب مذہبی کتابوں کے حوالے سے کوئی بات ثابت نہیں ہو سکتی تو ہمیں کوئی ایسا معیار دریافت کرنا ہوگا جو ان کتابوں سے بھی بلند ہے اور جس کی مدد سے مختلف مذہبی احکام کے حق و باطل کا اندازہ لگایا جا سکے ہم صاف طور پر مانیں یا نہ یہ معیار عقل اور منطق ہی کا معیار ہو سکتا ہے۔

یہاں یہ اعتراض کیا جا سکتا ہے کہ عقل الہام کو سمجھنے سے قاصر ہے آپ پوچھ سکتے ہیں کہ کیا عقل کی روشنی میں مختلف پیغمبروں کی الہامی باتوں کی حقیقت کا اندازہ لگایا جا سکتا ہے۔ الہام اور چیز ہے اور منطق اور چیز۔ آپ کا اعتراض سر آنکھوں پر لیکن میں اتنا ضرور عرض کروں گا کہ اگر عقل اور منطق ہمارے مسئلے کو حل نہیں کر سکتے تو مذہبی کتابوں اور پیغمبروں کے متعلق جو جھگڑے فساد صدیوں سے ہوتے آرہے ہیں اُن کا قلع قمع کرنا بھی ناممکن ہے، اگر عقل کی مدد سے

اِن جھگڑوں کا تصفیہ نہیں ہو سکتا تو یوں سمجھ لینا پڑے گا کہ تمام مذہب جھوٹے ہیں متضاد باتوں کا ایک سلسلہ ہیں جن کی تہ میں اخلاقیات کا کوئی بنیادی اُصول کام نہیں کر رہا۔ آخر مذہب یا رُوحانیت کا ثبوت خود انسان کی سرشت سے ہی تو ملے گا۔ مقدس کتابیں بھی انسان ہی کی فطرت کا اظہار ہیں۔ کتابوں سے آدمی کی تخلیق نہیں ہوتی۔ انسان ہی کے وجود سے یہ کتابیں ظہور میں آئی ہیں ان کی اپنی کوئی خارجی اصل نہیں۔ برعکس اس کے عقل انسان کی سرشت کا جزو ہے، ہمیں اپنی فطرت اپنی سرشت سے باہر اپنے سوالوں کا جواب نہیں ملے گا اسی لئے تو میں کہتا ہوں کہ اگر مذہبی کتابوں میں اختلاف ہے تو اس کا فیصلہ عقل ہی کر سکتی ہے البتہ شرط یہ ہے کہ عقل کو گمراہ نہ ہونے دیا جائے۔ عقل سے خلافِ فطرت کام نہ لیا جائے۔ اس سے میرا کوئی خاص مطلب نہیں۔ میں وہی بات کرنے کو کہہ رہا ہوں جو ہر تعلیم یافتہ مرد اور عورت کے دل میں ہے، سب یہی تو چاہتے ہیں کہ زمانہ حال کی غیر مذہبی اور سائنٹیفک (Scientific) معلومات کی روشنی میں مذہبی اصولوں اور اخلاقیات کا تجزیہ کیا جائے۔ تاکہ اگر مذہب اور رُوحانیت کی کچھ حقیقت ہے تو ثابت ہو جائے۔

دلیل اور منطق کا اُصول یہ ہے کہ کسی محدود اور مخصوص چیز کی تشریح اس سے کم محدود اور مخصوص چیز کی نسبت سے کی جاتی ہے اس عملِ تعمیم سے ہم بالآخر اس بنیادی اُصول اُس عالمگیر حقیقت تک آپہنچتے ہیں جس کا اطلاق دنیا کے سارے مظاہرِ قدرت پر ہوتا ہے اور ہم اُسے کائناتی اصول مان لیتے ہیں، اور اُسے قانونِ فطرت کا نام دیتے ہیں اگر واقعاتِ عالم اس قانون کے مطابق ہوتے ہیں تو ہم انہیں اطمینان سے قبول کر لیتے ہیں کیونکہ ہم بنیادی اصول سے واقف ہو چکے ہوتے ہیں۔ اس کی وجہ یہ ہے کہ ہم خاص واقعات کو فوراً کائناتی قانون سے نسبت دے کر اُس کی تشریح کر لیتے ہیں مثلاً درخت سے سیب کو گرتے دیکھ کر نیوٹن کو اچنبھا ہوا، اس واقعے سے اُس کے دماغ میں ایک ہل چل سی مچ گئی لیکن جب اُس نے کششِ ثقلِ ارضی کا قانون دریافت کر لیا تو اُسے تسلی ہو گئی۔ انسانی ادراک و شعور کا یہ پہلا اصول ہے۔ ہم کسی آدمی کو سڑک پر گزرتے دیکھتے ہیں۔ ہمارا دماغ فوراً اُسے بنی نوعِ انسان کے وسیع تصور کے دائرے میں لے آتا ہے اور ہم مطمئن ہو جاتے ہیں۔ اسی عمل کو بروئے کار لاتے ہوئے ہم خاص سے عام محدود سے وسیع اور وسیع سے وسیع تر کی طرف جاتے ہیں اور بالآخر وہ کائناتی اصول دریافت کر لیتے ہیں جو تمام عالم پر حاوی ہے اور یہ ہے احساسِ حیات۔ شعورِ خودی جس کی نسبت سے ہم باقی سب چیزوں کے وجود کا ادراک کرتے ہیں اس بات کو یوں بھی بیان کیا جا سکتا ہے، ہم سب انفرادی طور پر مرد، عورت اور بچے ہیں لیکن مجموعی طور پر ہم سب انسان کہلاتے ہیں۔ ہم بنی نوعِ انسان کا ذکر یوں کرتے ہیں گویا سب کا وجود ایک ہو اسی طرح آدمی۔ بلّی اور کتے کی انفرادی طور پر مختلف نوعیت ہے لیکن مجموعی طور پر ہم سب کو جاندار کہتے ہیں اس سے آگے بڑھیے تو ہم نباتات کو بھی اپنے میں شامل کر لیتے ہیں اور سب کو "زندگی" یا حیات کہتے ہیں، اور آخر میں مادیات کو بھی اس مجموعے میں ملا کر "وجود" کا نام دیتے ہیں اس کا مطلب صرف یہی

ہے کہ ہم محدود چیز کو وسیع تر چیز سے نسبت دیتے ہوئے کائناتی اصول دریافت کرتے ہیں۔ ہمارے دماغ میں عام اطلاق کے بہت سے نظریے اور اصول بھرے پڑے ہیں۔ ہمارا دماغ مختلف قسم کے کلوں کا ذخیرہ ہے جنہیں اپنے اپنے خانے میں رکھ دیا گیا ہے جب کبھی کوئی نئی بات دتوع میں آتی ہے ہمارا دماغ اُسے جانی پہچانی باتوں کے کسی مناسب خانے میں ڈالنا چاہتا ہے اگر ہم اس میں کامیاب ہو جاتے ہیں تو ہماری تسلی ہو جاتی ہے اور ہم کہتے ہیں اسے تو ہم جانتے ہیں۔" اسی چیز کو علم یا ادراک کہتے ہیں لیکن اگر ہم کسی نئے واقعے کو اپنے دماغ کے کسی خانے میں نہیں ڈال سکتے تو ہمارے اندر ہل چل پچ جاتی ہے اور ہم اس وقت تک مطمئن نہیں ہوتے جب تک کہ اپنے دماغ سے کوئی نیا عام اطلاق کا اصول نہ نکالیں اسی لئے تو کہتے ہیں کہ علم اور ادراک تقسیم و ترتیب کا دوسرا نام ہیں۔ یہ نئے اصول ہمیں کہیں باہر سے دستیاب نہیں ہوتے بلکہ ہمارے ہی دماغ میں پہلے سے موجود ہوتے ہیں خارجی واقعات ہمارے دماغ کو محرک کرتے ہیں اور دماغ اپنے اندر غوطہ زن ہو کر نئے نئے موتی نکال لاتا ہے ÷

علم اور ادراک کا دوسرا اصول یہ ہے کہ ہر چیز کی صحیح تشریح اور تفسیر خود اس کی سرشت اور فطرت کی نسبت سے حاصل ہوتی ہے کسی خارجی مصدر سے نہیں ملتی۔ کسی زمانے میں لوگ سمجھتے تھے کہ اگر ہوا میں زور سے پتھر پھینکا جائے تو اُسے کوئی بھوت واپس پھینک دیتا ہے اسی طرح ہزاروں قدرتی باتوں کو لوگ غیر قدرتی ہستیوں سے منسوب کرکے اُن کی کچھ نہ کچھ تشریح کر لیتے ہیں لیکن یہ تشریح عموماً غلط ہوتی ہے مثلاً یہ کہنا کہ پتھر اس لئے گرتا ہے کہ بھوت اُسے زمین کی طرف کھینچ لاتا ہے ایک قدرتی واقعہ کی تشریح ضرور ہے لیکن یہ تشریح ایک خارجی محرک پر مبنی ہے داخلی فطرت پر منحصر نہیں، جب کشش ثقل زمین کا اصول دریافت کر لیا گیا تو داخلی تشریح حاصل ہو گئی اور اس سے ہماری پوری تسلی ہو گئی جدید فکر کا رجحان اس نوعیت کی تشریح تلاش کرنے کی طرف ہے۔ یہ مان لیا گیا ہے کہ ہر چیز کا راز اُسی کی داخلی فطرت میں ہے اور اس راز کو آشکار کرنے کا نام ہی سائنس ہے۔ واقعات عالم کی تشریح کے لیے سائنس کسی خارجی وجود کو ضروری نہیں سمجھتی مثلاً علم کیمیا کے ماہر کو کسی کیمیائی عمل کی تشریح کے لئے بھوت پریت وغیرہ کے وجود کی ضرورت نہیں اسی طرح دوسرے سائنسداں بھی اس قسم کے خارجی محرکات سے بے نیاز ہیں۔،

سائنس کا یہی اصول مذہب پر عائد ہونا چاہیئے اور میری کوشش یہ ہے مذہب کو اسی اصول کی کسوٹی پر جانچا جائے۔ اگر کوئی مذہب اس امتحان میں کامیاب نہیں ہوتا یا اگر کسی مذہب کی کچھ جزدیات اس معیار پر پوری نہیں اترتیں تو اُن کا ترک ہی بہتر ہوگا اور سچ تو یہ ہے کہ سائنس کے مقابلے میں بیشتر مذہبی نظریوں کی تشریح داخلی فطرت پر مبنی نہیں ہے۔ یہی وجہ ہے کہ آئے دن مذہب کا وقار کم ہوتا چلا جاتا ہے، مثلاً تقریباً تمام پرانے

---

حاشیہ صفحہ گذشتہ

لہ Existence.

مذہب شخصی خدا کی تعلیم دیتے ہیں۔ اس خدا کی ہستی کائنات سے باہر اور اُس سے جُدا ہے، یہ خدا کائنات کا مالک ہے، اس کا حکمران ہے، دُنیا کا کاروبار اُس کی رضا سے ہوتا ہے۔ اس نظریئے کے حق میں جو دلائل صدیوں سے پیش کی جاتی رہی ہیں اُن سے سب واقف ہیں، میں اُنہیں دُہرانا نہیں چاہتا۔ البتہ اتنا ضرور کہوں گا کہ اُس شخصی خدا کو سب رحیم و کریم مانتے ہیں، لیکن دنیا میں جو ناانصافی اور عدم مساوات کے روز مظاہرے ہوتے ہیں ان کی کوئی وجہ نہیں بتاتا کہ آخر رحیم و کریم اور منصف خدا کے ہوتے ہوئے یہ ظلم کیوں ہوتے ہیں؟ خیر اس بات کو چھوڑیئے، فلسفہ اور سائنس کے نقطۂ نظر سے اس کی کوئی خاص اہمیت نہیں، سائنس اور فلسفہ تو یہ کہتے ہیں کہ خارجی شخصی خدا کا تصور اصلاً ہی غلط ہے، کائنات کی تخلیق کا خیال ہی بے بنیاد ہے، ان نظریوں کا ثبوت خود کائنات کی سرشت سے نہیں ملتا۔ یہ کہنا کہ اس دُنیا کا سبب دنیا سے باہر ہے اور اس کے موجب اور محرک کا وجود اس سے علیحدہ ہے، ٹھیک ایسا ہی ہے جیسے یہ کہنا کہ جب ہم پتھر ہوا میں پھینکتے ہیں تو کوئی بھوت اُسے واپس زمین کی طرف کھینچ لاتا ہے۔ شخصی خدا کا تصور دنیا کی تشریح کے لئے ناکافی ہے یہی وجہ ہے کہ مذہب سائنس اور فلسفہ کے سامنے نہیں ٹھہر سکتے۔

ارتقا کا اصول بھی اسی بنیادی اصول کا ایک نیا پہلو ہے کہ ہر چیز کی تشریح خود اُس کی سرشت سے ملنی چاہئے۔ زمانۂ جدید کے اس انقلاب انگیز خیال کا سارا مطلب آخر یہی تو ہے کہ ہر چیز کی سرشت ہی میں اُس کی ہر صورت کا راز پنہاں ہے، ہر چیز فطرتاً بار بار ظاہر ہونا چاہتی ہے۔ اور اس اظہار کے دوران میں اپنے پوشیدہ رنگوں کو اُبھارتی ہے، اور نئی نئی صورتیں اختیار کرتی ہے لیکن ہر نئے انداز کا محرک اور سبب خود اُس کی فطرت ہے، دراصل علت اور معلول ایک ہی حقیقت کے دو رُخ ہیں جب یہ حقیقت پنہاں ہوتی ہے تو ہم اُسے سبب کہتے ہیں اور جب یہ آشکار ہوتی ہے تو اثر کہلاتی ہے اس کا مطلب یہ ہوا کہ عالمِ کائنات اسی ایک حقیقت کی ارتقائی صورتوں کا ظہور ہے، دنیا کسی خارجی خُدا کی تخلیق نہیں ہے، ہمیں اپنے سمیت جو کچھ نظر آتا ہے اسی ایک ہی سبب کے مختلف اثرات ہیں لیکن نہ تو سبب اثرات سے علیحدہ ہے اور نہ اثراتِ سبب سے باہر، ہر ظاہر اثر اپنے پوشیدہ سبب ہی کی ایک صورت ہوتا ہے، یہ صورت سبب ہی میں مضمر ہوتی ہے اور ضرورت ہو تو حالات کے مطابق نیا رنگ اختیار کر لیتی ہے لیکن یہ اپنے سبب سے مختلف نہیں ہوتی اسی کو ارتقا کہتے ہیں سبب اور اثر کے اس سلسلے کا نام ہی کائنات ہے، ہمیں اس کائنات کی تشریح کے لئے اس سے باہر کسی خارجی محرک کے تصور کی چنداں ضرورت نہیں ہے ہمیں اس دنیا کے خالق کا خیال درکار نہیں۔ ایسی صورت میں کچھ عجب نہیں کہ مذہب کی وقعت کم ہوتی چلی جا رہی ہے کیونکہ تقریباً تمام مذہب اب تک ایک مافوق الطبعی حقائق کے نظریئے کو اپنائے چلے جاتے ہیں، فی زمانہ ایسے شخصی خدا کا تصور قبول نہیں ہو سکتا کیونکہ اس تصور کے

مُطابق تو خدا ایک بہت ہی جسیم اور طاقتور آدمی ہے اور بس زمانۂ جدید کا انسان اِس تصور سے کہیں آگے نکل گیا ہے۔

یہاں یہ سوال پیدا ہوتا ہے کہ کیا کوئی مذہب ایسا ہو سکتا جو فلسفہ اور سائنس کے ان دونوں اُصولوں کے موافق ہو جن کا ذکر میں نے ابھی ابھی کیا ہے؟ میں سمجھتا ہوں کہ اِس سوال کا جواب اثبات میں دیا جا سکتا ہے۔ دیکھنا یہ ہے کہ مذہب اول تو حصولِ علم کے اس اُصول پر پُورا اترے کہ ہمارا دماغ خاص سے عام کی طرف جاتا ہے اور ہم چند واقعات کی بنا پر کُلّیہ قائم کرتے ہیں یا یوں کہیے کہ ہم مخصوص اور محدود علم سے ہمہ گیر اور وسیع تر علم پاتے ہیں، اور دُوسرے ارتقا کے اس اصول کے موافق ہو کہ سبب اور اثر ایک دُوسرے سے علیحدہ نہیں ہوتے۔ ان اصولوں کے تحت آخر ہمیں ایک ایسے ہمہ گیر کائناتی کُلیے کو دریافت کرنا ہے جو سب علم اور ادراک پر حاوی ہو ہمیں اس حقیقت اس بنیادی سبب تک پہنچنا ہے جو ادنیٰ اور اعلیٰ ہر صورت میں مکمل اور کامل ہے، کائنات کی تشکیل کا اولیں اور عظیم ترین سبب اپنے معمولی سے معمولی اثر سے جُدا نہیں ہو سکتا۔ اثر خواہ سبب سے کتنا ہی دُور افتادہ کیوں نہ ہو اصلاً اُس کی فطرت اپنے بنیادی سبب کی فطرت ہے۔ سبب اور اثر کا فاصلہ ارتقا کے ایک سِلسلے کا نام ہے، حقیقت وہی ہے جس میں سبب اور اثر دونوں شامل ہوں۔ فلسفۂ ویدانت میں اس حقیقت کو برہمہ کا نام دیا گیا ہے۔ برہمہ وہ ہمہ گیر تصور ہے جس سے سب چیزوں کی تشریح ہوتی ہے۔ برہمہ کے نام سے کوئی صفت منسوب نہیں ہے، برہمہ کو "ست چِت آنند"[1] (وجودِ واحد، شعورِ مطلق و نشاطِ مکمل) کہا گیا ہے۔ میں نے ابھی آپ کے سامنے مثالیں دے کر دکھایا کہ "زندگی" یا "وجود"[2] یا ہستی کا تصور وہ تصور ہے جس سے آگے انسانی دماغ جا ہی نہیں سکتا۔ اس میں مادیات، نباتات اور حیوانات سب شامل ہیں۔ اسی طرح "شعور"[3] یا احساس ہست یا آگہی بھی۔ علم و ادراک کے سلسلے میں سب سے اعلیٰ تصور ہے "شعور" یا آگہی سے میری مراد مختلف قسم کی عام فہم باتوں سے نہیں جن سے ہم اپنا دماغ بھر لیتے ہیں بلکہ آگہی کے معنی ہیں وہ رس جو ہمارے تمام علوم کی جان ہے، جس کی بدولت ارتقا کا عمل جاری ہے، اور جس کا اظہار انسان اور حیوان سب میں ارتقا کی مختلف صورتوں میں ہو رہا ہے آگہی کا یہ رس ہمارے روزمرہ کے تمام مدرکات کا سرچشمہ ہے، آگہی وہ واحد اور ہمہ گیر حقیقت ہے جس سے ہمارے تمام علوم کی کثرت ظہور پذیر ہوتی ہے، میں سمجھتا ہوں کہ اگر سائنس نے کوئی بات ثابت کر دی ہے تو وہ وحدتِ حیات کا نظریہ ہے۔ یہ وحدت نہ صرف رُوحانی ہے بلکہ دماغی اور جسمانی بھی، کون کہتا ہے کہ ہم جسمانی طور پر ایک دُوسرے سے مختلف ہیں، فرض کیجئے کہ ہم مادہ پرست ہیں اور خدا کی ہستی میں یقین نہیں رکھتے پھر بھی ہمیں ماننا پڑے گا

---

[1] Sat-Chit-Anand, Absolute Existence Knowledge & Bliss.

[2] Existence.　　[3] Knowledge.

کہ تمام کائنات مادّے کا ایک بے کنار سمندر ہے جس میں آپ اور میں کچھ دیر گرداب کی طرح اپنی انفرادیت کے چکر میں رہ کر پھر اس سمندر کی لہروں میں کھو جاتے ہیں، جس مادّے سے آج میرا جسم بنا ہے، ہو سکتا ہے کہ وہ کچھ سال پہلے آپ کے تندرست و توانا جسم کا جُزو بن کر چل پھر رہا ہو یا خورشیدِ عالمتاب کا حصّہ بن کر شعلے کی صورت میں لپک رہا ہو یا کسی سرسبز و شاداب پودے کی رگوں میں رس بن کر بہار دے رہا ہو، دنیا کی ہر شے ہر گھڑی اپنی صورت بدلتی رہتی ہے، اگر ثبات ہے تو بس اس بنیادی وحدت کو جس سے یہ سب کثرت پیدا ہوتی ہے۔ اس لئے یہ کہنا بھی ٹھیک نہیں کہ ہمارے جسم ایک دُوسرے سے علیحدہ ہیں اور ہم مختلف شخصیتوں کے مالک ہیں در اصل تمام اجسام ایک ہیں، یہی حال ہمارے دماغوں کا ہے، ہم ہر دماغ کو دوسرے سے علیحدہ سمجھتے ہیں لیکن غور سے دیکھا جائے تو ہر دماغ بھی شعور و احساس کے بیکراں سمندر میں ایک گرداب کی صورت رکھتا ہے، اس کا ثبوت خود آپ کے سامنے موجود ہے، دیکھئے تو کس طرح میرے خیالات بغیر کسی رُکاوٹ کے آپ کے دماغوں میں داخل ہو رہے ہیں اور آپ کے خیالات میرے دماغ میں چلے آ رہے ہیں، در اصل ہم سب کی ہستی ایک ہے، جسم ایک ہے، دماغ ایک ہے، اور جسم اور دماغ سے اُوپر اُٹھئے تو رُوح ایک ہے، رُوح جسم اور دماغ کی وہ واحد قوتِ محرکہ ہے جس سے دونوں کی تشکیل ہوتی ہے، رُوح یا آتما ہی کا وہ ہمہ گیر تصور ہے جس کی وحدت میں سب کثرت بیک وقت پوشیدہ اور ظاہر ہے، بہر حال آپ آتما کو مانیں یا نہ، اس سے تو انکار نہیں کیا جا سکتا کہ ہم سب ایک بنیادی وحدت کے حصّہ دار ہیں ہم نے دیکھ لیا ہے کہ در اصل ہم جسمانی اور دماغی لحاظ سے بھی ایک دُوسرے سے جُدا نہیں ہیں، سائنس آئے دن اس بنیادی وحدت کا ثبوت بہم پہنچا رہی ہے مغرور انسان کو اشرف المخلوقات ہونے کا دعویٰ ہے، سائنس اُسے بتاتی ہے کہ اعلیٰ ترین انسان اور کمترین کیڑے میں طبیعاتی اور کیمیائی لحاظ سے کوئی فرق نہیں کیونکہ اموئبا[1] کی ابتدائی منزل سے ترقی کرتے کرتے ہی انسان اپنے حالیہ مقام تک پہنچا ہے اسی بات کو یوں بھی کہا جا سکتا ہے کہ پچھلے جنموں میں ہم اور آپ کیڑے مکوڑے بھی رہ چکے ہیں، اسی کیڑے میں ارتقا کی وہ پوشیدہ طاقت تھی جس کی بدولت وہ بڑھتے بڑھتے انسان کے درجے تک آ پہنچا ہے یہ ہے "وحدت الوجود" کی نئی تعلیم جو ہمیں سائنس سے ملتی ہے، اس تعلیم کی اہمیت کو سمجھنا ضروری ہے، ہم میں سے بیشتر لوگ اپنے آپ کو، اپنے سے بلند ہستیوں کے برابر سمجھ کر تو بہت خوش ہوتے ہیں لیکن کون ہے جو انسان اور حیوان کی مساوات کا اعتراف کرنے کے لئے تیار ہوگا۔ بنی نوع انسان کی جہالت کا یہ حال ہے کہ ہر شخص اپنے نسب کا سلسلہ کسی ایسے بڑے آدمی سے جوڑنا چاہتا ہے جس کے دبدبے اور رعب کی وجہ سے سب اس کی عزت کرتے ہوں، خواہ وہ آدمی کتنا ہی ظالم کیوں نہ ہو، رہزن اور ڈاکو ہی کیوں نہ ہو بر عکس اس کے اگر ہمارے آبا و اجداد میں کوئی بزرگ

---

[1] Amoeba.

نہایت غریب رہا ہو تو ہم اُس کے نام تک کو بھلا دینا چاہتے ہیں خواہ وہ شرافت اور دیانتداری میں اپنی مثال آپ ہو، لیکن شکر کا مقام ہے کہ سائنس کی بدولت ہماری آنکھوں کے سامنے سے پردے ہٹ رہے ہیں، سائنس ہمیں بتاتی ہے کہ مادی سطح پر زندگی ایک ہے، اس تعلیم سے مذہب کو تقویت پہنچی کیونکہ مذہب بھی یہی سکھاتا ہے کہ دماغی اور روحانی سطح پر زندگی ایک ہے۔ بہرحال ویدانت کے ادویت وادی فلسفے کی تعلیم یہ ہے کہ آتما[1] ہی تمام کائنات کا رس ہے، سب زندگی کی اصل ہے، انفرادی اور مجموعی زندگی اُسی سے ہے اور "وہ آتما تم ہو"[2] تمہاری حقیقی خودی ہی خُدا ہے۔ تمہاری وسعت میں تمام کائنات سموری ہے تمام عالم تمہاری ہستی کا پرتو ہے، جو کوئی اپنے آپ کو دوسروں سے علیحدہ اور مختلف سمجھتا ہے، وہ خواہ مخواہ مصیبت مول لیتا ہے، دنیا کے تمام دُکھ درد اِس احساسِ تفریق سے پیدا ہوتے ہیں، وحدت کے احساس میں سچی خوشی ہے، نشاطِ کامل احساسِ خودی کا دُوسرا نام ہے، جو یہ جانتا ہے کہ وہ اور کائنات ایک ہیں۔ وہی ست چت آنند ہے، وہی برہم ہے، ؛

ظاہر ہے کہ ویدانت سائنس کے مطالبات کو پورا کرنے کی اہلیت رکھتا ہے اس فلسفہ کے بنیادی نظریے میں ہمہ گیری ہے اور یہ دنیا کی ہر شے پر پوری طرح حاوی ہے۔ یہ فلسفہ قانونِ ارتقا کے موافق ہے اور کسی خارجی محرک یا سبب کا محتاج نہیں اس کے علاوہ فلسفۂ ویدانت ہر چیز کی تشریح اُس کی اپنی فطرت اور سرشت کی نسبت سے کرتا ہے ویدانت میں جس خُدا کا تصوّر ملتا ہے وہ ایک ایسی وحدت ہے جس کے باہر کوئی دوسری چیز نہیں، ویدانت کے برہم کے علاوہ اور کسی چیز کی ہستی نہیں، ویدانت میں خالق اور مخلوق کا تصور نہیں ملتا۔ یہاں تو برہم ہی کائنات کے اندر اور باہر ہے وہی سب کچھ ہے، ویدانت میں برہم کو یوں مخاطب کیا گیا ہے "تو ہی مرد ہے تو ہی عورت ہے تو ہی جوان ہے جو جوانی کے نشے میں سر بلند کئے جا رہا ہے اور تو ہی بوڑھا ہے جو زندگی کے بوجھ تلے دب کر لڑکھڑا رہا ہے"۔ برہم ہر جگہ موجود ہے وہ ہے تو ہم ہیں ہم اُسی کو تو ہر وقت اور ہر مقام پر دیکھتے ہیں، سنتے ہیں اور محسوس کرتے ہیں اُسی کی بدولت ہی تو جیتے ہیں اسی میں بس کر تو زندگی گزارتے ہیں اسی کی حرکت سے ہم میں جان ہے اُسی کے دم سے ہماری ہستی[3] ہے۔ یہی خیال انجیل مقدس میں بھی ملتا ہے آپ کے پیغمبر نے بھی ایسے خدا کا تصور پیش کیا ہے جو کائنات کے اندر اور باہر موجود ہے، جو اس جہان کی رُوحِ رواں ہے جو اس کا رس ہے، اُس کو زندہ رکھنے والا دل ہے جو اس دنیا کی ہر شے میں جلوہ گر ہے وہ ست چت اور آنند (ہستی، آگہی اور مسرت) ہے وہ وجود، شعور اور نشاط کا بے کنار سمندر ہے اور ہم اور آپ اس سمندر میں چھوٹے چھوٹے قطروں کی طرح ہیں جنہیں سمندر

---

ا؎ Atma.

۲؎ Thou art that.

۳؎ In Him we live and move and have our being.

کی لہریں کبھی اُچھال دیتی ہیں اور کبھی اپنے دامن میں سنبھال لیتی ہیں ہماری ہستی برہمہ کی ہستی سے جُدا نہیں ہم تو اسی کے اظہار کے سلسلے کی کڑیاں ہیں۔ برہمہ نورِ مجسّم ہے تو ہم اُسی نور کی کرنیں ہیں۔ برہمہ مکمل بیان ہے تو ہم چھوٹے چھوٹے حرف یا الفاظ ہیں کرنیں نور سے جُدا نہیں الفاظ بیان سے علیٰحدہ نہیں۔ دراصل برہم ہی برہم ہے، یہ ہمیں جو آدمی آدمی میں فرق نظر آتا ہے، یا ہم جو فرشتے اور آدمی، آدمی اور جانور، جانور اور پودوں اور پودوں اور پتھروں میں تمیز کرتے ہیں دراصل یہ فرق نوعیت کا نہیں درجے کا فرق ہے، زندہ جاوید فرشتے سے لے کر بے جان پتھر تک سب میں وہی برہمہ جلوہ گر ہے، ہو سکتا ہے کہ برہمہ کا جلوہ مجھ میں کم ہو اور آپ میں زیادہ، لیکن اس سے جلوے کی نوعیت میں کوئی فرق نہیں آتا بلکہ غور سے دیکھا جائے تو اظہارِ جلوہ کے ذرائع میں بھی کوئی فرق نہیں، فرق ہے تو ارتقا کے مقام کا آپ ارتقا کی اونچی منزل پر ہیں اور میں مقابلتاً نیچے ہوں لیکن ہم دونوں برہمہ کے نور کی جلوہ گاہ ہیں، آپ کی اصل، آپ کی سرشت اور فطرت بھی خدا ہے اور میری بھی آپ اپنے مقام پر پاکیزگی اور تقدس کے کمال کو حاصل کر چکے ہیں اور میں ابھی گناہ میں لت پت ہوں آپ فرشتہ خصلت ہیں اور میں شیطان سیرت۔ آپ سے نور کی کرنیں چھن رہی ہیں اور مجھ سے تاریکیاں برس رہی ہیں لیکن مجھے بھی برہمہ سے واصل ہونے کا اُتنا ہی حق ہے جتنا آپ کو اور صرف حق ہی نہیں مجھے بھی آخر برہمہ کے مقام پر پہنچنا ہے کیونکہ برہم ہی میری اصل ہے، میں بھی ست چت آنند ہوں۔ آپ نے آج اپنی اصل کو آشکار کر لیا ہے، آپ کو مبارک ہو لیکن میری اور آپ کی اصل ایک ہی ہے کچھ دیر رُک جائیے کل تک میں بھی اپنی اصل کو جلوہ گر کر لوں گا۔ نہ مجھے اور نہ آپ کو کسی خارجی مدد کی ضرورت ہے یہ تمام کائنات برہمہ ہی تو ہے۔

یہاں سوال اٹھتا ہے کہ اگر سب کائنات برہمہ ہی ہے تو کیا برہمہ محض مادہ ہے؟ ہرگز نہیں۔ مادہ کیا ہے؟ مادہ برہمہ کی وہ صورت ہے جسے ہم حواسِ خمسہ کی مدد سے دیکھتے ہیں لیکن اس کا مطلب یہ نہیں کہ برہم محض مادہ ہے، جب ہم حواسِ خمسہ سے اوپر اُٹھ کر برہمہ کا تصور ذہن سے کرتے ہیں تو برہم کی ایک غیر مرئی صورت پیدا ہو جاتی ہے برہمہ ایک کائناتی من[1] (دماغ) کی صورت میں نظر آنے لگتا ہے لیکن اس کا مطلب یہ نہیں کہ برہم محض دماغ ہے اس سے بھی آگے رُوح کا مقام آتا ہے، اور جب رُوح برہمہ کا احساس کرتی ہے تو برہمہ روحِ اعظم کی صورت میں نظر آتا ہے، اس لئے یہ کہنا غلط ہے کہ چونکہ سب کائنات برہمہ ہے اس لئے برہمہ مادّہ ہے۔ برہمہ مادہ نہیں بلکہ مادہ کے پسِ پردہ جو حقیقت ہے وہ برہمہ ہے مثلاً اس کُرسی کو لیجئے۔ برہمہ یہ کرسی نہیں لیکن برہمہ ہی کی حقیقت سے اِس کُرسی کا شعور ہوتا ہے اس کرسی کے شعور کے لئے دو چیزیں لازمی ہیں۔ ایک تو وہ خارجی چیز ہے جو کہ جسمانی وجود سے باہر ہے

---

[1] Universal Mind.

اور جس کا ادراک میں اپنے حواس اور دماغ سے کرتا ہوں اور دُوسری وہ داخلی چیز جس سے میرے حواس اور دماغ میں ادراک کی اہلیت پیدا ہوتی ہے، ان دونو چیزوں کے ملنے سے 'کرسی' کا شعور پیدا ہوتا ہے، برہمہ وہ لازوال حقیقت ہے جو ان دونوں کے پیچھے ہے جو ہماری خارجی دنیا میں بھی موجود ہے اور داخلی دنیا میں بھی جو ہمارے حواس اور دماغ سے بالا ہے اور جس کو ہمارے حواس اور دماغ مختلف صورتوں میں دیکھتے ہیں۔ کبھی وہ ہمیں کُرسی کی صُورت میں نظر آتا ہے اور کبھی میز بن کر ہمارے سامنے آتا ہے، ہمارے کمرے، مکان، ہمارے شہر، ہمارے ملک، ہماری دُنیا، سورج چاند ستارے سب کے سب اِسی برہمہ کی مختلف صورتیں ہیں یا یوں کہیئے کہ برہمہ کی ہستی ایک پردہ ہے جس پر ہمارے حواس اور دماغ یہ تصویریں بناتے رہتے ہیں۔ آپ پوچھیں گے کہ اگر ایسا ہے تو یہ کیوں کر ہوتا ہے کہ ہم سب کو کرسی کُرسی ہی نظر آتی ہے اور میز میز، یہ کیوں کر ممکن ہے کہ ہر شخص ست چت آنند کے کینوس (پردے) پر ایک ہی قسم کی تصویریں بنا رہا ہے، بات یہ ہے کہ یہ ضروری نہیں کہ ہر شخص ایک ہی نظر سے برہمہ کو دیکھے، بلکہ حقیقت یہ ہے کہ مختلف آدمی برہمہ کو مختلف رنگوں میں دیکھتے بھی ہیں۔ لیکن یہ لوگ مختلف سطحوں پر ہوتے ہیں، جو لوگ ایک ہی سطح پر ہیں وہ برہمہ کو ایک ہی صورت میں دیکھ سکتے ہیں یہی وجہ ہے کہ ہم ایک دُوسرے کے نقطۂ نگاہ کو سمجھ لیتے ہیں اور سب کو کرسی کرسی اور میز میز نظر آتی ہے۔ ہمارے علاوہ لاکھوں ہستیاں ایسی ہو سکتی ہیں جو برہمہ کے پردے پر ہماری دنیا کی تصویروں سے مختلف تصویریں بناتی ہیں لیکن ہم اِن لوگوں اور اُن کی بنائی ہوئی تصویروں کو دیکھ نہیں سکتے کیونکہ ہماری زندگی کی سطح اُن سے مختلف ہے، اس بات کا ثبوت بھی جدید سائنس مہیا کر رہی ہے یہ تو ہم سب جانتے ہیں کہ آج کل طبیعاتی کھوج اس نتیجے پر پہنچ چکی ہے کہ بنیادی حقیقت ہمیشہ لطیف ہوتی ہے، مجسم صُورت تو بس ظاہری ہوتی ہے۔ سائنس ٹھوس مادّے کے مقام سے گزر کر بجلی کی لطیف لہروں تک آ پہنچی ہے، بہرحال سائنس کے آئندہ نتائج کچھ بھی ہوں مجھے تو آپ کو یہ دکھانا ہے کہ اگر کوئی مذہبی نظریہ آج کل کی سائنس اور دوسرے علوم کی کسوٹی پر پُورا اتر سکتا ہے تو وہ ویدانت کا ادویت وادی فلسفہ ہے یہ فلسفہ سائنس کی وہ دونوں شرائط پُوری کرتا ہے جن کا میں نے آپ کے سامنے ذکر کیا ہے، یہ نظریۂ حیات ہر چیز پر عائد ہوتا ہے، اس کی ہمہ گیری[لہ] اور وسعت میں سب زندگی سما جاتی ہے یہ کسی مخصوص شخصیت پر محدود نہیں ہے۔ جو نظریہ شخصی خدا تک محدود ہوتا ہے وہ کائناتی نہیں ہو سکتا۔ شخصی خُدا کے وجود کے تصور کے ساتھ ساتھ اُس کی صفات کا تصور بھی پیدا ہوتا ہے اور ہم اسے رحیم کریم پاک و منور وغیرہ کے القاب سے یاد کرتے ہیں اس دُنیا میں نیکی اور برائی، روشنی اور تاریکی۔ پاکیزگی اور گندگی ساتھ ساتھ ملتی ہیں لیکن ہم شخصی خُدا کے تصور میں صرف اچھی صفات ہی بھر دیتے ہیں اور دنیا کی تلخ حقیقتوں کو اُس مسّرت

---

لہ It is the highest generalisation.

منسوب نہیں کرتے۔ اس طرح خدا کا تصور شروع سے ہی اُدھورا رہ جاتا ہے۔ ہم اچھی اور خوشگوار صفات سے مرکب ایک تصور قائم کر لیتے ہیں اور کہتے ہیں کہ ہمارا شخصی خدا ایسا ہے لیکن ویسا نہیں نتیجہ یہ ہوتا ہے کہ ہمیں ایک اور وجود کا تصور تخلیق کرنا پڑتا ہے جو ویسا ہے ایسا نہیں جس میں وہ سب برائیاں ہیں جو ہم نے اپنے شخصی خدا کے تصور سے خارج کر دی ہیں اس طرح شخصی خدا کے تصور کے ساتھ شخصی شیطان کا تصور بھی لازم ہو جاتا ہے، خدا اور شیطان ایک دوسرے کے لازم اور ملزوم ہو جاتے ہیں ظاہر ہے کہ شخصی خدا کا تصور مکمل نہیں اور اس کو کائناتی درجہ نہیں دیا جا سکتا ہمیں اس سے زیادہ مکمل اور ہمہ گیر نظریہ تلاش کرنا ہوتا ہے اور وہ نظریہ ہے غیر شخصی برہمہ (خدا) کا برہمہ کے تصور میں یہ کائنات جیسی ہے ویسی قائم رہتی ہے۔ یہاں کی مسرتیں اور مصیبتیں نیکیاں اور برائیاں سب کی سب برہمہ ہی میں بسی ہیں، آپ پوچھیں گے وہ بھی بھلا کس قسم کا خدا ہو گا جس سے بُرائی بھی منسوب کی جاتی ہے؟ ایسے غیر شخصی خدا کے تصور کے معنی یہ ہیں کہ نیکی اور برائی دونوں ایک ہی طاقت کے دو مختلف کرشمے ہیں نیکی اور بُرائی کو دو مختلف چیزیں مانا ہی نہیں جاتا اس نظریئے کے مطابق نیکی اور بُرائی کو مختلف چیزیں ماننا ایک زبردست غلطی ہے، دنیا کی بہت سی مصیبتیں اسی غلط خیال کے باعث پیدا ہوئی ہیں۔ مذہبی جھگڑے اور فساد اسی خیال سے اُٹھتے رہے کہ نیکی اور بدی ایک دُوسرے کے متضاد دو مختلف طاقتیں ہیں، جو ہمیشہ ایک دُوسرے کے خلاف برسرِ پیکار رہیں، نیکی کی فتح کے نام پر نہ جانے کتنے قتل و خون ہوئے کاش کہ ہم نیکی اور بدی کو ایک دُوسرے کا دشمن نہ سمجھتے۔ شاید اس طرح آدمی آدمی کا دشمن نہ بنتا۔ مجھے تو آج تک کوئی ایسا آدمی ملا نہیں جو مجھے دکھا سکے کہ فلاں چیز مکمل طور پر اچھی ہے اور فلاں کلیتاً بُری میری نظر سے تو کوئی واقعہ ایسا نہیں گزرا جو یا تو کلیتاً اچھا ہو یا کلیتاً بُرا۔ ایسا ہو ہی نہیں سکتا جو چیز آج اچھی ہے کل بُری ہو سکتی اور آج جو بُری ہے کل اچھی بھی ہو سکتی ہے اسی طرح جو چیز میرے لئے اچھی ہے وہ آپ کے لئے بُری ہو سکتی ہے۔ اور جو چیز آپ کے لئے اچھی ہے وہ میرے لئے بُری ہو سکتی ہے میں تو اس نتیجہ پر پہنچا ہوں کہ نیکی اور بُرائی دونوں سلسلۂ ارتقا کی کڑیاں ہیں بلکہ نیکی اور بدی بذاتِ خود اضافی خیال ہیں۔ ارتقا کے دوران میں ایک ہی مقام کو آج اچھا کہا جا سکتا ہے لیکن اس سے بلند منزل پر جا کر وہی مقام بُرا نظر آتا ہے مثلاً اگر کسی طوفان میں میرا کوئی دوست مر جاتا ہے تو مجھے اُس طوفان میں برائی ہی بُرائی نظر آئے گی لیکن اسی طوفان سے مختلف بیماریوں کے لاکھوں جراثیم مر جاتے ہیں اور اس طرح ہزاروں انسانوں کی جانیں بچ جاتی ہیں مجھے اُن کا خیال تک نہیں آئے گا۔ لوگ اس طوفان کو برکت سمجھیں گے لیکن میرے لئے وہ قہر ہی رہے گا ظاہر ہے کہ نیکی اور برائی اضافی چیزیں ہیں، اُن کا تعلق اس اضافی دنیا سے اس عالمِ شہود سے ہے جس غیر شخصی خدا کا ہم تصور پیش کر رہے ہیں وہ کوئی اضافی ہستی نہیں ہے اس کے متعلق یہ ہرگز نہیں کہا جا سکتا ہے کہ وہ اچھا ہے یا بُرا ہے۔ وہ نہ اچھا ہے نہ بُرا۔ وہ ان دونوں اضافی صفات سے بالا ہے، ہاں اتنا ضرور کہا جا سکتا ہے بُرائی کی بجائے

نیکی میں اس کا جلوہ زیادہ روشن ہوتا ہے نیکی ارتقا کی زیادہ اونچی منزل ہے۔

اگر ہمارا غیر شخصی خدا اضافی ہستی نہیں اور اگر کائنات اُسی میں بس رہی ہے تو ظاہر ہے کہ یہ کائنات بحیثیتِ مجموعی ساکن و ثابت ہے حرکت اور تغیر کا تصور اضافی ہے ایک چیز دُوسری کی نسبت سے حرکت کرتی ہے وہ بدلتی رہتی ہے انفرادی طور پر دنیا کی ہر چیز تغیر پذیر ہے اور ہر لمحہ حرکت میں ہے ارتقا کا سلسلہ اسی حرکت اور تغیر پر مشتمل ہے لیکن ہمارا غیر شخصی خدا مکمل ہے اُسی میں سب دنیا بسی ہے اس لئے اس کی نسبت حرکت و تغیر کا تصور ہی نہیں کیا جا سکتا ہمارا خدا سکونِ جاوداں ہے ہماری کائنات اٹل اور پائیدار ہے حرکت اور تغیر کا دائرہ بس عالمِ شہود کی ظاہری سطح پر ہے جہاں کی ہر چیز اضافی ہے مثلاً میں اس کرسی کی نسبت سے حرکت کرتا ہوں یہ کرسی ساکن ہے اور میں اس کے مقابلے میں آگے پیچھے جا سکتا ہوں حرکت کے تصور کے لئے دو چیزوں کی ضرورت ہوتی ہے ایک چیز دوسری کی نسبت سے حرکت کرتی ہے اگر تمام کائنات کی وحدت کو تسلیم کر لیا جائے تو اس "واحد الوجود" ہستی میں حرکت اور تغیر کا سوال ہی پیدا نہیں ہوتا آخر یہ واحد وجود کس کی نسبت سے حرکت کرے گا پس ثابت ہوا کہ ہمارا غیر شخصی خدا، ہماری ہستیِ مطلق[1] ہمارا برہم سکونِ جاوداں ہے اور اس میں مکمل ثبات ہے حرکت اور تغیر کو اس سے منسوب کیا ہی نہیں جا سکتا حرکت اور تغیر تو شہود کے کرشمے ہیں یہ محدودیت کے مناظر ہیں۔ غیر شخصی خدا کی ہستی ہر صورت سے مکمل ہے ہر شے اس ہستی میں شامل ہے چھوٹے سے چھوٹا ایٹم[2] بھی اس کا جزو ہے اور شخصی خدا بھی اِسی ہستی کا ایک پرتو ہے جسے ہم خالق و شہنشاہِ عالم کہتے ہیں جس کے آگے سر جھکا کر اور گھٹنے ٹیک کر دعائیں مانگتے ہیں وہ اسی غیر شخصی ہستی کا بلند ترین جلوہ ہے ہمیں شخصی خدا سے انکار لازم نہیں عقل شخصی خدا کی ہستی کو قبول کر سکتی ہے غیر شخصی حقیقت مختلف رنگوں میں جلوہ نما ہوتی ہے ہم سب کی زندگی اسی کے دم سے ہے۔ آپ میں اور مجھ میں یہی کارفرما ہے لیکن ہماری زندگی کی جلوہ گاہ تنگ و تاریک ہے اس میں وُسعت اور روشنی نہیں شخصی خدا ایک کشادہ اور درخشندہ مظہر کا تصور ہے جہاں غیر شخصی خدا کی ہستی کا زیادہ سے زیادہ جلوہ نظر آ سکتا ہے اس سے بلند اور وسیع تصور ہمارے ذہن کے لئے ناممکن ہے اس کا یہ مطلب نہیں کہ ہم شخصی خدا تک پہنچ سکتے ہیں ہم اُس کو پا سکتے ہیں یہ جو ویدانت اعلان کرتا ہے کہ آپ کی اور میری حقیقی خودی ہی خدا ہے اس سے مراد شخصی خدا نہیں اس کے معنی یہ ہیں کہ ہم سب کی اصل وہ غیر شخصی ہستی ہے جس کے دم سے ہم زندہ ہیں مثلاً مٹی سے بہت بڑے ہاتھی کا بھی مجسمہ بنایا جا سکتا ہے اور ایک چھوٹا سا چوہا بھی یہ چوہا ہاتھی نہیں بن سکتا لیکن دونوں کو پھر سے پانی میں گھول کر برابر کیا جا سکتا ہے کیونکہ مٹی دونوں کی اصل ہے جب تک مٹی نے چوہے اور ہاتھی کی شکل اختیار کر رکھی ہے دونوں میں ہمیشہ فرق رہے گا جس ہستی کو ہم لامحدود غیر شخصی خدا کہتے ہیں اُس کی مثال اس مٹی کی ہے جو لاکھوں کروڑوں مجسموں کی صورت

[1] The Absolute. [2] Atom.

اختیار کرلیتی ہے، آپ کی اور میری ہستی اور شخصی خدا کی ہستی مختلف مجسمے ہیں جب تک ہم اپنی اصلی حالت میں رہتے ہیں، دونوں برابر ہوتے ہیں ہم میں کوئی فرق نہیں ہوتا لیکن جب ہم پردۂ شہود پر مجسم ہوکر نمودار ہوتے ہیں ہم دونوں کے درمیان بندے اور خدا کا تعلق پیدا ہو جاتا ہے۔ ہماری مجسم ہستی ایک دُوسرے سے مختلف ہو جاتی ہے شخصی خدا مالک ہوتا ہے اور ہم غلام وہ معبود ہوتا ہے اور ہم اُس کے پُجاری اور یہ حسین اور مسرت انگیز رشتہ ہمیشہ قائم رہتا ہے' اس کا مطلب یہ ہوا کہ غیر شخصی خدا کی ہستی کو ماننے سے شخصی خدا کا تصور مٹ نہیں جاتا بلکہ اور روشن ہو جاتا ہے اس کے ساتھ ہی دُنیا کی دُوسری تمام اضافی چیزیں بھی اپنی اپنی جگہ پر بحال رہتی ہیں لیکن مذہب عقل اور منطق کی مضبوط بنیادوں پر قائم ہو جاتا ہے۔

اسی لئے تو میں کہتا ہوں کہ شخصی خدا کو پانے کے لئے بھی غیر شخصی خدا کا شعور ضروری ہے عقل اور منطق کا طریقۂ کار یہ ہے کہ محدود اور مخصوص چیزوں کو وسیع اور عام چیزوں کی نسبت سے جانا اور پرکھا جاتا ہے۔ ہمہ گیر تصورات کے شعور ہی سے مخصوص تصورات کو اپنی جگہ پر قائم کیا جاتا ہے۔ انسان اور انسان کے عظیم ترین نمونے یعنی شخصی خدا کا تصور غیر شخصی ہستی کے ہمہ گیر تصور ہی سے قائم ہو سکتا ہے' اس ہستی کے شعور سے شخصی خدا اور بندے کے تعلقات کو تقویت پہنچتی ہے یہ تعلقات ایک نیا رنگ اختیار کرلیتے ہیں اُن کے معنی اُبھر آتے ہیں۔ خدا کی عبادت اب بھی ہوتی ہے لیکن ہم گڑگڑا کر دنیا وی چیزوں کے لئے دُعائیں نہیں مانگتے۔ دُعا مانگنے کا خیال ہی بے معنی ہو جاتا ہے۔ ہم دیکھ لیتے ہیں کہ دعائیں محض دنیا وی خواہشات کا اظہار ہوتی ہیں ہم جان لیتے ہیں کہ دنیا کی قدریں اضافی ہیں، ہمارے لئے ان کی کشش ہی مٹ جاتی ہے۔ یہی وجہ ہے کہ بیدار مغز مذہبی راہنما خدائے تعالیٰ سے دُعا مانگنے کی اجازت نہیں دیتے' دعائیں مانگنا ہو تو دیوتاؤں سے مانگیے" اولیا سے مانگیے خدا سے دُعا مانگنے کے کیا معنی مثلاً رومن کیتھولک عیسائی اولیاء ہی سے دعائیں مانگتے ہیں اور یہ دُرست بھی ہے اور فطرت کے موافق بھی' خدا سے دُعا مانگنا محض بے عقلی ہے بھلا یہ کہاں تک ٹھیک ہے کہ ہم خدا سے تازہ ہوا، بارش یا فصلوں کے لئے دُعا مانگیں' ایسی دعائیں قانون قدرت کے خلاف ہوتی ہیں۔ البتہ سنت[1] سادھو اور اولیا جو ہماری طرح کے انسان ہیں لیکن جو ارتقا کی اعلیٰ منزلوں تک جا پہنچے ہیں اور جنھوں نے ہم سے زیادہ طاقت حاصل کرلی ہے' ہماری خواہشات کو پُورا کرنے میں ہماری مدد کرنے پر راضی ہو سکتے ہیں' انسان کا انسان سے مدد طلب کرنا بجا ہے' اس لئے سنتوں اور اولیا سے دُعا مانگنے کے تو معنی ہو سکتے ہیں لیکن خدائے تعالیٰ شہنشاہِ عالم سے اس قسم کی دعائیں مانگنا کہ یا اللہ میرے سر میں درد ہے اس کو دور کر دے" اپنا اور اپنے خدا کا مضحکہ اُڑانا ہے' اس دُنیا میں لاکھوں کروڑوں ایسی رُوحیں آئیں جو یہاں سے رُو پوشں

---

[1] Saints.

ہونے کے بعد فرشتوں اور اولیا کے مقام تک جا پہنچیں وہ سب کی سب ہماری مدد کو موجود ہیں اگر ہمیں اپنی دنیاوی خواہشات ہی کے لئے دُعا مانگنا ہے تو ان سے مدد طلب کی جا سکتی ہے لیکن خدا سے دُعا؟ آخر کیوں؟ خدا سے دُعا مانگنا ہے تو خدا کو مانگئے، اُن چیزوں کو مانگئے جو ہمیں اُس تک لے جا سکتی ہیں یقیناً بیوقوف ہے وہ شخص جو گنگا کے کنارے بیٹھ کر پانی کے لئے چند قدم دُور اپنا ایک علیحدہ کنواں کھودنا چاہتا ہے یقیناً بے عقل ہے وہ آدمی جو ہیروں کی کان میں جا کر کوئلے کی تلاش کرتا ہے گنگا تک جا کر امرت پیجئے ہیروں کی کان سے ہیرے دامن میں بھر لیجئے۔ خدا سے خدا کو طلب کیجئے۔ اس سے دنیا کی خواہشات کی تکمیل کی دُعا مانگنا کفرانِ نعمت ہے آخر اس سے زیادہ اور کیا حماقت ہو سکتی ہے کہ ہم برکت و رحمت کے سرچشمے سے محبت و شفقت کے دریا سے آبِ حیات کے بجائے کنکر اور ریت طلب کریں جس ہستی سے ہمیں علم و آگہی کا عالمتاب نور مل سکتا ہو اُس سے خواہشات کے ٹمٹماتے ہوئے دیئے مانگیں آیئے ہم خدا سے آگہی اور طاقت اور محبت کی مانگ کریں آیئے ہم دُعا کریں کہ ہمارے دل و دماغ اُس کے نُور سے چمک اُٹھیں اور ہماری رگ رگ میں اس کی لازوال محبت جاگ اُٹھے یاد رکھیئے کہ جب تک ہم میں کمزوریاں اور خامیاں ہیں جب تک ہم خواہشات کے غلام ہیں اور اس غلامی میں ہم کو لطف آتا ہے اس وقت تک نہ تو ہم شخصی خدا کے تصور سے آگے نکل سکیں گے اور نہ ہم اُس سے اپنی مرادیں منوانا بند کریں گے لیکن اس دنیا میں ایسے لوگ بھی ہیں جو رُوحانی ارتقا کی اعلےٰ منزلوں تک جا پہنچے ہیں۔ یہ بلند مقام لوگ دنیاوی قدروں کی کچھ پرواہ نہیں کرتے اِن کی نظر میں دنیاوی ساز و سامان کی کوئی قیمت نہیں یہ تو تقریباً بھول ہی گئے ہیں کہ خود اپنے لئے کسی چیز کی خواہش کرنا کیا ہوتا ہے۔ انہوں نے اپنی خودی کو کچھ اس طرح مٹا دیا ہے کہ اُن کی اپنی کوئی ضرورت ہی نہیں ہی یہ ہمیشہ دوسروں کو اپنے پر ترجیح دیتے ہیں یہی لوگ تو غیر شخصی پُوجا کے اہل ہیں یہ وہ پُوجا ہے جس میں احساسِ کمتری کو بالکل کوئی دخل نہیں غیر شخصی خدا کی پُوجا میں غلامی کا کوئی عنصر شامل نہیں یہاں پجاری یہ نہیں کہتا کہ خدایا میں ہیچ ہوں۔ مجھ پر رحم کر وہ یہ پُوجا تو انا الحق کا نعرہ بن کر گونجتی ہے۔ آپ نے فارسی کی وہ نظم سُنی ہوگی جس میں یہ مثال بیان کی گئی ہے "میں اپنے محبوب کو ملنے آیا۔ میں نے دیکھا کہ سب دروازے بند ہیں میں نے دروازہ کھٹکھٹایا۔ اندر سے آواز آئی "کون ہے؟" میں نے کہا "میں فلاں شخص ہوں" لیکن دروازہ نہ کُھلا، میں دوبارہ محبوب کے دروازے پر آیا اور دستک دی اندر سے پھر وہی آواز آئی "تم کون ہو" میں نے پھر وہی جواب دیا "میں فلاں شخص ہوں" دروازے کے کواڑ اب بھی بند ہی رہے میں تیسری بار پھر وہیں آیا اور اس بار بھی مجھ سے وہی پہلے والا سوال پوچھا گیا۔ میں نے جواب دیا "میں تو" ہوں میرے محبوب" میرا یہ کہنا تھا کہ محبوب کے محل کے سارے دروازے مجھ پر کُھل گئے"

یہ ہے غیر شخصی خدا کی پرستش کی صُورت جس کی بنیاد احساسِ خودی پر ہے یہ پرستش حقیقت اور آگہی

کی بنا پر کی جاتی ہے، اور وہ حقیقت یہ ہے کہ "میں وہ ہوں"۔ اگر میں یہ کہوں کہ "میں تو نہیں ہوں" تو یہ سراسر غلط ہے، اگر میں یہ سمجھوں کہ "میں تجھ سے جُدا ہوں" تو یہ ایک خطرناک جھوٹ ہے، میں تو تمام کائنات کی وحدت ہوں، وہ وحدت جس کی نہ ابتدا ہے نہ انتہا مجھے اس بات کا کوئی ثبوت پہنچانے کی ضرورت نہیں کیونکہ مجھے براہِ راست اس حقیقت کا شعور و احساس ہے کہ یہ تمام کائنات اور میں ایک ہیں، یہ تمام عالمِ شہود مجھ میں ہے اور میں اس میں ہوں یہ آکاش، یہ ہوا یہ چاند سورج، یہ ٹھنڈک اور گرمی یہ نور و جمال میں ان سب میں موجود ہوں اور میری بدولت جلوہ گر ہیں یہ تمام کائنات اور میں ایک ہیں۔ میں کسی سے جُدا نہیں اور نہ مجھ سے کوئی چیز جُدا ہے، میں وحدتِ جاوداں ہوں میں ہی کائناتی ہستی[لہ] ہوں اور میں ہی عالمِ شہود بھی، میں زندگی دوام بھی ہوں اور دُنیا کے ناپائیدار بھی۔ دراصل مجھے ناپائیدار سمجھنا ہی غلط فہمی ہے کیونکہ میرے سوا کچھ ہے ہی نہیں تمام کاروبارِ جہاں مجھ سے رواں ہے۔ ہر فعل کا فاعل اور ہر عمل کا عامل میں ہوں ہر دل میں "میں" کا احساس مجھ ہی سے ہے میں امر ہوں۔ لازوال ہوں، لاثانی ہوں، میں زندہ جاوید ہوں۔ میں سدا جاگتا رہتا ہوں، میرا اجلال ہمیشہ قائم رہتا ہے میری طاقت اور قدرت میں کبھی کمی نہیں آسکتی میں "وہ" ہوں۔

یہ ہے غیر شخصی خدا کی پرستش کا رنگ اس سے انسان کی تمام زندگی بدل جاتی ہے، سب کمزوریاں اور خامیاں دُور ہو جاتی ہیں اور انسان یزدانی طاقت کا مجسمہ بن جاتا ہے، اگر ہمیں زندگی میں کسی چیز کی ضرورت ہے تو وہ طاقت و توانائی ہے۔ آخر جس چیز کو ہم گناہ کہتے ہیں وہ اپنی کمزوری کی تلافی کی ہی ایک صورت ہے، اِس جہاں کے سارے غموں کا سبب بھی ہماری کمزوری ہے، کمزوری سے جہالت پیدا ہوتی ہے اور جہالت دکھوں کی جڑ ہے جو کمزور ہے اس میں حقیقت کو پہچاننے کی تاب نہیں، اور جو حقیقت سے واقف نہیں وہ قدرتی طور پر دُکھ درد میں مبتلا رہتا ہے (مثلاً جو رسی کو سانپ سمجھتا ہے وہ ہر وقت خوف میں ہی مبتلا رہے گا) غیر شخصی خدا کی پرستش حقیقت شناسی ہے؛ احساسِ حق سے ہم میں بے انتہا طاقت آجاتی ہے ہم دُنیا کی مصیبتوں کو ہنسی خوشی برداشت کرلیتے ہیں (ہمارے دل میں کسی قسم کا خوف نہیں رہتا ضرورت ہو تو ہم موت کے مُنہ میں جانے سے بھی نہیں ڈرتے) دنیا جنہیں شیطان سیرت لوگ کہتی ہے ہم اُن کے کرتوتوں پر بھی مُسکرا دیتے ہیں، (کیونکہ اُن کی کم مائیگی، اور کم نگاہی ارتقا کی ایک عارضی منزل ہے) ہمیں تو شیر اور چیتے کی خونخواری میں بھی اپنی واحد خودی کا جلوہ نظر آئے گا۔ سچی طاقت اُسی میں ہے جو اپنے خدا سے ایک ہو گیا ہے جو ہر طرف اُسی کو جلوہ گر دیکھتا ہے اور جس کے دل سے خوف کا نام و نشان ہی مِٹ گیا ہے، آپ اپنی انجیل مقدس کو ہی دیکھیے، یسوع مسیح کی زندگی کا مطالعہ کیجیے، اور سوچیے

---

لہ Universal Being.

کہ آخر اُن کی بے انتہا طاقت کا کیا راز تھا؟ وہ زبردست طاقت آخر کہاں سے آئی تھی جو باغیوں کی بغاوت پر ہنس دیتی تھی، اور جس کی بدولت یسوع مسیح اپنے قاتلوں کے حق میں بھی دُعائے خیر ہی کرتے رہے، دیکھئے خود یسوع مسیح اس طاقت کے مصدر کی طرف یوں اشارہ کرتے ہیں "میں اور میرا یزدانی باپ دراصل ایک ہیں"[1] اور پھر دیکھئے اُن کی پرارتھنا کیا ہے کہتے ہیں "میرے پتا جیسے میں اور آپ ایک ہیں۔ اسی طرح سب کو میرے ساتھ ایک کر دو"[2] یہی سچی پرارتھنا ہے، یہی سچی پوجا ہے، کائنات کو اپنے میں سمو کر اُس سے ایک ہو جاؤ، یہ کائنات جس ہستی میں بس رہی ہے اُس سے ایک ہو جاؤ، اس کائناتی ہستی۔ اس غیر شخصی خدا کی حقیقت کا اس سے زیادہ اور کیا ثبوت ہو سکتا ہے کہ اُسی کے دم سے ہی ہم زندہ ہیں۔ ہماری زندگی اُس کی زندگی ہے، وہ ہمارے اس قدر قریب ہے کہ ہمارے اور اُس کے درمیان کوئی فاصلہ ہی نہیں وہ ہمارے حواس سے بھی زیادہ نزدیک، اور ہمارے خیالات سے بھی زیادہ قریب ہے اُسی کی بدولت تو ہم حواس سے کام لیتے ہیں، اُسی کی روشنی میں تو ہمارے خیالات پیدا ہوتے ہیں، کسی چیز کو دیکھنے سے پہلے ہم اُسے دیکھتے ہیں، یہ جو میرے سامنے دیوار کھڑی ہے اس کو دیکھنے سے پہلے یعنی اس کا بحیثیت دیوار کے اِدراک کرنے سے پیشتر مجھے اُس ایک حقیقت کو دیکھنا ہوتا ہے جس میں یہ دیوار موجود ہے، وہی تو ہر شے کی اصل ہے وہی تو ہر فعل کا واحد فاعل ہے۔ آخر کون کس کو دیکھتا ہے؟ وہی تو ہر دل میں بس رہا ہے، اجسام بدلتے رہتے ہیں ذہن اور دماغ میں تبدیلی آتی رہتی ہے، خوشی اور غمی، نیکی اور بُرائی آنے جانے کی چیزیں ہیں، زمانہ گذرتا رہتا ہے دن اور سال بیت جاتے ہیں، جنم اور مرن کا سلسلہ جاری رہتا ہے لیکن "وہ" کبھی نہیں مرتا۔ اس میں کوئی تبدیلی نہیں آتی "وہ" لازوال ہے، زندۂ جاوید ہے "میں ہوں" "میں ہوں" کی واحد آواز ہمیشہ برقرار رہتی ہے، اس میں تغیر نہیں آتا۔ اُسی میں بس کر اور اُسی کے دم سے ہمیں عالمِ شہود کا شعور اور ادراک ہوتا ہے، ہماری تابِ نظر، طاقت احساس اور قوتِ فکر سب اُسی ہستی کا پرتو ہیں ہماری آنکھیں دیکھتی ہیں تو اُس کی آنکھوں سے ہمارے کان سُنتے ہیں تو اُس کے کانوں سے، ہمارے ہاتھ پاؤں اُسی کے ہاتھ پاؤں ہیں اور ہمارے دل و دماغ اُسی کے دل و دماغ ہیں اُس کی ہستی ہی سے ہماری ہستی قائم ہے، بلکہ یہ کہنا زیادہ دُرست ہوگا کہ ہستی ہے تو بس اُسی وجودِ واحد کی یہ "میں" کا احساس جسے ہم غلطی سے اپنی محدود انفرادی ہستی کی بنیاد سمجھ لیتے ہیں۔ دراصل ہم سب میں موجود ہے مجھے بھی اُسی "میں" کا احساس ہے جس کا آپ سب کو آپ کا "میں" اور میرا "میں" ایک ہے، یہی واحد احساسِ خودی سب میں ہے انسان

---

[1] I and my Father are One.

[2] Father, just as I am one with Thee so make them all one with me.

میں بھی اور حیوانوں میں بھی فرشتوں کی ہستی بھی اُسی ایک احساسِ خودی سے قائم ہے اور زندگی کی کمترین صورت میں بھی اُسی کا جلوہ ہے، صوفی اور قاتل کے "میں" میں فرق نہیں۔ غریب کا "میں" امیر کے "میں" سے مختلف نہیں، مرد اور عورت کا احساسِ ہستی ایک ہے بچے اور بوڑھے میں وہی "میں" "محرکِ حیات" ہے، ہستی ہے تو اُسی ایک کی "وہی میں" بن کر سب میں جلوہ گر ہے۔ اموبہ[1] سے لے کر فرشتے تک ہر رُوح میں وہی موجود ہے ہر طرف سے ہر گھڑی یہ آواز آرہی ہے "میں وہ ہوں۔ میں وہ ہوں"[2] جب ہم اس آواز کو سمجھ جائیں گے، جب ہم "میں وہ ہوں" کا مطلب ذہن نشین کرلیں گے تو کائنات کا راز ہم پر کھل جائے گا۔ اس کے بعد کوئی چیز ہم سے چھپی نہیں رہے گی۔ ہم اُس حقیقت کو پالینگے جس کی تلاش میں دنیا کے تمام مذہب ظہور پذیر ہوئے اور جس کو پانے کی تلقین وہ آج بھی کر رہے ہیں اس حقیقت کو پاکر ہی ہم اس بات کو سمجھ سکتے ہیں کہ مذہب کے نقطۂ نظر سے مادی علوم کو کیوں ثانوی حیثیت دی گئی ہے، سچا علم تو وہی ہے جو ہمیں خدا اور خدا کی کائنات سے ایک کر دے؛

---

[1] Amoeba.    [2] "I am He, I am He"

# مذہب کی ضرورت

## یہ لیکچر بمقام لندن دیا گیا

نسلِ انسانی کی تقدیر کے بنانے میں جو قوتیں بیشتر کام کرتی رہی ہیں۔ اور آج بھی جن کا یہ عمل جاری ہے ان میں اس قوت سے زیادہ عظیم یقیناً اور کوئی قوت نہیں جس کے ظہور کا نام مذہب قرار دیا گیا ہے۔ تمام سماجی معنوں کے پسِ پشت کہیں نہ کہیں یہ حیرت انگیز قوت کارفرما ہوئی ہے۔ بنی نوع انسان میں باہمی تعلقات کے زبردست جذبے کا ماخذ بھی یہی مذہب کی طاقت ہے۔ ہم سب جانتے ہیں کہ اکثر وبیشتر مذہب کا رشتہ۔ نسلی جغرافیائی، قومی اور خاندانی رشتوں کے بمقابلہ زیادہ پائیدار ثابت ہوا ہے۔ یہ امر واقعہ ہے کہ ہم معبود وہم مذہب لوگ بھائیوں اور خاندانی رشتہ داروں سے بھی کہیں زیادہ آپس میں مِل جُل کر رہتے آئے ہیں اور ہمیشہ ایک دوسرے کی حمایت کرتے رہے ہیں، اِس لئے قدرتی طور پر یہ سوال پیدا ہوتا ہے کہ آخر مذہب کی ابتدا کیسے ہوئی اور کہاں سے ہوئی؟ جو قدیم مذہب آج بھی جاری ہیں اُن کا دعوےٰ تو یہ ہے کہ وہ سب مافوق الفطرت ہیں، الہامی اور غیبی ہیں۔ اُن کی پیدائش اِنسانی دماغ سے نہیں ہوئی۔ بلکہ اُن کا ماخذ انسانی دماغ سے باہر کسی اور جگہ ہے۔ اس خیال سے گزر کر مذہب کے بارے میں بہت کچھ تحقیقات کی گئی ہے۔ زمانۂ حال کے عالموں میں دو نظریوں کو کسی قدر مقبولیت حاصل ہوئی ہے، ایک نظریہ کی رُو سے مذاہب کی ابتدا اِس خیال سے ہوئی کہ مرنے کے بعد بھی کوئی چیز یعنی رُوح باقی رہتی ہے۔ دوسرے نظریے کے مطابق جس و محدودیت کے احساس کے دائرے سے نکل کر لامحدودیت اور آزادی کے خیال کی ارتقا ہی کا نام مذہب ہے۔ محققوں کی ایک جماعت کا خیال ہے کہ مذہبی خیالات کا آغاز مرحوم بزرگوں کی

پرستش سے ہوا۔ دوسری جماعت کی رائے کے مطابق مذہب کی ابتدا قدرت کی غیر مرئی طاقتوں کو شخصی وجود دینے سے ہوئی۔ انسان کی یہ فطرت ہے کہ وہ اپنے مرحوم بزرگوں کو بھولنا نہیں چاہتا، وہ اپنے بزرگوں کی یادگار قائم رکھنا چاہتا ہے اس کا دل یہ ماننے کے لئے تیار نہیں ہوتا کہ ان کی جسمانی فنا کے بعد اُن کی ہستی بالکل نابود ہو جاتی ہے وہ سمجھتا ہے کہ موت کے بعد بھی کوئی چیز (روح) ہے جو زندہ رہتی ہے اور اُن کی انفرادیت برقرار رکھتی ہے اس لئے وہ اُن سے اپنا تعلق قائم رکھنے کی کوشش کرتا ہے وہ اُن کے لئے خوراک مہیا کرنا چاہتا ہے یا کسی اور طریقے سے اپنی محبت کا اظہار کرتا ہے جس سے آبا و اجداد کی پرستش کا رواج جاری ہوتا ہے اور اسی عقیدے سے اس چیز کی نشو و نما ہوئی جسے ہم مذہب کے نام سے موسوم کرتے ہیں۔

مصر۔ بابل۔ چین نیز امریکہ اور دوسرے ملکوں کی بعض قوموں کے قدیم مذاہب کا مطالعہ کرنے سے نہایت واضح طور پر پتہ چلتا ہے کہ بزرگانِ رفتہ کی اسی پرستش سے مذہب کی ابتدا ہوئی مصر کے قدیم باشندوں کا اوّلین عقیدہ رُوح کے بارے میں یہ تھا کہ رُوح جسم ہی کا ایک نقشِ ثانی[1] ہوتی ہے۔ ہر انسان کے جسم میں بالکل اسی سے ملتا جلتا ایک اور بھی وجود ہوتا ہے اور جب کوئی انسان مرتا ہے تو یہ دوگانہ[2] وجود جسم سے علیحدہ ہو جاتا ہے۔ اس کے باوجود اس کی ہستی برقرار رہتی ہے لیکن اُن کے خیال کے مطابق اس دوگانہ وجود کی ہستی اتنے ہی عرصے تک قائم رہتی ہے جتنے عرصے تک مُردہ جسم صحیح و سالم طور پر برقرار رہتا ہے اسی لئے ہم دیکھتے ہیں کہ اہلِ مصر میں اس بات کی خاص احتیاط رکھی جاتی تھی کہ متوفّی کے جسم کو کوئی گزند نہ پہونچنے پائے۔ مصر والے ارواحِ رفتہ کے جسم کو محفوظ رکھنے کے لئے بڑے بڑے ہرم[3] بنواتے تھے۔ کیونکہ ان کا خیال تھا کہ اگر خارجی جسم کو کسی طرح کی گزند پہونچے گی تو اس کا اثر دوگانہ وجود پر بھی پڑے گا اور اس کو بھی چوٹ پہونچے گی۔ ظاہر ہے کہ اُن کا یہ خیال اور یہ عمل بزرگانِ رفتہ کی پرستش ہی کی ایک دوسری شکل ہے۔ قدیم اہلِ بابل میں بھی دوگانہ وجود کا عقیدہ پایا جاتا ہے۔ لیکن ان میں اس کی صورت کسی قدر مختلف ہے۔ اُن کے یہاں محبت کی جگہ خوف کام کرتا ہے مشفق اور مہربان رُوحوں کے بجائے بھوت پریت کا خیال پایا جاتا ہے۔ اس کے مطابق دوگانہ وجود کی حس تو بالکل رُخصت ہو جاتی ہے۔ خود اپنے بچوں اور اپنی بی بی کی محبت تک اس دوگانہ وجود کے دل سے عنقا ہو جاتی ہے۔ یہ رُوحیں زندوں کو ڈراتی ہیں اور انھیں کھانے

---

[1] اور [2] Double.

[3] Pyramids.

پینے کی چیزیں مہیا کرنے پر مجبور کرتی ہیں یا اور مختلف طریقوں سے اُن سے اپنی خدمت کراتی ہیں۔ قدیم ہندوؤں میں بھی بزرگانِ رفتہ کی پرستش کا رواج پایا جاتا ہے۔ چینیوں کے مذہب کی تو بنیاد ہی بزرگانِ رفتہ کی عبادت پر رکھی گئی ہے۔ اس وسیع ملک کے طول وعرض میں آج بھی ہر گھر میں آبا و اجداد کی پرستش ہوتی ہے۔ حقیقت یہ ہے کہ چین میں مذہب کبھی مرحوم بزرگوں کی عبادت سے آگے بڑھا ہی نہیں اس کی ارتقا بس اسی مقام پر آکر رک گئی۔ اس لئے زمانۂ حال میں بھی اُن کا مذہب محض اسی بات پر محدود ہے۔ ان مثالوں سے اُن لوگوں کے نظریئے کا ایک بہت اچھا جواز مہیا ہو جاتا ہے جن کا خیال یہ ہے کہ مذہب کی ابتدا ارواحِ رفتہ کی عبادت سے ہوتی ہے۔ لیکن دوسری طرف ایسے بھی علما ہیں جو آریوں کے قدیم ادب سے یہ ثابت کرنے کی کوشش کرتے ہیں کہ مذہب کی ابتدا پرکرتی پوجن یعنی قدرت کی پرستش سے ہوئی ہے۔ حالانکہ ہندوستان میں بھی ہر جگہ اُن بزرگانِ رفتہ کی پرستش کے رواج کا ثبوت ملتا ہے۔ لیکن ایسا معلوم ہوتا ہے کہ یہ رواج بعد میں پیدا ہوا کیوں کہ جو قدیم ترین یادداشتیں[a] اب تک محفوظ ہیں۔ اُن میں اس رواج کا ذکر کہیں نہیں پایا جاتا ہے۔ آریہ قوم کا قدیم ترین گرنتھ رگ وید سنگھتا ہے۔ لیکن اس سنگھتا میں کہیں اس رواج کا نشان تک نہیں ملتا۔ ہاں دورِ حاضرہ کے عالموں کی معلومات کے مطابق رگ وید سنگھتا میں پرستشِ قدرت کی مثالیں ضرور ملتی ہیں۔ ایسا معلوم ہوتا ہے کہ اُن کا دماغ مناظرِ قدرت کے پسِ پردہ حقیقت کا متلاشی ہے اور اُس کی ایک جھلک دیکھنے کے لئے جدوجہد کر رہا ہے۔ یہ علی الصباح نور کے تڑکے کا سماں۔ یہ شام کا دل فریب منظر۔ فطرت کے حسن و جمال کی یہ دلکش صورتیں اور اس کے برعکس یہ تلاطم وطوفان کی کیفیت۔ فطرت کی یہ عظیم اور ہیبت ناک قوتیں ایسی ہی تمام چیزیں انسانی دماغ پر اثر انداز ہوتی ہیں اور اُسے اپنی نوعیت کو سمجھنے کے لئے متحرک کرتی ہیں۔ انسان ان مظاہرات سے گزر کر حقیقت تک پہونچ جانا چاہتا ہے۔ اسی کوشش کے دوران میں مناظرِ فطرت کے پیچھے قوتوں کا تصور پیدا ہوتا ہے۔ پھر انسانی تخیل اِن مختلف قوتوں کو مجسم کرتا ہے۔ اُن کو شعور بخشتا ہے اور انھیں شخصی صفات سے منسوب کرکے جیتے جاگتے حسین وجمیل یا مہیب اور دہشت ناک دیوی دیوتا پیدا کر لیتا ہے۔ لیکن ساتھ ساتھ غیر شخصی لامحدودیت کا تصور بھی قائم رکھتا ہے۔ یہ دیوی دیوتا بیک وقت انفرادی شخصیت کے مالک بھی ہوتے ہیں۔ اور اس سے بالا بھی اس طرح انسانی تلاشِ حق

---

[a] Records.

مختلف تصورات اختیار کرلیتی ہے۔ خواہ یہ تصورات شخصی ہوں خواہ غیر شخصی۔ یہی حال قدیم زمانے کے یونانیوں کا بھی ہے۔ اُن کی تمام دیوتا مثالاً محض پرستشِ فطرت ہی کی ایک مجسم صورت ہے۔ اسی طرح دوسری آریائی نسلوں مثلاً جرمنی اور اسکینڈینویا کے پرانے لوگوں میں بھی یہی بات پائی جاتی ہے۔ گویا اِن اطراف میں اِس نظریے کی حمایت نہایت مضبوطی کے ساتھ ہوتی ہے کہ مذہب کی ابتدا فطرت کی قوتوں کی تجسیم و تشکیل سے ہوئی۔

حالانکہ بظاہر یہ دونوں نظریے ایک دوسرے کی ضد معلوم ہوتے ہیں لیکن میں سمجھتا ہوں کہ ان میں باہمی موافقت و مطابقت کی صورت یوں پیدا ہو سکتی ہے، کہ مذہب کی اصل ماہیت تعینات حواسی سے اوپر اٹھنے کی جدوجہد کو قرار دیا جائے یہاں یہ بات قابلِ غور ہے کہ آخر انسان اپنے باپ دادا کی روحوں سے مدد کا متمنی کیوں ہے یا وہ قدرت کی مختلف قوتوں کو مجسّم کرکے اُن کی پوجا کیوں کرتا ہے۔ ظاہر ہے کہ حواس کا دائرہ عمل محدود اور تنگ ہے۔ انسان کی فطرت بھی یہی ہے کہ وہ ہر قسم کی بندش اور محدودیت سے باہر نکلنا چاہتا ہے۔ یہی وجہ ہے کہ وہ ایک جھلک اس چیز کی دیکھنا چاہتا ہے جو جسم کے فنا ہونے کے بعد باقی رہ جاتی ہے یا وہ اس طاقت کے راز کو سمجھنا چاہتا ہے جو فطرت کے اِس مظاہرۂ عظیم کے پس پشت کام کر رہی ہے۔ بہرحال اِن دونوں حالتوں میں وہ یقیناً حواس کی قید سے آزاد ہو کر بلند ترین منزل پر پہونچنا چاہتا ہے وہ اس قید میں مطمئن نہیں رہ سکتا اور اس سے باہر نکلنا چاہتا ہے آخر ایسا کیوں ہوتا ہے؟ انسان حواس کی حد میں قانع اور مطمئن کیوں نہیں رہتا۔ اِس سوال کا کوئی پیچیدہ اور پُراسرار جواب ڈھونڈنے کی ضرورت نہیں۔ ہم خود اپنے تجربے کی بنا پر کہہ سکتے ہیں کہ یہ ایک قدرتی امر ہے۔ اِس سے زیادہ حیرت انگیز بات اور کیا ہمارے تجربے میں آسکتی ہے کہ جب ہم سوئے ہوئے ہوتے ہیں اور ہمارے جسم بظاہر بے جان پڑے ہوئے نظر آتے ہیں تو بھی ہمارا دماغ اپنا پُرپیچ کام سرانجام دیے جاتا ہے۔ ہم یہ بھی دیکھتے ہیں کہ بچّے اور غیر تربیت یافتہ لوگ خواب اور بیداری کے تجربات میں تمیز نہیں کرسکتے۔ یہ دیکھ کر انسان قدرتی طور پر یہ سوچنے لگتا ہے کہ آخر خواب کی حالت میں دماغ کا کام جاری رہتا ہے تو کیا اِس جسم کی فنا کے بعد بھی اُس کی کارروائی جاری رہ سکتی ہے دوسرے الفاظ میں کیا موت کے بعد بھی زندگی ممکن ہے؟ مذہب اور روحانیت کی ابتدا یہیں سے ہوتی ہے۔ سپنوں (خوابوں) پر غور و خوض کرتے کرتے انسان کے دل میں حیاتِ جاودانی کا خیال جنم لیتا ہے اس خیال

---

۵ Mythology ۶ Scandanavia

سے کسی مافوق الفطرت ہستی کا تصوّر پیدا ہوتا ہے اور اسی سے آبا و اجداد کی رُوحوں کے وجود اور مناظر قدرت کی مجسّم قوتوں (دیوی دیوتاؤں) کے تصوّر کا آغاز ہوتا ہے۔ اِس کے علاوہ اسی کے توسّل سے مذہب اور رُوحانیت کے متعلق بلند ترین نظریے انسانی دِماغ کی گرفت میں آجاتے ہیں اور آخر آدمی یقین اور ایمان کی منزل تک پہونچ جاتا ہے۔ میرے خیال میں مذہب کی ابتدا کو واضح طور پر اسی طرح بیان کیا جاسکتا ہے۔ یہ وضاحت دوسری وضاحتوں پر حاوی بھی ہے اور ان سے زیادہ معقول بھی ہے یہ اور بات ہے کہ بعد کی تحقیقات سے اکثر لوگ اس نتیجے پر پہونچے کہ جو کچھ وہ خواب میں دیکھتے ہیں اس کی تصدیق حالتِ بیداری سے نہیں ہوتی۔ اور یہ کہ سپنوں (خوابوں) میں انسان کوئی نئے اور تازہ تجربے نہیں کرتا۔ حالتِ خواب کے مُدرکات و مشاہدات تو گزشتہ محسوسات کا عکس محض ہوتے ہیں۔ اِس حالت میں بس اُنھیں تجربات کا اعادہ ہوتا ہے جو حالتِ بیداری میں ہو چکے ہوتے ہیں۔

لیکن پیشتر اس کے کہ دُنیائے خواب کے متعلق اس قسم کی معلومات حاصل ہوتیں۔ خوابوں پر غور کرتے کرتے اِنسانی تحقیق و تلاش کا آغاز ہو چکا تھا۔ یہ تلاش اندرونی تھی۔ اِنسان اپنے دل و دماغ کی مختلف حالتوں کا نہایت گہرا مطالعہ کرتا رہا اور اس نے بیداری و خواب ان دونوں حالتوں سے بھی زیادہ بلند مدارج دریافت کئے۔ اِن مقامات کا ذکر دُنیا کے ہر مذہب میں آتا ہے کوئی اس حالت کو آنند یا مستی کہتا ہے اور کوئی اِسے الہام و القا کے نام سے پکارتا ہے۔ تمام منظم مذاہب کے بانیوں، پیغمبروں اور رشیوں کے متعلق کہا جاتا ہے کہ اُن پر ایسی ایسی دماغی کیفیات طاری ہوا کرتی تھیں جنھیں نہ بیداری کہہ سکتے ہیں نہ خواب۔ ایسی حالت میں وہ حقائق کے ایک نئے سلسلے کا مشاہدہ بچشمِ خود کرتے ہیں۔ یہ رُوحانی حقیقتیں محض خواب و خیال اور تصورات پر مبنی نہیں بلکہ مجسّم ہو کر اُن کے روبرو آجاتی ہیں اور اُن کا شعور و احساس اُنھیں پوری شدّت سے ہوتا ہے۔ اُن کا کہنا ہے کہ جاگتی حالت میں اپنے گرد و پیش رُونما ہونے والے واقعات کا احساس ہم لوگوں کو جس شدّت سے ہوتا ہے۔ اِس سے کہیں زیادہ شدّت اِن کیفیّات کے احساس میں ہوتی ہے۔ مثال کے طور پر ہندو مذہب کو لے لیجئے۔ ہندوؤں کی متبرک و مقدس کتابیں وید ہیں۔ ویدوں کے مصنف وہ خدا رسیدہ بزرگ تھے۔ جنھیں رُوحانی حقائق کا ذاتی اور عملی تجربہ تھا اور جنھیں ہم رِشی کہتے ہیں۔ سنسکرت

---

دماغ Mind.　رشی Rishi.

زبان میں لفظ رشی کے صحیح معنی ہیں وہ روشن ضمیر بزرگ جن پر ویدک منتروں کے ابواب معانی[۵۱] ہمیشہ کھُلے رہتے ہیں۔ ان بزرگوں کی آنکھوں کے سامنے وہ حقائق مجسّم ہوکر جلوہ گر ہوتے ہیں جن کا بیان ویدوں کی منتر جاتوں[۵۲] میں آیا ہے۔ خود ان بزرگوں نے علانیہ کہا ہے کہ انھیں کچھ مافوق الفطرت حقائق کا عملی اور ذاتی تجربہ ہوا ہے وہ کہتے ہیں کہ انھوں نے ان حقائق کا شدت سے شعور و احساس کیا ہے (حالانکہ ماوراء الحس تجربات کے بیان کے لئے شعور و احساس کے الفاظ ناکافی ہیں) اور انھیں تجرباتی واقعات کو قلمبند کیا ہے۔ اسی حقیقت کا اعلان دوسرے مذاہب مثلاً یہودیوں اور عیسائیوں کے رہنماؤں نے بھی کیا ہے۔ آپ میرے اس بیان پر اعتراض کرسکتے ہیں کہ یہ کلیہ بودھ مت پر عائد نہیں ہوتا۔ کیونکہ بودھ تو خدا یا روح کی ہستی کو مانتے ہی نہیں۔ اس لیے کم از کم اُن کے مذہب کی بنیاد فوق الحواسی حقیقت کے شعور و ادراک پر نہیں رکھی گئی۔ بظاہر یہ اعتراض درست معلوم ہوتا ہے۔ لیکن سوچا جائے تو جس لازوال اخلاقی قانون کا پرچار بدھ مت کرتا ہے اس کے جواز میں کوئی دلیل نہیں پیش کی گئی۔ بلکہ خود بودھوں کے اعتقاد کے مطابق مہاتما بدھ کو اس دوامی اخلاقی قانون کا پتہ فوق الحواس حالت ہی میں چلا۔ آپ میں سے جن حضرات نے مہاتما بدھ کے اس مختصر سوانح حیات کا مطالعہ کیا ہے جو لائٹ آف ایشیا[۵۳] ایسی حسین و جمیل نظم میں بیان کی گئی ہے۔ ان کو یاد ہوگا کہ اس میں بھگوان بدھ کو برگد کے درخت کے نیچے بیٹھے ہوئے دکھایا گیا ہے حتیٰ کہ بیٹھے بیٹھے اُن پر استغراق یا سمادھی کی کیفیت طاری ہوگئی ان کی تمام تعلیمات ان کی اسی استغراقی کیفیت کے تحت صادر ہوئیں۔ اُن میں منطق اور دلائل نیز ذہنی غور و فکر کو ذرا بھی دخل نہیں تھا۔ مختصر یہ کہ دُنیا کے سب مذاہب کا یہ زبردست دعوےٰ ہے کہ بعض لمحوں میں انسانی دماغ محض حواس کے تعینات سے ہی نہیں گزر جاتا، بلکہ علّت و دلیل کی حدوں کو بھی پار کرجاتا ہے۔ ایسی حالت میں اس کے سامنے ایسے حقائق پیش ہوتے ہیں جن کا علم ہم کو نہ کبھی حواس کے ذریعہ ہوسکتا ہے اور نہ عقل و دلیل کی مدد سے۔ دُنیا کے تمام مذاہب کی بنیاد انھیں حقائق پر قائم ہے۔ ہمیں یقیناً ان حقائق کی جانچ پڑتال کرنے اور ان کو عقل و دلیل کی کسوٹی پر کسنے کا پورا حق حاصل ہے لیکن یہ بھی امرِ مسلّم ہے کہ دُنیا کا ہر مذہب اس بات کا دعوے دار ہے کہ انسانی دماغ میں حواس اور عقل کی حدوں کو پار کرنے کی عجیب و غریب صلاحیت ہوتی ہے۔ اور اس

---

۵۱ Seer of mantras.

۵۲ Vedic hymns.

۵۳ Light of Asia.

صلاحیت کو سب مذاہب ایک امر واقعی قرار دیتے ہیں۔

یہاں ہمیں اس سے بحث نہیں کہ یہ دعوے کہاں تک صحیح ہیں۔ قابلِ غور بات یہ ہے کہ سب مذہبوں میں ایک خصوصیت مشترک ہے اور وہ یہ ہے کہ یہ فوق الحواسی حقائق جن کا پتہ سب مذہب دیتے ہیں۔ غیر مرئی[1] ہیں۔ علم طبیعات کی دریافتوں کی طرح ٹھوس اور مرئی نہیں بلکہ اُن تمام بڑے بڑے مذاہب میں جن کا فلسفہ منظم اور تفصیلی ( detailed ) ہے یہ حقائق خالص ترین وحدتِ مطلق کی شکل اختیار کر لیتے ہیں۔ اِس (فوق الحواس) وحدتِ مطلق کا شعور و ادراک کرنے کے لئے اس کو مختلف نام دیئے گئے ہیں جو حقیقت صفات سے بالا ہے اُسے مختلف صفات سے موصوف کیا ہے۔ کہیں اسے حاضر کُل[2] نراکار کہا ہے۔ کہیں اسے غیر مرئی شخص کی صورت دے کر خُدا کا لقب دیا ہے۔ کسی نے اس کو لازوال اخلاقی قانون کہہ کر بیان کیا تو کسی نے اُسے ہستی کا وہ جوہر حقیقی بتایا جس کے دیدار کی کسی کو تاب نہیں۔

بہر حال سب مذہبوں کی بنیاد ان غیر مرئی فوق الحواس حقائق ہی پر قائم کی گئی ہے۔ زمانۂ حال میں کچھ لوگوں نے اس بات کی کوشش کی ہے کہ مذہب کی ما فوق الحواس حقیقتوں کا سہارا نہ لیا جائے بلکہ عقل و شعور کی حدود میں رہ کر مذہب کی اشاعت کی جائے۔ لیکن ایسے لوگوں کو کسی نہ کسی صورت میں پرانے بزرگوں کے نظریۂ وحدتِ مطلق کو اپنانا پڑتا ہے۔ اِس کے بغیر اُن کا کام چل ہی نہیں سکتا ہاں اس کے نام ضرور بدل جاتے ہیں جس چیز کو پُرانے لوگ "خُدا" کہتے تھے۔ اُسے آج اخلاقی قانون[3] یا وحدتِ عینی[4] کہہ لیتے ہیں اور اس طرح عقل کی حدود میں رہنے کا دعویٰ کرنے والے بھی ان حدود سے باہر قدم رکھنے پر مجبور ہو جاتے ہیں اور اس عقل اور حواس سے اوپر اُٹھ جاتے ہیں۔

ظاہر ہے کہ تمام مذاہب اس بات پر متفق ہیں کہ کائنات کے پسِ پُشت ایک معیاری وحدت

---

[1] The facts of religion are abstractions.

[2] They take the purest form of Unit Abstraction either as an Abstracted Presence or as an Omnipotent Being or an Abstract Personality called God, as a Moral Law or an Abstract Essence underlying all existence.

[3] Moral Law.

[4] Ideal Unity Absolute

متعلق ہے اس بات سے کوئی فرق نہیں پڑتا کہ اس حقیقت کو مختلف مذاہب کس صورت میں پیش کرتے ہیں۔ اُسے شخصی خدا کہتے ہیں یا غیر شخصی وجود یا اخلاقی قانون یا جوہر حقیقی یا غیر مرئی حاضر و ناظر ہستی۔[1] اصل بات تو یہ ہے کہ ہمارے سامنے ایک معیار رکھ دیا گیا ہے اور اس معیار تک پہنچنے کے لیے جد وجہد کرنے کی تلقین کی گئی ہے حقیقی مذہب یہی ہے ہم نے آج تک کسی آدرش پرش (معیاری انسان)[2] کو اپنی آنکھوں سے نہیں دیکھا تاہم اسکے وجود پر ایمان لا کر اس کے کمال کو خود حاصل کرنا ہی سچا مذہب ہے۔ اِس حقیقت سے کس کو انکار ہو سکتا ہے کہ کسی آدرش یا معیار کو پیش نظر رکھے بغیر ہم کسی قسم کی ترقی نہیں کر سکتے۔ اپنے نصب العین تک پہونچنے کی جد وجہد ہی ہماری زندگی ہے۔ یہ تو ہمارے ذاتی مشاہدے کی بات ہے کہ ہر انسان لامحدود طاقت اور بے پایاں مسرت حاصل کرنا چاہتا ہے اپنی اپنی بساط کے مطابق ہر شخص طاقت اور مسرت ابدی کے نصب العین تک پہونچنے کے لئے لگاتار کوشش کر رہا ہے۔ دُنیا کا تمام کاروبار اسی جد وجہد کا نتیجہ ہے۔ ہمارے گردوپیش کی یہ تمام سرگرمی اور مصروفیت اِسی جد وجہد سے وجود میں آئی ہے اور اسی کی بدولت انسان بڑے بڑے کام سرانجام دے پاتا ہے۔ لیکن زندگی بھر کی لگاتار محنت اور مشقت کو دیکھ کر چند سوچ سمجھ رکھنے والے آدمی جلد ہی اِس نتیجے پر پہونچ جاتے ہیں کہ جس لامحدود طاقت اور بے پایاں مسرت (پُورن شکتی اور آنند) کی تلاش میں وہ سرگرداں ہیں وہ حواس کے ذریعہ حاصل ہو ہی نہیں سکتی کیونکہ حواس اور جسم بذاتِ خود محدود ہیں اور محدود کے ذریعہ غیر محدود کا ظہور ممکن نہیں۔ یہ دیکھ کر انسان محدود ذرائع سے لامحدود تک پہنچنے کی کوشش ترک کر دیتا ہے۔ ترک اخلاقیات کا یہی پس منظر ہے۔ اسی سے مذہب اور روحانیت کی ابتدا ہوتی ہے۔ دُنیا میں کوئی اخلاقی اور مذہبی قانون ایسا نہیں جس کی بنیاد ترک پر نہ رکھی گئی ہو، آخر تمام اخلاق کا لُب لباب یہی تو ہے کہ "میں نہیں" "تو" ہے اس کا اُصول خود پرستی اور خود غرضی کو ہٹاتا ہے اور اسی کا نام ہے ترک۔ اخلاق کا تقاضا ہے کہ آپ دوسروں کو اپنے سے زیادہ اہمیت دیں، مقدم سمجھیں۔ اُن کے مفاد کو اپنی اغراض پر ترجیح دیں۔ حواس کی زندگی انانیت اور خود غرضی کی زندگی ہے۔ حواس کا تقاضا ہے "پہلے میں" اور بعدہٗ کوئی اور" اخلاق ہمیشہ "پہلے" آپ" کا سبق دیتا ہے۔ اخلاق کے تمام ضابطے اور قانون ترک پر مبنی ہیں۔

---

[1] Personal God, Impersonal Being or a Moral law or an Essence or a Presence.

[2] Ideal human being

اخلاق ترک وایثار ہی کا دوسرا نام ہے جب انفرادیت کو حواس مادی سطح پر تعبیر کرتے ہیں۔ اُس کا انہدام ہی اخلاق کی تعلیم ہے۔ کیونکہ محدود مادی سطح پر غیر محدود ظاہر ہو ہی نہیں سکتا حتیٰ کہ اس کا قیاس تک ناممکن ہے۔

یہی وجہ ہے کہ لامحدودیت کے شدید احساس اور اظہار کے متلاشی انسان کو مادی سطح سے اوپر اُٹھ کر دوسرے بلند طبقوں میں جانا پڑتا ہے۔ اِنسان اونچے اُٹھنے کے مختلف طریقوں کو دریافت کرتا ہے، اور اسی تلاش وتجسس سے اخلاق کے مختلف قوانین کی تخلیق وتشکیل ہوتی ہے۔ ان سب باتوں کی تہ میں بس ایک "ترک خودی" (مرگِ انانیت) کا ہی مرکزی خیال مخفی ہوتا ہے۔ یہی "خودکشی" یعنی انفرادیت کی مکمل تخریب ہی اخلاقیات کا نصب العین ہے۔ عام طور پر لوگ ایسی باتیں سُن کر حیران رہ جاتے ہیں۔ کیونکہ وہ ترک خودی کو خارج از امکان چیز سمجھتے ہیں۔ اگر آپ کسی سے کہیں کہ اپنے انفرادی وجود کو بھول جاؤ تو وہ حیرت سے آپ کا منہ تکنے لگے گا۔ لوگ اپنی محدود انفرادیت کے مٹ جانے کے خیال ہی سے گھبرا جاتے ہیں۔ انھیں تو مرگِ خودی کے خیال ہی سے خوف محسوس ہونے لگتا ہے لیکن لطف کی بات یہ ہے کہ یہی لوگ سوچے سمجھے بغیر بڑے زور وشور سے اعلان کرتے ہیں کہ اخلاق کے بلند ترین آدرش صحیح اور قابلِ عمل ہیں۔ حالانکہ حقیقت یہ ہے کہ اخلاقیات کی اصل غائت خودی کی تخریب ہے نہ کہ تعمیر۔

سچ تو یہ ہے کہ جب تک اس ہستی کا اقرار نہ کیا جائے جسے مافوق الفطرت وجود کہتے ہیں اور جسے میں فوق الشعور کا احساس ومشاہدہ کہتا ہوں۔ اخلاقیات کی تخلیق کا اس وقت تک سوال ہی نہیں پیدا ہوتا۔ محض افادیت کے معیاروں سے نہ تو انسانوں کے باہمی روابط کی وضاحت ممکن ہے۔ اور نہ کوئی اخلاقی قانون بنائے جاسکتے ہیں۔ افادیت بھی تو آخر انسانی خودغرضی کی ہی ایک صورت ہے۔ اس پر اخلاق کی بنیاد نہیں رکھی جاسکتی۔ کیونکہ ہر شخص افادیت کے معنی اپنے اپنے نقطۂ نظر سے نکال لیتا ہے۔ دراصل اخلاق کے پس پشت کوئی اور ہی طاقت کارفرما ہے۔ سچے اخلاقی معیاروں کی تفسیر ہر شخص اپنی مرضی کے مطابق نہیں کرسکتا۔ اور یہ اعلیٰ معیار فوق الشعور لامحدودیت ہی سے منسوب ہیں۔ اخلاقی نصب العین مقرر ہی اس حالت میں ہوتے ہیں جب اِنسان لامحدودیت تک پہونچنے کے لئے جدوجہد کرنے لگتا ہے۔ افادیت[1] پسندوں کا کہنا ہے

---

[1] Utilitarians.

کہ کسی فوق الحس وجود کے تصور کی ضرورت ہی نہیں۔ کسی لامحدود ہستی تک پہونچنے کی کوشش کرنا دائرۂ عمل سے باہر ہے اور ایسی باتوں میں پڑنا فضول ہے لیکن ساتھ ہی ساتھ وہ ایک ہی سانس میں ہمیں اخلاقیات کی تعلیم بھی دیتے ہیں ہم سے سماج کی بھلائی کے کام کرنے کا تقاضا کرتے ہیں۔ ایسے لوگوں سے میرا یہ سوال ہے کہ آخر میں فلاح عام کے کام کیوں کروں؟ قوم اور ملت کی بہبودی کا خیال کیوں کروں؟ دوسروں کے لئے قربانی حاصل کرنے سے آخر حاصل کیا ہے؟ ان کو کیوں فائدہ پہونچاؤں کیوں ان کے کام آؤں۔ ان کو فائدے کے بجائے نقصان کیوں نہ پہنچاؤں۔ ان کو دُکھ کیوں نہ دوں۔ اذیت کیوں نہ دوں؟ اگر بنی نوعِ انسان کا مقصد ذاتی خواہش حاصل کرنا ہے تو میں فقط اپنی خوشی کے لئے کیوں نہ جیوں۔ اپنی خواہش پر دوسروں کی زندگی کیوں نہ قربان کردوں کوئی جئے یا مرے۔ میری بلا سے۔ اگر مجھے کسی کو دُکھ دے کر خوشی ملتی ہے تو میں اس کو عذاب میں کیوں نہ مبتلا کروں؟ اس کے لئے کلفت و آزار کا موجب کیوں نہ بنوں۔ کون مجھے ایسا کرنے سے باز رکھ سکتا ہے؟ افادیت پسندوں کے پاس ان سوالات کا کوئی جواب نہیں۔ اخلاقیات کا مسلک بذاتِ خود زندگی کا مقصد نہیں ہو سکتا البتہ کسی مقصدِ حیات کو حاصل کرنے کا ذریعہ ضرور ہو سکتا ہے۔ سوال تو یہ ہے کہ وہ مقصد، وہ آدرش ہے کیا؟ اخلاقیات کی اہمیت تو ثانوی ہے۔ دیکھنا یہ ہے کہ ہمارا نصب العین کیا ہے جو ہماری قوتوں کو متحرک کرتا ہے اور جس کے بغیر اخلاقیات ایک بے جان فلسفہ بن کر رہ جاتی ہیں۔

افادیت کے خلاف دوسرا اعتراض یہ ہے کہ اُس کا بنیادی فلسفہ بہت تنگ ہے اور یہ مروجہ سماج کے رسم و رواج پر محدود ہے۔ کون کہہ سکتا ہے کہ سماج اس حالت اور صورت میں ہمیشہ قائم اور برقرار رہے گا۔ جس چیز کو آج ہم سماج (سوسائٹی) کہتے ہیں۔ ہزاروں سال پیشتر اس کا کہیں وجود تک نہیں تھا اور ممکن ہے کہ آج سے ہزاروں سال بعد بھی اس کی شکل و صورت بالکل دوسری ہو۔ انسانی ارتقا کا عمل ہمیشہ جاری ہے سماج کی تشکیل بھی اسی عمل کی ایک صورت ہے یہ صورت ہمیشہ بدلتی رہے گی۔ اس کو کسی صورت سے ثبات نہیں حاصل ہے اور کسی خاص دور کی سوسائٹی ہمیشہ کے لئے فطرت انسانی کا مکمل طور پر احاطہ نہیں کر سکتی۔ کل کے اخلاقی قانون آج لازمی طور پر عائد نہیں ہو سکتے سماج کے رسم و رواج اور افادیت پسندی کے اصول اور نظریئے زیادہ سے زیادہ موجودہ سماجی حالات میں عمل پذیر ہو سکتے ہیں اور بس اس کے بعد ان کی کوئی قدر و قیمت باقی نہیں رہتی۔ اس کے برعکس جن اخلاقیات اور جن اخلاقی ضوابط کا دارومدار مذہب اور رُوحانیت پر ہے ان کا دائرۂ عمل بہت وسیع ہوتا ہے منفرد انسان مذہب کا موضوع ضرور ہے لیکن مذہب اور رُوحانیت انسان کی انفرادیت کو وُسعت دے کر اُس کا رشتہ وجودِ لامحدود کے ساتھ ملا دیتے ہیں۔ مذہب میں سماج کا ذکر بھی ضرور آتا ہے اور سماج کے کاروبا

کے متعلق ہدایات بھی ملتی ہیں لیکن فقط اس حیثیت سے کہ سماج افراد کے مجموعے ہی کا نام ہے بُنیادی طور پر مذہبی اخلاقیات کا اطلاق انسان اور خدا کے دوامی روابط پر ہوتا ہے اور چونکہ آدمی سماج کا جزو ہے۔ اِس لئے اس کا اطلاق لازمًا سماج پر بھی ہوتا ہے۔ سماج کے مخصوص اور وقتی نظام سے ان بنیادی اُصولوں میں کوئی فرق واقع نہیں ہوتا۔ ظاہر ہے کہ سماجی اخلاقیات کے لئے بھی روحانیت اور مذہب کی ضرورت ہے۔ اور سچ تو یہ ہے کہ انسان مذہب اور روحانیت کے بغیر زندہ ہی نہیں رہ سکتا۔ مادی چیزوں کا خیال خواہ کتنا ہی مسرت بخش کیوں نہ ہو۔ دیرپا نہیں ہوتا۔ انسانی فطرت ہی کچھ ایسی ہے کہ مادیات سے دل کی تسلی نہیں ہوتی۔ انسان کا دماغ ہر وقت مادّی چیزوں کے خیال سے خوش نہیں رہ سکتا۔ کہا جاتا ہے کہ روحانی معاملات کی طرف زیادہ توجہ دینے سے اس دنیا میں ہمارے عملی روابط میں خلل واقع ہونے لگتا ہے۔ یہ کوئی نئی بات نہیں ہے ہزاروں سال پہلے جب چین میں کنفیوشش[1] کا دَور دورہ تھا یہ کہا جاتا تھا "پہلے ہم اپنی اس دُنیا کی فکر کرلیں۔ اِس کے بعد جب اس دنیا سے رشتہ تعلق منقطع ہو جائے گا تو پھر دوسری دنیاؤں کی فکر کرلی جائے گی۔ اِس دُنیا کی فکر کرنا اچھی بات ہے۔" میں مانتا ہوں کہ رُوحانی معاملات کی طرف بہت زیادہ توجہ دینے سے ہمارے عملی روابط پر اثر پڑ سکتا ہے۔ لیکن اس حقیقت سے بھی انکار نہیں کیا جا سکتا کہ صرف دنیوی تعلقات ہی تک اپنی توجہ مبذول رکھنے سے ہمیں دُنیا و مافیہا میں بہت کچھ نقصان پہونچ سکتا ہے۔ ہم مادّیت پرست ہو کر رہ جاتے ہیں اور زندگی کی اعلیٰ قدروں کو سمجھنے اور ان سے محظوظ ہونے کی سعادت ہم سے چھن جاتی ہے۔ اِنسان کے لئے محض خارجی قدرت پر فتح حاصل کر لینے ہی کے عمل کو منزلِ مقصود قرار دے لینا مناسب نہیں۔ اس کی منزلِ مقصود تو اِس سے کہیں زیادہ بلند ہے۔

اِنسان اسی وقت تک انسان کہلائے جانے کا حقدار ہے جب تک وہ مقام فطرت سے بلند ہونے کے لئے جدّوجہد کرتا ہے یہ فطرت باطنی بھی ہوتی ہے اور خارجی بھی۔ فطرت کے دائرے میں صرف وہی قانون داخل نہیں جن کا عمل مادّے کے جاندار یا بے جان ذرّات پر ہوتا ہے۔ اس میں تو وہ لطیف اندرونی جوہر بھی شامل ہے جو درحقیقت خارجی دُنیا کی بھی قوتِ محرکہ ہے خارجی فطرت کو قابو میں لانا ایک شاندار کارنامہ ہے لیکن اس سے کہیں زیادہ شاندار کارنامہ ہے

---

[1] Confucius.

اپنی اندرونی فطرت کو سخر و مسخر کرلینا اُن قوانین پر دسترس رکھنا بہت بڑی بات ہے. جن کے تحت یہ ستارے اور سیارے اپنا اپنا کام کرتے ہیں لیکن اُن قوانین کا علم حاصل کرلینا تو اس سے بھی کہیں زیادہ عظیم کارنامہ ہے جن کے تحت بنی نوع انسان کے جذبات واحساسات اور ارادوں کو تحریک ہوتی ہے' یہ علم وآگہی کی نعمت مذہب کے حصّے میں آئی ہے۔ انسان کے اس باطنی وجود پر فتح پانا۔ انسانی دماغ کے اندر جو لطیف ترین عمل جاری رہتا ہے. اس کے پوشیدہ نکات کو سمجھنا اور اُن حیرت انگیز رازوں کو جاننا مذہب ہی کا کام ہے۔ اُن رازوں کے جاننے کا کام بس مذہب ہی کے لئے مخصوص ہے اور اس میدان میں صرف کچھ اہلِ دل ہی قدم رکھتے ہیں۔ روحانیت ہر ایک کے بس کی بات نہیں۔ عام طور پر انسانی فطرت موٹی موٹی اور زود فہم مادّی باتوں کو سمجھنے ہی پر اکتفا کرتی ہے۔ عام لوگوں کے ذہن میں لطیف تصورات نہیں سما سکتے۔ مثلاً عام لوگ شیر کی بہادری کی تعریف کرتے ہیں. لیکن شیر کی طاقت اور بہادری کا مظاہرہ ہزاروں میمنوں کی موت ہے۔ عام لوگ اسی قسم کے جسمانی طاقت کے مظاہرے سے مرعوب ومحظوظ ہوتے ہیں۔ عوام کی سمجھ میں وہی بات آتی ہے جو خارجی ہو اور وہ جس سے لطف اندوز ہو سکیں ہر سماج میں کچھ لوگ ایسے بھی ہوتے ہیں جنکی نظر میں صرف حواس ہی احتظاز کا ذریعہ نہیں۔ وہ ان حواس سے گزر کر اس لطیف چیز کی تلاش کرتے ہیں جو سچی مسرت کا سرچشمہ ہے نشاط وسرور کا منبع ہے اور یہ تلاش محض سراب نہیں یہ محنت کبھی رائیگاں نہیں جاتی۔ ایسے برگزیدہ لوگوں کو مادیت سے کہیں زیادہ بلند اس حقیقت کی جھلک وقتاً فوقتاً نظر آجاتی ہے اور وہ اپنی جدوجہد اس وقت تک جاری رکھتے ہیں۔ جب تک اِس سے دوچار نہ ہولیں۔ اگر ہم تاریخِ اقوام کا بغور مطالعہ کریں تو ہمیں یہ پتا چل جائے کہ جب کسی قوم میں اس قسم کے صاحبِ حال بزرگوں کی تعداد زیادہ ہوتی ہے تو وہ قوم ترقی اور عروج کی منزلیں طے کرتی چلی جاتی ہے۔ لیکن جب اِن خدارسیدہ بزرگوں کی تعداد کم ہونے لگتی ہے اور لامحدودیت کے شیدائی اور تلاشِ حق کے دلدادہ اشخاص آہستہ آہستہ گھٹتے چلے جاتے ہیں تو اس قوم کا زوال شروع ہوجاتا ہے۔ افادیت پسندوں کی نظر میں تلاش حق کی کوششیں کتنی ہی لاحاصل اور فضول کیوں نہ ہوں میں تو ضرور کہوں گا کہ ہر قوم کی طاقت کا سرچشمہ اس کی روحانیت ہوتی ہے اور اس قوم کا خاتمہ اسی روز سے شروع ہوجاتا ہے جب اس کی یہ روحانیت زائل ہونے لگتی ہے اور اس پر مادّیت غالب آنے لگتی ہے۔ اور اگر آپ کو میرے ساتھ مکمل اتفاق نہیں ہے تو چھوڑیئے اِس بات کو کہ مذہب ہمیں کیا کیا حقائق سکھاتا ہے اور کون کون سے روحانی معاملات کا پتا دیتا ہے۔ اس اطمینانِ قلب سے بھی قطع نظر کیجئے جو ہمیں مذہب اور روحانیت کی

بدولت نصیب ہوتا ہے۔ لیکن اس بات سے تو انکار ممکن نہیں کہ مذہب بحیثیت ایک سائنس کے مطالعہ اور تحقیقات کا ایک زبردست موضوع ہے۔ انسانی دماغ کو اپنی قوتوں کی آزمائش کے لئے مذہبی فلسفہ یعنی لامحدودیت تک پہونچنے کے طرزِ عمل سے بڑھ کر اور کیا موضوع دستیاب ہو سکتا ہے لامحدود تک پہونچنے کی یہ کوشش۔ اس کو اپنی گرفت میں لانے کی جدوجہد۔ حواس کی قید سے آزاد ہونے اور مادّے کی حدود سے باہر نکلنے کے لئے یہ جاں فشانی اور اپنی ذات کے رُوحانی پہلو کو آشکارا کرنے اور آب و گِل کے اِس چھوٹے سے وجود میں مدغم کرنے کی شبانہ روز یہ کشمکش بذاتِ خود ایک ایسا نہایت عظیم اور شاندار کارنامہ ہے جس پر انسان فخر کر سکتا ہے۔ بعض اشخاص کے لئے کھانا پینا ہی زندگی کی سب سے بڑی لذت ہے یہ لوگ بڑی خوشی سے کھائیں پیئں اور عیش کریں۔ ہمیں کوئی بھی حق نہیں کہ انھیں ایسا کرنے سے باز رکھیں۔ منع کریں۔ بعضوں کو دھن دولت اور دُنیا کی دوسری اور چیزوں کے حاصل کرنے ہی سے خوشی حاصل ہوتی ہے۔ یہ لوگ جتنی دولت چاہیں کمائیں۔ اور جتنی چیزیں چاہیں یک جا کریں۔ ہم مانتے ہیں کہ ہمیں یہ کہنے کا کوئی اختیار نہیں کہ وہ ایسا نہ کریں۔ لیکن دوسری طرف اُن لوگوں کو بھی تو کوئی حق نہیں کہ اگر کسی کو رُوحانی خیالات ہی سے بدرجہ انتہائی حظ حاصل ہوتا ہے تو اُس سے بار بار یہ کہتے پھریں کہ وہ ایک فضول اور بے مصرف کام میں لگا ہوا ہے اگر یہ لوگ رُوحانیت کے آدرش کو نہیں سمجھ سکتے تو کم از کم اس شخص کو تو اپنے حال پر چھوڑ سکتے ہیں اور حق تو یہ ہے کہ اس کشمکش ہی سے اِنسان کی ارتقا ہوتی ہے اس روحانی جدوجہد سے ہی اِنسان محض حیوانوں کی سطح سے اونچا اُٹھ جاتا ہے صرف حواس سے تو حیوان ہمارے بمقابلہ کہیں زیادہ لُطف اُٹھا سکتے ہیں۔ یاد رہے کہ ہماری سوسائٹی کا نظام جس قدر اسفل اور ادنےٰ ہوگا قطع نظر اس سے کہ اس کی ارتقا کا مُرتبہ کس حد تک کم ہے۔ اتنا ہی دار و مدار ہماری راحت اور خوشی کا ہمارے حواس پر ہوگا بمثلاً کھانے پینے کا شوق عام آدمیوں کو ہوتا ہے لیکن پھر بھی بہت کم لوگ کھانے پینے کے معاملے میں اُس جوش اور شوق کا اظہار کرتے ہیں جس کا مظاہرہ کتّے یا بھیڑیئے کرتے ہیں۔ اس کی وجہ یہ ہے کہ کتّے یا بھیڑیئے کی تمام مسرت حواس ہی پر مبنی ہے لیکن انسان کی مسرت کے ماخذ حواس کے علاوہ اس کے دل و دماغ بھی ہیں۔ ہر قوم میں ادنیٰ طبقے کے لوگوں کی خوشیاں لذاتِ حواس ہی سے وابستہ ہوتی ہیں۔ لیکن جو لوگ شائستہ اور تعلیم یافتہ ہوتے ہیں ان کو غور و فکر۔ فلسفہ اور فن و حکمت سے حظ حاصل ہوتا ہے۔ جیوں جیوں اِنسان کے احساس و شعور کا دائرہ وسیع ہوتا جاتا ہے۔ اس میں زندگی کی لطیف چیزوں سے لُطف اُٹھانے کی اہلیت بڑھتی جاتی

ہے۔ اپنی لامحدود ذات کے خیال سے۔ رُوح کے تصور سے زیادہ وسیع موضوع اور کون ہو سکتا ہے اسی لئے نشاطِ رُوح کی کوئی حد نہیں۔ اِس کا کوئی پایاں کار نہیں۔ رُوحانیت کا مقام سب سے زیادہ بلند ہے۔ رُوحانی مسرّت اور سرور سے بڑھ کر اور کوئی خوشی نہیں۔ اِسی لئے اگر افادیت پسندوں کے اِس نقطۂ نظر کو بھی مان لیا جائے کہ انسانی زندگی کا مدّعا حصولِ راحت ہے تو بھی انسان کو مذہبی خیالات کی نشو و نما کرنا چاہیئے۔ کیونکہ بلند ترین مسرّت اور راحت اسی سے حاصل ہوتی ہے۔ ظاہر ہے کہ مذہب کا مطالعہ ہمارے لئے اشد ضروری ہے۔ اس کے بغیر زندگی بے معنی سی رہ جاتی ہے۔ علاوہ بریں روحانیت بذاتِ خود ایک زبردست طاقت ہے۔ اِس کا اندازہ اس کے اثرات سے کیا جا سکتا ہے۔ یہی وہ زبردست ترین قوت ہے جس سے قلبِ انسانی میں تحریک پیدا ہوتی ہے اور تعمیری کام کرنے کی طاقت ظہور میں آتی ہے۔ اِس لحاظ سے آج تک دُنیا میں مذہب اور روحانیت سے بڑھ کر کوئی آدرش نہیں ہوا مذہبی جذبے سے جو طاقت پیدا ہوتی آئی ہے۔ اِس سے زیادہ طاقت کسی اور خیال سے پیدا نہیں ہوئی۔ اور آج بھی مذہب کی یہ حالت بدستور قائم ہے۔ اسس رُوحانی آدرش کی طاقتیں زائل نہیں ہو سکتیں۔ مجھے اِس سے انکار نہیں کہ انسان محض افادیت پسندانہ نقطۂ خیال سے بھی نیک اور با اخلاق بن سکتا ہے۔ اس دُنیا میں متعدد ایسے بڑے آدمی ہوئے ہیں جن کی نیک خصلت۔ جن کے بلند اخلاق اور جن کی پاک سیرت کی تشکیل محض افادیت کے خیالات سے ہوئی۔ لیکن جن لوگوں نے دُنیا کو ہلا دیا ہے جنہوں نے عالمِ کائنات میں دُنیا میں اپنی مقناطیسی قوت کا خزانہ بھر دیا ہے جن کی رُوحِ رواں قوموں اور نسلوں میں کارفرما ہے جن کا حوصلہ اور جوش سینکڑوں نہیں بلکہ ہزاروں انسانوں کے دِلوں کو اُبھارنے کا موجب ہوتا ہے۔ جن کی مشعلِ زندگی سے دوسروں میں رُوحانی شعلے روشن ہوتے ہیں ایسے لوگوں کی عظمت اور طاقت کی اصل ہمیشہ روحانی قوت ہوتی ہے اور اِس قوتِ محرکہ کا سرچشمہ مذہب۔ بنی نوعِ اِنسان کو اس کی اصلی فطرت کا احساس دِلاتا ہے۔ مذہب ہی کے ذریعہ اِنسان "ذات" کو سمجھتا ہے اور اپنی اس لامحدود اور لاانتہا قوت کو بیدار کرتا ہے، جو خود اس کی سرشت میں داخل ہے۔ مذہب ہی وہ معمار ہے جو اِنسان کے کردار کی تعمیر کرتا ہے اسے نیکی خوبی اور عظمت کے زیوروں سے مُزیّن کرتا ہے۔ مذہب ہی امن و آشتی کی تعلیم دے کر انسان کو دوسروں کے لئے باعثِ تسکین و مسرت بناتا ہے۔ اِسی سے اطمینانِ قلب کی دولت حاصل ہوتی ہے۔ اس لئے ضروری ہے کہ اس زبردست قوتِ مُحرّکہ کا مطالعہ کیا جائے جس سے بنی نوعِ انسان کی یہ زندگی رواں دواں ہے۔ یاد رکھیئے کہ آج مذہب کے مطالعہ کے لئے پہلے وقتوں کی نسبت زیادہ

وسعتِ نظر کی ضرورت ہے۔ سچے مذہب میں تنگ محدود اور تفرقہ پرداز خیالات کی کوئی گنجائش ہی نہیں۔ مذہب میں فرقہ دارانہ۔ قبائلی یا قومی خیالات کو ذرا بھی دخل نہیں۔ یہ جو چھوٹے چھوٹے قبیلے یا خاص قومیں اپنا اپنا مذہب اور اپنا اپنا خدا لئے پھرتی ہیں۔ یہ ہر قبیلے یا قوم کا دعوے ہے کہ بس اُسی کا خدا سچا ہے۔ دوسرے سب مذہبوں کے خدا جھوٹے ہیں۔ بجائے خود ایک بنیادی وہم ہے۔ مانا کہ پچھلے زمانے کے لوگ اس وہم میں مبتلا ہے لیکن آج اس قسم کے تمام خیالات کو ترک کر دینے ہی میں ہماری بھلائی ہے۔ اِنسانی دماغ میں جتنی جتنی کُشادگی آتی جاتی ہے اُس کا روحانی دائرہ بھی اُتنا ہی زیادہ وسیع ہوتا جاتا ہے اور اَب تو وہ زمانہ آچکا ہے کہ انسان بات پیچھے کرتا ہے اور وہ پھیل پہلے جاتی ہے۔ ہمارے خیالات معرضِ تحریر میں آتے ہی چار اطراف عالم میں نشر ہو جاتے ہیں۔ محض طبعی وسائل کی مدد سے ہم ایک دوسرے کے بہت نزدیک ہو گئے ہیں۔ اِسی لئے آجکل کی اِس دُنیا کے مذہب کو بھی وسیع اور عالم گیر ہونا پڑے گا۔

زمانہ مستقبل کے مذہبی آدرشوں کو یہاں تک وسیع اور کشادہ دامن ہونا پڑے گا کہ ان میں موجودہ خوبیاں اور صداقتیں بھی سما جائیں اور مزید ترقی کی لامحدود گنجائش بھی رہے۔ زمانہ گزشتہ کی ہر اچھی چیز کا تحفظ لازمی ہے۔ لیکن موجودہ ذخیرے میں اضافے کے لئے مذہب کے دروازے ہر وقت کھلے رہنا چاہیے۔ تنگ نظری مذہب کی دشمن ہے۔ کشادہ دلی اور ہمہ گیری سچے مذہب کی نشانی ہے۔ ایسے مذہب کو اپنے اندر دوسروں کو جگہ دینے اور انھیں قبول کرنے کی صلاحیت ہونا چاہیے۔ مختلف مذہبوں نے خُدا کا ذکر مختلف پیرایوں سے کیا ہے۔ لیکن محض اس وجہ سے ایک دوسرے کے ساتھ نفرت سے پیش آنا اور اپنے مذہب کے مقابلے میں دوسرے مذاہب کو حقارت کی نظر سے دیکھنا کم ظرفی کا ثبوت ہے۔ مجھے اپنی زندگی میں ایسے صحیح الفطرت ذہین اور پُر دماغ اشخاص سے ملنے کا اتفاق ہوا ہے جن کا خدا کی ہستی پر ایمان اِن معنوں میں نہیں تھا جو ہم نے سمجھ رکھے ہیں۔ لیکن جو حقیقی معنوں میں رُوحانیت کے بلند مقام پر پہونچ چکے تھے دراصل وہ خُدا کے وجود کی حقیقت کو ان لوگوں سے کہیں زیادہ بہتر سمجھتے تھے جو شخصی خدا پر ایمان رکھتے ہیں۔ مذہب کی تعریف بھی اتنی جامع ہونا چاہیے کہ اس میں شخصی اور غیر شخصی خُدا کا کردار۔ لامحدودیت کا خیال۔ اخلاقی قانون کا نظریہ۔ آدرش انسان کا تصور[1] یہ تمام باتیں سما جائیں اور جب مذاہب میں اتنی وسعت پیدا ہو جائے گی تو ان میں لوگوں کو نیکی کی راہ پر لانے کی جو طاقت اور صلاحیت ہوگی اس میں سوگنا اضافہ ہو جائے گا۔ مذہب کی طاقت ایک بڑی زبردست طاقت ہے مجھے اس کا اعتراف کرنا پڑتا ہے کہ اہلِ مذہب اُن کی تنگ نظری

[1] اگلے صفحہ پر دیکھیے۔

اور محدود خیالی کے سبب سے دُنیا کو فائدے کے بمقابلہ نقصان زیادہ پہونچا ہے۔ لیکن اس میں مذہبی فلسفے کا زیادہ قصور نہیں اگر ہمیں کسی سے شکایت ہے تو اپنی کم ظرفی اور تنگ دلی سے بہر حال ہمیں مذہب کے دامن کو کشادہ کرنا ہے افسوس کا مقام ہے کہ آجکل بھی ایسے فرقے اور ایسے گروہ موجود ہیں جو بیشتر ہم خیال ہونے کے باوجود باہم دیگر برسرپیکار رہتے ہیں کیونکہ ایک فرقے یا گروہ کی طرف سے وہ خیالات بجنسہ اس صورت میں پیش نہیں کئے جاتے ہیں جس میں دوسرے فرقے یا گروہ انھیں پیش کرتے ہیں فی زمانہ اِن باتوں کو برداشت نہیں کیا جا سکتا۔ اسی لئے مذہبوں کو اپنا دائرہ وسیع کرنا پڑے گا۔ مذہبی تصوّرات کو عالم گیر، وسیع المشرب اور لا محدود ہونا پڑے گا اور صرف ایسی ہی صورتِ حالات کے پیدا ہونے پر مذہب اپنا کام مکمل طور پر انجام دے سکے گا۔ بعض لوگ کہتے ہیں کہ زمانۂ حال میں مذہب کی کوئی ضرورت ہی نہیں رہی۔ روحانی تصوّرات آہستہ آہستہ مٹ رہے ہیں اور مذاہب دَم توڑ رہے ہیں۔ مجھے اس سے ہرگز اتفاق نہیں۔ میں سمجھتا ہوں کہ مذہب کی طاقت کو ابھی پورے زور سے نمودار ہونا ہے۔ ابھی تو اس کی ارتقائی رفتار میں تیزی پیدا ہو رہی ہے اور اس طاقت کا اظہار شروع ہی ہوا ہے۔ مذہب کی طاقت وسیع اور منزّہ ہو کر انسانی زندگی کے ہر شعبے میں سرائت کرے گی۔ جب تک مذہب کی باگ ڈور چند منتخب اشخاص یا راہبوں کی جماعت کے ہاتھوں میں رہی اس کا وجود مندروں، مسجدوں اور گرجاؤں میں مقید اور کتابوں، نظریوں رسموں اور رواجوں میں محدود رہا لیکن جب مذہب کے حقیقی روحانی اور عالم گیر تصوّرات ہماری سمجھ میں آجائیں گے تو مذہب میں دوبارہ جان پڑ جائے گی اور یہ ہماری فطرت میں داخل ہو جائے گا۔ ہماری ہستی کا جزو بن جائے گا۔ ہماری زندگی کے ہر لمحے میں سما جائے گا ہمارے سماج کے ہر مسام میں سرائت کر جائے گا۔ جو فوائد آج تک ہم اس سے حاصل نہیں کر سکے وہ سب کے سب ہمارے حصّے میں آجائیں گے اور اس طرح مذہب واقعی صحیح معنوں میں دنیا کی بھلائی اور بہبودی کی ایک لا محدود طاقت بن جائے گا۔ مگر شرط یہ ہے کہ مختلف مذاہب کے تفرقات

---

The Personal Idea of God or the Impersonal, the Infinite, Moral Law or the Ideal Man, all these Ideas have to coine under the definition of religion.

اور جھگڑے ہٹا کر ان میں باہمی ہمدردی پیدا کی جائے۔ یہ ہمدردی اسی حالت میں پیدا ہو سکتی ہے جب تمام مذاہب کی سمجھ میں یہ بات آجائے کہ اُن میں سے ایک کا جو فائدہ ہے وہی دوسرے کا بھی فائدہ ہے اور اسی طرح ایک کا نقصان دوسرے کا نقصان ہے (ایک کی زندگی اور موت دوسرے کی بھی زندگی اور موت ہے) اگر ایک مذہب والے دوسرے مذہب کو غلط اور جھوٹا ثابت کرنے کی کوشش کرتے ہیں تو وہ خود اپنے مذہب کو غلط اور جھوٹا بتاتے ہیں کیونکہ یہ سب مذہب خدا ہی کا راستہ تو دکھانے کا دعوے کرتے ہیں اگر ایک سچا ہے تو پھر سب سچے ہیں۔ اگر ایک جھوٹا ہے تو سب جھوٹے ہیں اگر ہر مذہب والے یہ بات ذہن نشین کرلیں اور ایک دوسرے کی تعظیم و توقیر کرنے لگیں تو کوئی وجہ نہیں کہ اُن کے درمیان باہمی ہمدردی کا جذبہ پیدا ہو جائے۔ یہ ہمدردی کا جذبہ پیدا ہو گا اور ضرور ہو گا محض دکھاوے کی باتوں سے دل نہیں ملتے۔ دوسرے مذاہب کو کمتر سمجھ کر ان پر رواداری کے طور پر عنایت کی نظر ڈالنا اور اپنی ذرّہ نوازی کا مظاہرہ کرنے کی خاطر ان کی کم و بیش تعریف کرنا ہرگز ہمدردی نہیں۔ ایسا کرنا اپنے آپ کو دھوکا دینا ہے اور دوسرے مذاہب کے ساتھ ناانصافی سے کام لینا ہے۔ بدقسمتی سے اس قسم کے سلوک کا رواج عام ہو رہا ہے ہمیں اِس طرزِ عمل سے بچنا ہے۔ اِس باہمی ہمدردی کی ضرورت نہ صرف مختلف مذاہب اور مذہبی فرقوں کو ہے بلکہ اس سے بھی کہیں زیادہ یہ باہمی ہمدردی مذہب اور سائنس کے لئے لازمی ہے تاکہ دونوں ایک دوسرے کو سمجھیں۔ مختلف ہونے پر بھی تمام مذاہب آخر ایک ہی چیز یعنی رُوحانیت کی تعلیم دیتے ہیں۔ لیکن سائنس اور مذہب کے تو موضوع ہی مختلف ہیں اس لئے ان دونوں کے درمیان بظاہر تضاد دلازمی نظر آتا ہے۔ لیکن دراصل دونوں ایک ہی علم کی ایک ہی آگہی کی شاخیں ہیں۔ مذہب کے مطالعہ کا تعلق دماغی کیفیات سے ہے۔ اور سائنس کا میدانِ فکر زمین سے آسمان تک تمام مادّی چیزوں پر حاوی ہے۔ بدقسمتی سے مذہب والے سمجھتے ہیں کہ دماغی کیفیات کے مطالعہ کا حق صرف انھیں کو حاصل ہے اور سائنس دانوں کا خیال ہے کہ مذہب کا دار و مدار بے بنیاد توہمات پر ہے لیکن حقیقت یہ ہے کہ علم ایک ہے۔ مذہب اور سائنس صرف اس کی مادّی اور غیر مادی صورتیں ہیں۔ علم بھی بذاتِ خود انکشافِ ذات کی ایک صورت ہے۔ ہر قسم کا علم روحانیت کا رنگ لئے ہوئے ہے۔ اِس لئے سائنس بھی رُوحانی آگہی کا ایک جُزو ہے سائنس اور مذہب دونوں کو ایک دوسرے سے الگ تھلگ رہنے کی ضرورت نہیں بلکہ انسانی ارتقا اور رُوحانی ترقی اسی حالت میں ہو سکتی ہے جب ان دونوں کے درمیان بھی مکمل ہمدردی اور ہم آہنگی پیدا ہو جائے۔ اس

ہم آہنگی اور ہمدردی کی خاطر مذہب اور سائنس دونوں کے ارباب فکر کے لئے ایک دوسرے کے نقطۂ نظر کو سمجھنا لازمی ہوگا اور اسے قبول کرنا ہوگا محض رسمی طور پر اعتراف کرنا ہی کافی نہیں ہوگا بلکہ دونوں کو ایک دوسرے کو پوری طرح اپنانا ہوگا۔ اِس کے لئے دونوں کو قربانی کرنا ہوگی اپنے کئی مخصوص اور محبوب خیالات اور تعصبات کو ترک کرنا ہوگا اور میں جانتا ہوں کہ ترک اور قربانی دکھ درد برداشت کئے بغیر ممکن نہیں لیکن میں پورے وثوق کے ساتھ کہتا ہوں کہ اس قربانی کے دینے سے سائنس اور مذہب دونوں کی شان دوبالا ہو جائے گی اور دونوں حقیقت کے نزدیک پہونچ جائیں گے۔ آخر کار مذہبی علم اور روحانی آگہی جو مکان و زمان کی قیود سے باہر ہے اور سائنس کا علم جو وقت اور مقام کی حدود میں گھِرا ہوا ہے۔ دونوں یک جان ہو کر اُس واحد حقیقت سے واصل ہو جائیں گے جو وجودِ مطلق ہے جو لامحدود ہے اور جس کی نہ کوئی نظیر ہے نہ مثال جو لازوال ولاثانی ہے۔ جو مادّی اور غیر مادی دونوں قسم کے علوم سے بَری ہے اور جس تک حواس اور دماغ کی رسائی ناممکن ہے۔

# ایک عالمگیر مذہب
# کا
# آدرشش یا نصب العین

جہاں دیکھو۔ زندگی کے ہر شعبے میں دو زبردست متضاد[1] طاقتیں کام کرتی ہوئی نظر آتی ہیں۔ ایک طاقت سے عمل[2] کا ظہور ہوتا ہے اور دوسری سے ردِ عمل[2] کا۔ ان طاقتوں کے عمل کا شعور نہ صرف حواس کی حدود کے اندر ہوتا ہے بلکہ ہمارے دماغی تصورات اور تخیلات کی عظیم وسعتوں میں بھی یہ دونوں متضاد طاقتیں کار فرما نظر آتی ہیں۔ ان کے متواتر تضاد سے ایک طرف تو ہمارے گرد و نواح کے مختلف مناظر[3] پیدا ہوتے ہیں اور دوسری طرف ان سے ہماری دماغی کیفیات[4] کا اظہار ہوتا ہے۔ عمل اور ردِ عمل کا یہ مسلسل کھیل خارجی اور داخلی دونوں دنیاؤں میں کھیلا جا رہا ہے۔ خارجی دُنیا میں ان دونوں مثبت اور منفی طاقتوں کا عمل کشش اور پسپائی (انجذاب[5] و استرداد) کی شکل میں نمودار ہوتا ہے کشش کی طاقت تعمیری ہوتی ہے۔ اس کی خصوصیت مرکز کی طرف رجوع[6] کرنا اس کے عمل سے یکجائی اور اجتماع کی صورت پیدا ہوتی ہے پسپائی کی طاقت تخریبی ہوتی ہے اس کی خاصیت ہے مرکز سے گریز کرنا[7] دور ہٹنا اس کے عمل سے انتشار ظہور پذیر ہوتا ہے۔ یہی طاقتیں جب داخلی دُنیا میں رُونما ہوتی ہیں تو ان سے محبت اور نفرت اور نیکی اور بدی

---

[1] Opposite forces. [2] Action and reaction.

[3] اور [4] Physical and mental Phenomenon.

[5] Attraction and repulsion. [6] Centripetal. [7] Centrifugal.

کے پہلو نمایاں ہوتے ہیں۔ قدرت کا یہ قانون ہی ایسا ہے کہ کچھ چیزیں ہمیں اپنی طرف کھینچتی ہیں اور کچھ چیزوں سے خود ہم دور رہنا چاہتے ہیں اسی طرح کچھ چیزیں ہماری طرف خود بخود چلی آتی ہیں اور کچھ چیزیں ایسی ہوتی ہیں جو ہمارے نزدیک نہیں پھٹکنا چاہتیں۔ ہماری زندگی میں متعدد بار یہ دیکھنے میں آتا ہے کہ ہم بغیر کسی وجہ کے ہی خود بخود بعض اشخاص کی طرف مائل و متوجہ ہو جاتے ہیں اور اسی طرح بعض اور اشخاص سے ہم دور رہنا چاہتے ہیں یہ تو ایک مسلمہ بات ہے کہ محبت کسی سے ہو جاتی ہے۔ کی نہیں جاتی اور دوسری طرف یہ بھی صحیح ہے کہ کسی کے ساتھ نفرت از خود ہو جاتی ہے۔ ارادتاً نہیں کی جاتی۔ کشش اور پسپائی کا یہ عمل سب پر حاوی ہوتا ہے ہمارا میدانِ عمل جتنا بلند ہوتا ہے اتنے ہی زیادہ قوی اور معرکہ آرا اثرات ان متضاد اور مختلف طاقتوں کے رونما ہوتے ہیں۔ مذہب کا مقام انسانی خیالات اور انسانی زندگی کی بلند ترین سطح پر ہے اسی لئے ہم کو قبول و رد کی یہ دونوں طاقتیں اس بلند سطح پر بہت زیادہ نمایاں طور پر کام کرتی ہوئی نظر آتی ہیں مذہب نے جہاں انسان کی گہری سے گہری محبت کو جنم دیا ہے وہاں نفرت کا شیطانی جذبہ بھی مذہب ہی کی وجہ سے پیدا ہوا ہے جہاں مذہب دنیا کے لئے امن اور شانتی کا پیغام لایا وہاں تمام تلخ ترین دشنام طرازیوں اور جنگ و فساد کے رجحانات بھی مذہب ہی کی پیداوار ہے مذہب ہی نے دنیا کے سامنے بلند ترین معیارِ زندگی رکھا اور انسانوں کو کارِ خیر کی تعلیم دی لیکن دوسری طرف اسی مذہب سے شر انگیز سرگرمیاں بھی وجود میں آئیں۔ یہ مذہب کی تعلیم کا ہی نتیجہ ہے کہ نہ صرف غریبوں اور ناداروں کے لئے ہزارہا شفاخانے، آشرم اور خیرات گھر قائم ہو گئے بلکہ جانوروں کی بھی دیکھ بھال اور حفاظت کے سامان بھی مہیا کئے گئے لیکن ساتھ ہی ساتھ اس حقیقت کو بھی نظر انداز نہیں کیا جا سکتا کہ دنیا میں جتنی خون ریزی مذہب کے نام پر ہوئی ہے شاید ہی کسی اور وجہ سے ہوئی ہو۔ مذہب ہی نے ہمیں رحم اور ہمدردی کے جذبات بخش کر نرم دل بنایا اور مذہب ہی کے نام پر ہر طرح کے ظلم اور بے رحمانہ افعال کا ارتکاب ہوا ہے۔ مذہب کے ان دونوں متضاد پہلوؤں کا مشاہدہ ماضی میں بھی کیا گیا ہے اور غالباً آئندہ بھی یہی صورت حال جاری رہے گی لیکن یہاں سوال یہ پیدا ہوتا ہے کہ کیا ظلم اور بے رحمی کا یہ سلسلہ کبھی بند نہیں ہو گا۔ اگر کچھ امید کی جھلک نظر آتی ہے تو اس بات سے کہ مختلف مذہبوں اور فرقوں کے اسی شور و شغب اسی دار و گیر اسی کشمکش اور نفرت و حسد کے اس عالم میں وقتاً فوقتاً ایسی پُر اثر آوازیں بھی بلند ہوتی رہی ہیں جن کے سامنے یہ سارا شور و شغب ماند پڑ گیا۔ یہ آوازیں ایک قطب سے دوسرے قطب تک گونج اٹھیں جن میں امن اور اتحاد کا پیغام دیا گیا تھا۔ کیا امن و اتحاد کی یہ برکت نیز ہم سائیگی اور ہم آہنگی کی یہ دولت کبھی ہمارے نصیب میں آئے گی کیا یہ ممکن ہے کہ مذہبی زندگی کی اس کشمکش میں اتحاد و آشتی کا ایک غیر منقطع سلسلہ ہمیشہ ہمیشہ کے لئے جاری ہو جائے اس صدی کے اواخر میں اتحاد و آشتی کا سوال دنیا میں بہت زور شور سے اٹھا

سوسائٹی میں اسکے متعلق طرح طرح کی تجاویز پیش کی جارہی ہیں اور ان تجاویز کو عملی جامہ پہنانے کی کوشش بھی کی جارہی ہے لیکن ہم سب جانتے ہیں کہ یہ کتنا مشکل کام ہے عام طور پر لوگ یہی سمجھتے ہیں کہ زندگی کی کشمکش میں یہ جو ہیجان کا عالم طاری ہے اس کو کم کرنا اور انسانوں میں جو زبردست اعصابی تناؤ پیدا ہوگیا ہے اس کو ڈھیلا کرنا قریب قریب ناممکن ہے اس کام کے مشکل ہونے کا اندازہ آپ کو اس بات سے ہو سکتا ہے کہ موجودہ حالات میں تو مادی سطح پر بھی امن و آشتی اور ہم آہنگی پیدا کرنا کوئی آسان بات نہیں۔ اختلافات کا دور کرنا خارجی زندگی میں بھی کافی مشکل ہے اور داخلی دُنیا یعنی انسان کی باطنی فطرت میں تو شانتی اور چین کا پیدا کرنا اس سے بھی کہیں زیادہ محال ہے مجھے اس حقیقت کو تسلیم کرنے سے قطعی انکار نہیں۔ میں تو آپ سے بس اتنا ہی کہوں گا کہ اگر ہم واقعی امن و آشتی چاہتے ہیں تو ہمیں سب سے پہلے اپنے آپ کو اس جال سے آزاد کرنا ہوگا جس میں ہم سب جکڑے ہوئے ہیں۔ ہم لوگ تو اپنے بچپن کے زمانے سے محبت۔ امن۔ خیرات۔ مساوات اور عالم گیر اخوت ایسی بیش بہا چیزوں کا ذکر سُنتے چلے آئے ہیں لیکن غور سے دیکھا جائے تو یہ سب صداقتیں ہمارے لئے کچھ بے معنی سے الفاظ بن کر رہ گئی ہیں اور ہم ان الفاظ کو دن رات طوطے کی طرح رٹتے رہتے ہیں ہمارے لئے ایسا کرنا ایک فطری امر ہو گیا ہے ایسا معلوم ہوتا ہے کہ اس روش سے گریز کرنا اب ہمارے بس کی بات نہیں رہی کتنی عظیم ہستیاں تھیں اُن بزرگوں کی جن کے دلوں میں اس قسم کے عظیم اور گراں قدر خیالات پیدا ہوئے جنھوں نے ان صداقتوں کو شدت کے ساتھ محسوس کیا اور ان کے اظہار کے لئے مناسب الفاظ گھڑے۔ دراصل وہی لوگ ان الفاظ کے حقیقی معنی و مفہوم سے واقف تھے۔ ان کے زمانے میں اکثر اشخاص نے انکا صحیح مفہوم قرار واقعی طور پر سمجھا بھی۔ لیکن جیوں جیوں وقت گزرتا گیا ان الفاظ کے معنی پھیکے پڑنے لگے۔ ان میں ضعف آگیا۔ آہستہ آہستہ جاہل قسم کے لوگوں نے ان الفاظ کو ہتھیا لیا اور ان سے کھیلنا شروع کر دیا اُنھوں نے مذہب کو ایک لفظی شعبدہ بازی بنا لیا۔ مذہب چیز تھی عمل کرنے کی ان لوگوں نے اسے محض ایک دکھاوے کی چیز بنا کر رکھ دیا۔ اس پر اپنی اپنی ملکیت کا دعوےٰ کرنے لگے مذہب ایک انفرادی طرز عمل ہونے کے بجائے ایک سماجی اور قومی اثاثہ بن گیا اور لوگ "باپ دادا کے مذہب" "قومی مذہب" اور "ملکی مذہب" کی باتیں کرنے لگے اس طرح مذہب قومیت اور حب الوطنی کا ایک جزو بن کر رہ گیا چونکہ حب الوطنی ہمیشہ عصبیت کا پہلو لئے ہوتی ہے اسی لئے مختلف مذاہب کے درمیان آشتی اور اتحاد پیدا کرنا مشکل سے مشکل تر ہوتا گیا۔ اگرچہ ان حالات میں اس مشکل کا حل دستیاب ہونا آسان نہیں پھر بھی آج ہم اتحاد مذاہب کے اس مسئلے پر کچھ نہ کچھ غور ضرور کریں گے۔

ہر بڑے اور منظم مذہب کے تین اجزا ہوتے ہیں اس کا پہلا حصہ فلسفے پر مشتمل ہوتا ہے جس میں اس

مذہب کے تمام ہندوستاں کی عکاسی کی جاتی ہے اسکے بنیادی اصُول پیش کئے جاتے ہیں اسکا مقصد اور اس مقصد کی تکمیل کا طریقہ بتایا جاتا ہے۔ دوسرا حِصّہ ہے دیومالا یا علم الاصنام کا جس میں فلسفے کو ٹھوس اور مادی شکل میں پیش کیا جاتا ہے۔ اس میں انسانوں یا مافوق الفطرت ہستیوں کے متعلق حکایات و روایات وغیرہ شامل ہوتی ہیں اس میں فلسفے کا جوہر انسانوں اور مافوق الطبع ہستیوں کی کم و بیش فرضی زندگیوں کے سانچے میں ڈھالا جاتا ہے تیسرا حصّہ ہوتا ہے شریعت یا رسم و رواج یعنی کرم کانڈ کا اس کی شکل اور بھی زیادہ مجسّم اور مادی ہوتی ہے اور یہ شکل ہوتا ہے چند دستوروں اور رسموں پر انہیں میں ارکان عبادت یا پوجا پاٹ کی رسمیں بھی شامل ہوتی ہیں مثلاً خاص قسم کے خارجی ماحول میں جسم کو خاص خاص طریقوں سے طرح طرح کی ریاضتوں کی تربیت دینا یا پھولوں اور خوشبویات سے پوجا کا اہتمام کرنا۔ سارے مذہبوں میں اس قسم کی ایسی متعدد رسمیں ہیں جنہیں حواس بخوشی اور بآسانی قبول کرتے ہیں۔ یہ تینوں حصّے تمام مروّجہ مذاہب میں پائے جاتے ہیں بعضوں میں کسی ایک حِصّے پر زیادہ زور دیا جاتا ہے اور بعضوں میں کسی دوسرے حصّے پر جہاں تک پہلے حِصّے یعنی فلسفے کا تعلق ہے یہ بات قابلِ غور ہے کیا کوئی فلسفہ ایسا ہے جسے عالمگیر کہا جا سکتا ہو۔ ابھی تک دنیا نے کسی فلسفے کو عالمگیر نہیں تسلیم کیا۔ ہر مذہب والے اپنے اپنے اصول پیش کرتے ہیں اور دعوے کرتے ہیں کہ بس انھیں کے اصُول درست ہیں۔ وہ محض اسی پر اکتفا نہیں کرتے کہ باقی سب اصولوں کو غلط قرار دیں تو کہتے ہیں کہ اُن کے مذہب کے علاوہ دوسرے مذہبوں کا طریقۂ کار غلط ہے اور اسی لئے وہ آخر کار کسی نرک یا جہنم میں جائیں گے بعض لوگ تو دوسروں سے اپنے عقائد کو منوانے کے لئے تلوار سے کام لینے میں بھی دریغ نہیں کرتے اور سچّے دل سے یقین کرتے ہیں کہ اسی میں ان لوگوں کا بھلا ہے۔ وہ سمجھتے ہیں کہ کسی کو جان سے مار ڈالنا یا زندہ جلا دینا ان پر ظلم کرنے کے مترادف نہیں بلکہ ایسا کرنا ان کی رُوحانی بہبودی کے لئے لازمی ہے میں یہ نہیں کہتا کہ اس قسم کے لوگ شیطان سیرت ہیں کیونکہ وہ ظلم بھی کرتے ہیں تو مذہب کے نام پر۔ دوسروں کی روحانی بہبودی کے خیال سے لیکن میں اتنا ضرور عرض کروں گا کہ یہ لوگ اس دماغی بیماری میں مبتلا ہیں جسے ہم تعصب یا مذہبی دیوانگی کے نام سے موسوم کرتے ہیں درحقیقت اس مرض سے بڑھ کر اور کوئی خطرناک مرض دُنیا میں ہے ہی نہیں۔ اسی مرض کے نتیجے کے طور پر فطرت انسانی کی تمام شیطنت اور خباثت اُبھر آتی ہے غیظ و غضب کے شعلے مشتعل ہو جاتے ہیں اعصاب میں ایک نہایت زبردست تناؤ پیدا ہو جاتا ہے اور انسان انسان نہیں رہتے۔ درندے بن جاتے ہیں۔

اب مذہب کے دوسرے جزو یعنی دیومالا یا علم الاصنام کو لیجئے۔ دیکھنا یہ ہے کہ کیا اس حصّے سے متعلق ان مذاہب میں کوئی یکسانیت یا کسی قسم کا اتحاد پایا جاتا ہے یا کیا کوئی ایسا عالمگیر [illegible]

a Mythology.

مذاہب تسلیم کرتے ہوں؟ اس سوال کا جواب بھی قطعاً نفی میں ملتا ہے کیونکہ ہر مذہب کی اپنی اپنی جداگانہ دیو مالا ہوتی ہے۔ ہر مذہب یہی کہتا ہے کہ "میری کتابیں میری حکایات محض فرضی افسانے نہیں حقیقتیں ہیں"۔ اپنا مطلب واضح کرنے کے لئے میں چند مثالیں پیش کروں گا ان کے بیان کرنے سے میرا یہ منشا ہرگز نہیں کہ کسی مذہب پر نکتہ چینی کی جائے از راہ کرم آپ اس سلسلے میں کسی غلط فہمی میں مبتلا نہ ہوں اور میری باتوں کو غلط نہ سمجھ بیٹھیں۔ ہاں تو عیسائیوں کا عقیدہ ہے کہ خدا نے فاختہ کی شکل اختیار کی اور زمین پر نزول فرمایا۔ عیسائی حضرات اس کو ایک تاریخی حقیقت قرار دیتے ہیں محض مثالی افسانہ نہیں سمجھتے۔ ہندوؤں کا اعتقاد ہے کہ پرماتما گائے کے روپ میں جلوہ گر ہوا لیکن عیسائی ہندوؤں کے اس اعتقاد کو تاریخی حقیقت ماننے کے لئے تیار نہیں۔ وہ تو اس کو محض ایک وہم یا ایک روائتی قصہ قرار دیں گے اسی طرح یہودیوں میں ایک بکس یا صندوق پر فرشتوں کی تصویر یا بُت بنا کر اور اسے اپنی متبرک ترین[51] مقدس پرستش گاہ میں جگہ دے کر اسی کی عبادت یا پوجا کو مناسب سمجھا جاتا ہے کیونکہ ان کے خیال میں یہ نشان جہوّوا[52] (خدا) کی نظر میں مقدس ہوتا ہے لیکن اگر پرستش گاہ کا مجسمہ کسی خوبصورت مرد یا عورت کی صورت میں بنا دیا جائے تو یہی یہودی حضرات اس کو ایک ہولناک بُت قرار دے کر اُسے توڑ دینے پر آمادہ ہو جاتے ہیں۔ یہ ہے حال علم الاصنام کی یکسانیت کا۔ اگر کوئی آدمی کھڑا ہو کر یہ کہنے لگے کہ "میرے پیغمبر نے فلاں فلاں حیرت انگیز معجزے دکھائے" تو دوسرے حضرات کہیں گے کہ یہ محض وہم ہے؛ لیکن ساتھ ہی ساتھ وہ یہ بھی فرمائیں گے کہ خود ان کے پیغمبر نے اِن سے بھی زیادہ محیّرالعقول کارنامے نمایاں کئے ہیں اور یہ لوگ اپنے ان پیغمبروں کے کارناموں کو تاریخی واقعہ قرار دیں گے۔ جہاں تک میں نے غور کیا ہے اس قسم کے اشخاص تاریخ اور علم الاصنام کے درمیانی فرق کو سمجھ ہی نہیں سکتے۔ حقیقت تو یہ ہے کہ لوگ اپنے مذاہب کے متعلق جو چاہے کہیں لیکن اس قسم کی تمام حکائتیں خواہ ان کا کسی مذہب سے بھی تعلق کیوں نہ ہو محض مثالی افسانے ہیں جن میں کہیں کہیں اور کبھی کبھی تاریخی واقعات بھی شامل ہو جاتے ہیں۔

جب مذہبی فلسفے اور مائتھالوجی (علم الاصنام) میں اتفاق اور ہم رنگی کی کوئی صورت نہیں تو مذہب کے تیسرے جزو یعنی رسمیات (کرم کانڈ) میں تو اس کی بالکل ہی توقع نہیں کی جا سکتی۔ ایک فرقے میں ایک قسم کی رسمیات رائج ہوتی ہیں تو دوسروں میں دوسری قسم کی۔ ہر شخص یہی سمجھتا ہے کہ اس کی اپنی رسمیات تو مقدس ہیں مگر دوسرے فرقے کی رسمیات محض بے معنی توہمات کا درجہ رکھتی ہیں۔

---

[51] Holy of Holies.  [52] Jehovah.

اگر ایک خاص فرقہ ایک خاص قسم کی علامت[1] یا نشان کو اپنا معبود بتاتا ہے تو دوسرے فرقے کو اس سے کراہت ہوتی ہے وہ اس کو ہولناک سمجھتا ہے۔ مثال کے طور پر "لِنگ" کے مروجہ نشان کو لے لیجئے یہ نشان یقینی طور پر ایک جنسیاتی نشان ہے لیکن بالعموم اس کا جنسیاتی پہلو تو مٹ چکا ہے اور لوگوں کو اس کے اس پہلو کا خیال تک نہیں آتا اب تو اُسے "خالق کائنات" کا ایک نشان ہونے کا مرتبہ حاصل ہے۔ جن قوموں میں یہ نشان رائج ہے وہ اس کو کبھی بھول کر بھی عضو تناسل نہیں سمجھتیں وہ محض ایک نشان ہے اور بس۔ اسکے علاوہ اور کچھ نہیں لیکن کوئی دوسری قوم یا کسی دوسرے مذہب کا کوئی فرد اگر اس نشان کو دیکھتا ہے تو اس کو اس میں عضو تناسل کے سوا اور کچھ نظر نہیں آتا اور وہ اس کی مذمت پر آمادہ ہو جاتا ہے لیکن اپنے مذہب کی رسُوم کے تحت خود اس شخص کی ذات سے ایسے فعل صادر ہوتے ہیں جو لِنگ کے پجاریوں کی نظر میں شرمناک اور قابلِ مذمت ہوتے ہیں مثالاً میں دو چیزوں کا ذکر آپ سے کرتا ہوں ایک تو یہی لِنگ پوجا ہے جو عیسائیوں کی نظر میں نہایت شرمناک رسم ہے اور دوسری عیسائیوں کی رسم اصطباغ[2] ہے اس میں خود ان کے بانیٔ مذہب کو ذبح کر کے ان کے پیرو اس کا گوشت کھاتے اور اُس کا خون پیتے ہیں تاکہ اس رسم کے ادا کرنے سے اس عظیم الشان انسان کی خوبیاں اُن کی ذات میں آجائیں۔ غیر عیسائی حضرات پوچھ سکتے ہیں کہ اگر یہ مردم خوری نہیں تو پھر اور کیا چیز ہے یہی کام تو وحشی قومیں بھی کرتی ہیں اگر وحشی قوموں میں کوئی شخص بہت بہادر ہوتا ہے تو یہ وحشی اسے ذبح کر کے اس کا دل کھا لیتے ہیں کیونکہ ان کے عقیدے کے مطابق اس سے ان میں مذبوحہ انسان کی جرأت اور دلیری کے محاسن پیدا ہو جاتے ہیں سرجان لبک ایسے سچے عیسائی بھگت نے بھی اس حقیقت کا اعتراف کیا ہے کہ عیسائیوں کے اس عبادتی نشان کی ماہیت دراصل وہی وحشیانہ فعل ہے بہرحال عیسائی لوگ اس کی ماہیت کے متعلق یہ نظریہ تسلیم نہیں کرتے۔ رہا اس کا حقیقی مفہوم۔ اس کا تو انھیں خیال تک نہیں آتا۔ ان کی نظر میں تو یہ ایک مقدس رسم ہے اور بس۔ ظاہر ہے کہ مذہبی رسُوم میں بھی کوئی ایسا عالمگیر نشان نہیں پایا جاتا جسے عام طور پر سب منظور اور تسلیم کرلیں۔ تو پھر سوال پیدا ہوتا ہے کہ اگر مذہبی فلسفہ۔ مائتھالوجی اور رسم ورواج میں سے کوئی بھی ایک ہمرنگی پیدا نہیں ہو سکتی تو مذہب کی کوئی عالمگیر صورت کس طرح رُونما ہو سکتی ہے۔ میں تو کہتا ہوں کہ ان تفرقات کے باوجود مذہب کی یہ صُورت اب بھی موجود ہے پہلے بھی ہمیشہ موجود تھی اور آئندہ بھی موجود رہے گی دیکھنا یہ ہے کہ اس عالمگیر مذہب کی نوعیت کیا ہے؟

---

[1] Symbol.   [2] Sacrament.

ہم سب نے عالمگیر اخوت کا ذکر تو بہت سُنا ہے اور ہمیں بہت سی ایسی جماعتوں کا علم بھی ہے جو خاص طور پر اس عالمگیریت کا پرچار کرتی ہیں لیکن دیکھنا یہ ہے کہ اس کی عملی صورت کیا ہے؟ اس سلسلے میں مجھے ایک پُرانی کہانی یاد آگئی ہے۔ یہ تو آپ جانتے ہیں کہ ہندوستان میں شراب نوشی بہت بُری بات سمجھی جاتی ہے اگر کچھ لوگ شراب پیتے بھی ہیں تو چھُپ چھُپا کر۔ کہانی یوں ہے کہ دو بھائیوں نے ایک رات چھُپ کر شراب پینے کی ٹھانی ان کا چچا سخت قسم کا انسان تھا اور ان دونوں بھائیوں کے پاس والے کمرے میں سو رہا تھا اسی لئے دونوں نے شغل شروع کرنے کے قبل ایک دوسرے سے کہا "ہم کو بہت خاموشی سے کام لینا چاہیئے کہیں ایسا نہ ہو کہ چچا جان جاگ پڑیں اور سارا مزہ کرکرا ہو جائے" اس کے بعد دور چلنے لگا۔ دونوں شراب پینے میں جُٹ گئے۔ اسی دوران میں ایک بھائی مستی کے عالم میں بول اٹھا دیکھو خاموشی سے کام لو ورنہ چچا جان جاگ پڑیں گے" دوسرا بھی ترنگ میں آگیا اور چلا کر کہنے لگا "چپ رہو یہ شور کیوں مچا رکھا ہے چچا جان کی آنکھ کھل جائے گی۔ وہ جاگ پڑیں گے" بس پھر کیا تھا دونوں ہی زور زور سے چلانے لگے "خاموش۔ چچا جان جاگ پڑیں گے" یہ شور و غل سُن کر چچا جان کی آنکھ واقعی کھل گئی اور وہ اٹھ کر دونوں بھائیوں کے کمرے میں جا پہونچے۔ اور سارا معاملہ سمجھ گئے تھے۔ بجنسہٖ یہی حال ہم سب کا ہے ہم ان شرابیوں کی طرح "عالمگیر اخوت" کا شور مچاتے ہیں اور کہتے ہیں کہ "ہم سب برابر ہیں" اس لئے آئیے ہم سب اپنے آپ کو ایک جماعت میں منسلک کرلیں۔ اس طرح ہم عملی طور پر اپنی اپنی ایک الگ جماعت کھڑی کرلیتے ہیں اور یہ بھول جاتے ہیں کہ جماعت بندی ہی تو مساوات اور اخوت کی دشمن ہے اس سے ساری مساوات ختم ہو کر رہ جاتی ہے مثلاً اسلام عالمگیر اخوت کا سبق دیتا ہے لیکن عملی طور پر مسلمانوں نے اس اخوت کا دائرہ محدود کر رکھا ہے۔ اگر کوئی شخص مسلمان نہیں تو اس کو اس عالم گیر برادری کی صف میں جگہ نہیں ملتی بلکہ اسے کافر قرار دے دیا جاتا ہے اسکے لئے کوئی سزا بھی واجب سمجھی جاتی ہے اسی طرح عیسائیوں میں بھی عالمگیر اخوت کا بڑا چرچا ہے لیکن جو شخص عیسائی مت کا پیرو نہیں اس کو ہمیشہ ہمیشہ کے لئے جہنم کی آگ کا مستحق سمجھا جاتا ہے ظاہر ہے کہ ہمیں مذاہب میں عالمگیر اخوت کا تصور ضرور ملتا ہے لیکن عملی طور پر یہ جنس ابھی تک دستیاب نہیں ہو سکی بلکہ میں تو یہ کہوں گا کہ اگر کوئی شخص آپ کے سامنے عالمگیر اخوت کا ذکر کرتا ہے تو آپ فوراً اس کی ہاں میں ہاں نہ ملایئے پوری احتیاط سے کام لے کر اس کی ہر بات کو پرکھئے کیونکہ عموماً اس قسم کی گفتگو کے پس پردہ نہایت شدید قسم کی خود غرضی کام کرتی ہوتی ہے۔ ہمارے ملک میں کہاوت ہے کہ "جاڑے کے بادل گرجتے ہیں برستے نہیں اور برسات میں برستے زیادہ ہیں گرجتے کم ہیں جاڑے میں زمین سوکھ جاتی ہے برسات میں ساری دنیا جل تھل ہو جاتی ہے" اسی طرح خلق کے سچے خادم بہت باتیں نہیں

بناتے جن کے دِل میں انسانوں کی عالمگیر برادری کیلئے سچا درد ہوتا ہے وہ چھوٹے چھوٹے فرقے بنا کر اُسے محدود نہیں کرتے وہ عالمگیر اخوت کے نام پر اپنی اہمیت بڑھانے کے لئے کسی قسم کی جماعت بندی نہیں کرتے بلکہ انکے افعال ان کی حرکات و سکنات اور ان کی تمام زندگی سے واضح طور پر یہ ثابت ہوجاتا ہے کہ ان کے دل میں بنی نوع انسان کے لئے واقعی عالمگیر اخوت کا احساس ہے ان کو سب سے محبت اور سب کے ساتھ ہمدردی ہوتی ہے تمام کائنات ان کی محبت میں بسی ہوتی ہے ایسے لوگ بولتے کم ہیں لیکن وہ فعلاً اور عملاً اخوت کی جیتی جاگتی تصویر بن کر زندگی بسر کرتے ہیں۔ دُنیا میں ہنگامہ خیز گفتگو بہت ہوتی ہے لیکن ہمیں تو ضرورت اس بات کی ہے کہ عمل میں خلوصِ دل زیادہ شامل ہو اور باتیں کم ہوں۔

تو کیا ہمارے مذاہب میں ہمہ گیری کی کوئی صورت نہیں نکل سکتی؟ کیا تمام مذاہب ہمیشہ آپس میں لڑتے جھگڑتے ہی رہیں گے؟ بظاہر تو ایسا ہی معلوم ہوتا ہے کہ مذاہب میں عالم گیر وسعت پیدا نہیں ہوسکتی لیکن ہم یہ بھی محسوس کرتے ہیں کہ عالمی اخوت اور کائناتی محبت کے تصورات بے معنی نہیں ہیں کہیں نہ کہیں حقیقت موجود ضرور ہے ہمیں اسی نکتے کو سمجھنا اور اس کو عمل میں لانا ہے۔ پہلی بات جو ہمیں اچھی طرح ذہن نشین کرنا ہے وہ یہ ہے کہ مساوات کا جو عام مطلب سمجھا جاتا ہے وہ بہت حد تک درست نہیں کہنے کو تم ہم سب انسان ہیں۔ لیکن کون کہہ سکتا ہے کہ ہم سب ہر لحاظ سے برابر ہیں ہم میں سے ہر ایک کی دماغی اور جسمانی قوتیں اور خاصیتیں دوسروں سے مختلف ہیں ایک آدمی دوسرے آدمی سے زیادہ طاقتور اور مضبوط ہوتا ہے ایک شخص کی دماغی قوت دوسرے سے کہیں زیادہ ہوتی ہے اگر ہم سب برابر ہیں تو پھر یہ نابرابری کیسی؟ اگر ہم میں سے کسی کی شخصیت زیادہ پُر زور ہے اور کسی کی کمزور اگر کسی کا دماغ زیادہ اچھا ہے اور کسی کا کم۔ یا کسی کی جسمانی صحت اچھی ہے اور کسی کی بُری یہی نہیں بلکہ اگر ہم میں جنسی نسلی۔ انفرادی قومی اور جماعتی غرضکہ متعدد قسم کے فرق موجود ہیں کوئی مرد ہے کوئی عورت کوئی کالا ہے کوئی گورا ، کوئی چھوٹا ہے کوئی بڑا۔ تو ظاہر ہے کہ انسان انسان کے درمیان کچھ نہ کچھ فرق ضرور ہے لیکن ان تمام اختلافات کے باوجود ہم بار بار شدت کے ساتھ محسوس کرتے ہیں کہ سب انسانوں میں یکساں طور پر ایک غیر مرئی انسانیت کی جھلک پائی جاتی ہے ممکن ہے کہ ہم اس غیر مرئی انسانیت کو پوری طرح سمجھ نہ سکیں یا اس کو عملی سانچے میں نہ ڈھال سکیں پھر بھی ہمارا دل یقیناً کہتا ہے کہ اس غیر مرئی کائناتی انسانیت کا واقعی کوئی وجود ہے ضرور۔ مساوات کا اصول ہمارے دل کو کچھ اسقدر مرغوب ہے کہ ہم یہ ماننے کے لئے تیار نہیں ہوتے کہ یہ اصول بے بنیاد ہے۔ تو کیا اس مساوات کی کوئی حقیقت بھی ہے یا یہ محض خیال ہی خیال ہے؟

کیا کوئی ایسی شے ہے جو مرد اور عورت۔ کالے اور گورے، چھوٹے اور تیکھے۔ چھوٹے اور بڑے سب میں یکساں طور پر موجود ہے؟ اگر ان سب کا تعلق ایک ہی نوع انسان سے ہے تو پھر یہ واحد انسانیت کہاں ہے۔ اور کیونکر نظر آسکتی ہے؟ ذاتی طور پر اگر مجھے کسی چیز کے وجود میں یقین ہے تو وہ اسی انسانیت کا وجود ہے جو سب میں مشترک ہے۔ انسانی شعور کی خاصیت ہی یہ ہے کہ کسی چیز کا انفرادی ادراک اس کی بنیادی ہستی کے تصور کی نسبت سے کیا جاتا ہے۔ مثلاً انسانیت ہی کے تصور کی نسبت سے میں آپ کو مرد یا عورت کی شکل میں دیکھتا ہوں اگر میرے دماغ میں ایک بنیادی انسانیت کا تصور موجود نہ ہو تو مجھے کسی قسم کے فرق اور اختلاف کا شعور ہو ہی نہیں سکتا۔ کثرت کا شعور وحدت کے تصور اور احساس کے بغیر ممکن ہی نہیں۔ یہی کیفیت ہے عالمگیر مذہب کے بنیادی تصور کی جو دنیا کے تمام مذاہب میں بشکل خدا جاری ساری ہے یہ تصور ازلی اور ابدی ہے اس کے بغیر مذہب اور روحانیت کا ادراک ناممکن ہے بھگوان کرشن نے گیتا میں فرمایا ہے" میں ہی وہ تار ہوں جس میں یہ تمام موتی پروئے ہوئے ہیں" چھوٹا بڑا ہر مذہب موتیوں کی اس لڑی کا جزو ہے۔ طرح طرح کے یہ موتی بھگوان روپی دھاگے میں پروئے ہوئے ہیں وحدت خدا کے رشتے میں منسلک ہیں لیکن زیادہ تر لوگ اس حقیقت سے بے بہرہ ہیں وحدت در کثرت اس عالم کائنات[1] کا نظام ترکیبی ہے نوع انسانی کے بنیادی تصور کی نسبت سے ہم سب برابر اور یکساں ہیں لیکن انفرادی طور پر ہم کئی لحاظ سے ایک دوسرے سے جدا بھی ہیں طبقہ انسانی کے ایک جزو کی حیثیت سے تو میں اور آپ دونوں یکساں ہیں لیکن بحیثیت جناب فلاں و فلاں ہم ایک دوسرے سے مختلف ہیں مرد کی حیثیت سے تو آپ کا وجود عورت سے مختلف ہے لیکن انسانی رشتے سے آپ میں اور عورت میں کوئی فرق نہیں۔ دونوں میں یکسانیت ہے بطور انسان تو آپ کی ہستی جانور کی ہستی سے جدا ہے لیکن ایک جاندار کی حیثیت سے مرد عورت جانور اور پودے سب یکساں ہیں۔ یہی نہیں بلکہ جہاں تک ہستی[2] کے احساس کا تعلق ہے وہ احساس دنیا کی ہر شے میں موجود ہے اس لحاظ سے ہم سب ایک کائناتی ہستی کے حصے دار ہیں ہم سب ایک رشتہ وحدت میں منسلک ہیں اور یہ رشتہ وحدت یہ کائناتی ہستی خدا ہی کے وجود کا تصور ہے۔ وہی عالم کائنات کی آخری وحدت[3] ہے۔

---

[1] Unity in Variety.

[2] Existence.

[3] Ultimate Unity.

خدا کی ذات کا جزو ہو کر اس میں شامل ہو کر ہم سب ایک ہیں لیکن عالمِ ظہور میں انفرادی اور جماعتی سارے اختلافات ہمیشہ قائم رہیں گے۔ ہماری داخلی وحدت جب خارجی دُنیا میں ظاہر ہوتی ہے تو اختلافات ضرور پیدا ہو جاتے ہیں اور یہ اختلاف مٹ بھی نہیں سکتے۔ فطرت کا تقاضا ہی یہ ہے کہ ہماری طاقت مختلف کاموں میں علیحدہ علیحدہ پہلوؤں سے نمایاں ہوتی رہے خارجی دُنیا کے اختلافات ہمیشہ قائم رہیں گے اسی لئے اگر عالمگیر مذہب کا تصور یہ ہے کہ ایک ہی قسم کے اُصول اور عقائد پر تمام بنی نوع انسان یقین لے آئیں۔ سب ایک ہی ما تھا لوجی (علم الاصنام۔ دیو مالا) کو ماننے لگیں اور ایک ہی دستور یا شریعت کے پابند ہو جائیں اور سب کے رسم ورواج ایک ہی ہو جائیں تو یہ قطعی طور پر ناممکن ہے۔ ایسا کبھی ہو ہی نہیں سکتا دنیا میں کبھی کوئی ایسا وقت نہیں آسکتا جب سب کے چہرے مُہرے یکساں ہو جائیں اور اگر بفرض محال کبھی ایسا ہوا بھی تو دُنیا کی ہستی مٹ جائے گی کیونکہ یہ تفریق اور یہ اختلاف ہی تو زندگی کا سنگِ بُنیاد ہے یہ تفریق ہی تو ہماری تخلیق کا حقیقی راز ہے۔ وحدت کثرت کا روپ اختیار کرلیتی ہے تو یہ عالمِ کائنات ظہور میں آتا ہے۔ غیر مرئی حالت سے مجسم صورت میں آنا تفریق و اختلاف ہی کا تو نتیجہ ہوتا ہے اگر دُنیا میں مکمل توازن قائم ہو جائے تو پھر دُنیا کی یہ صورت ہی نہ رہے گی یا یوں کہہ لیجئے کہ دُنیا تباہ ہو جائے گی۔ حرارت کا یہ طبعی اصول ہے کہ ہر دو طرف پھیلتی ہے اگر اس کرے کی گرمی کو اس طرح پھیلنے کا موقع مل جائے تو اِس میں گرمی کا احساس ہی مٹ جائے گا۔ کرے کے اندر اور باہر کے درجۂ حرارت کے فرق ہی سے کرے کا اپنا مخصوص ماحول قائم ہے ایک اور مثال لیجئے اس دنیا کا دارومدار حرکت پر ہے لیکن آخر یہ حرکت کیا چیز ہے؟ توازن کے بگڑ جانے سے ہی تو حرکت پیدا ہوتی ہے اگر مکمل توازن قائم ہو جائے تو حرکت کہاں سے ہوگی اور دُنیا کا وجود کہاں ہوگا۔ مکمل یکسانیت اسی وقت ممکن ہو سکتی ہے جب یہ دُنیا ختم ہو جائے۔ ورنہ جب تک دُنیا قائم ہے یکسانیت ناممکن العمل ہے اور صرف ناممکن العمل ہی نہیں ہے بفرض محال یہ ممکن بھی ہو جائے تو ہمارے حق میں بڑی خطرناک ثابت ہوگی کبھی اس بات کی خواہش نہ کیجئے کہ دُنیا میں سب ہم خیال ہو جائیں پھر تو کوئی بات سوچنے کے قابل رہ ہی نہیں جائے گی۔ اگر ہم سب یکساں ہو جائیں تو ہماری حالت مصری میموں[1] کی طرح ہو جائے گی جو عجائب گھر میں پڑی ایک دوسرے کی طرف آنکھیں پھاڑ پھاڑ کر دیکھتی رہتی ہیں۔

---

[1] Egyptian Mummies.

زندگی آپس کے فرق اور اختلاف ہی سے قائم ہے اسی میں ہماری ترقی کا راز ہے توازن کے بگڑنے کا نام ہی حرکت اور حیات ہے. ہماری جسمانی اور دماغی قوتیں اسی سے متحرک ہوتی ہیں یہی ہماری زندگی کی روح رواں ہیں ہمارے غور و فکر کی جان ہیں جب تک یہ عالم ظہور قائم ہے تفریق اور اختلاف کا ہونا لازمی ہے۔

تو پھر اس عالمگیر مذہب سے میری مُراد کیا ہے؟

میرا مطلب یہ ہرگز نہیں کہ سب مذہبوں کا فلسفہ ایک ہو۔ سب کی دیو مالا ایک ہو اور سب میں پوجا پاٹھ یعنی پرستش کی رسوم یکساں ہوں کیونکہ میں جانتا ہوں کہ یہ حیرت انگیز دُنیا ایک پیچیدہ مشینری ہے جس میں پیچ در پیچ بڑے اُلجھاؤ ہیں یہاں یکسانیت کی سادگی ناممکن ہے تو پھر سوال پیدا ہوتا ہے کہ کیا کوئی طریقہ کار ایسا بھی ہے جس سے ہم سب تفرقات اور اختلاف کو مٹا کر اور بغض و عناد کی زنجیروں سے چھٹکارا پاکر چین اور آرام سے زندگی بسر کر سکیں میں کہتا ہوں کہ ہم یقیناً اس مشین روپی دُنیا کو آسانی سے چلا سکتے ہیں۔ اس کے پہیوں میں تیل دے کر اس کی رفتار کو قائم رکھ سکتے ہیں لیکن شرط یہ ہے کہ پہلے ہم اس کی پیچیدگی کا اعتراف کریں اور یہ سمجھ لیں کہ زندگی تفریق اور اختلاف پر مبنی ہے یہ تمام فرق مٹائے نہیں جا سکتے۔ ان کو تسلیم کر کے ان کو سمجھ لینے ہی میں کامیاب زندگی کا راز ہے ایک طرف تو ہماری فطرت ہم سے کہتی ہے کہ حقیقت وحدت ہے۔ دوسری طرف ہمارا مشاہدہ ہمیں بتاتا ہے کہ کثرت ہی پر زندگی کا انحصار ہے۔ مکمل توازن ہم رنگی اور یکسانیت زندگی کی ضد ہیں۔ اصل بات یہ ہے کہ حقیقت کا اظہار لاکھوں صورتوں میں ہو سکتا ہے اور ہو رہا ہے اور اُن میں سے ہر صورت اپنی جگہ پر سچائی پر مبنی ہے ہمارے لئے اس بات کا سمجھ لینا ضروری ہے کہ ایک ہی چیز ہزاروں نقطہ ہائے نظر سے دیکھی جا سکتی ہے لیکن ہر نقطہ نظر سے مختلف نظر آنے کے باوجود وہ اپنی جگہ بدستور اپنی شکل میں قائم رہ سکتی ہے۔ مثال کے طور پر آفتاب کو لے لیجئے۔ طلوع کے وقت آفتاب ایک بڑا گولا سا نظر آتا ہے۔ دوپہر اور شام کے وقت اس کی صورت اور ہوتی ہے اور رات کو وہ نظر ہی نہیں آتا مگر ہم جانتے ہیں کہ وہ بدستور قائم ہے یا فرض کیجئے کہ کوئی شخص اپنے ساتھ ایک کیمرہ لے کر آفتاب کی طرف چل پڑتا ہے اور وقتاً فوقتاً مختلف مقامات پر اس کا فوٹو کھینچتا چلا جاتا ہے حتیٰ کہ وہ آفتاب تک پہونچ جاتا ہے یہ سب فوٹو ایک دوسرے سے مختلف نظر آئیں گے حالانکہ واقعہ یہ ہے کہ آفتاب ایک ہی ہے اور یہی حال بھگوان کا ہے۔ بھگوان حقیقت کا سورج ہے ہر شخص اپنے اپنے مقام ارتقا سے بھگوان کو سمجھنے میں کوشاں ہے کسی کو بھگوان ایک صورت میں نظر آتا ہے تو کسی کو دوسری صورت

ہیں۔ یہ تو اپنی اپنی نظر کی بات ہے بھگوان تو دراصل ایک ہے کوئی اسے بلند قسم کے فلسفے کی معرفت سمجھتا ہے تو کوئی ہزار ہا قسم کے من گھڑت قصّوں کے ذریعہ کہیں ارفع واعلیٰ علم الاصنام موجود ہے تو کہیں کثیف ترین قسم کی دیو مالا۔ کسی مذہب میں پوجا پاٹھ (پرستش) کی رسمیں نفاست کی حد تک پہونچ گئی ہیں اور کسی کے یہاں، نہایت ٹھوس قسم کی بُت پرستی کا رواج ہے جس کی بنیاد محض توہمات پر ہے لیکن ان سب باتوں کے باوجود حقیقت یہ ہے کہ ہر انسان ہر فرقہ ہر قوم اور ہر مذہب دانستہ یا نادانستہ طور پر روحانی بلندی کی طرف گامزن ہے یہ سب ایک ہی خدا کو پانے کے لئے سرتوڑ جدوجہد کر رہے ہیں[1] جس کسی کو حقیقت کا دیدار جس صورت سے بھی ہو خدا ہی کا دیدار ہے اور کسی چیز کا نہیں اس نکتے کی وضاحت ایک اور مثال سے یوں کی جا سکتی ہے۔ فرض کیجئے کہ ہم لوگ اپنے ہاتھ میں ایک برتن لے کر کسی جھیل سے پانی بھرنے جاتے ہیں۔ کسی کے ہاتھ میں پیالہ ہے تو کسی کے پاس گلاس۔ کوئی بالٹی لے کر جاتا ہے تو کوئی گھڑا۔ بہرحال ہم میں سے ہر شخص اپنے اپنے برتن میں پانی بھر لیتا ہے اگرچہ یہ پانی ایک ہی جھیل کا ہے لیکن مختلف برتنوں میں بھرے جانے کی وجہ سے مختلف برتنوں کی شکل اختیار کر لیتا ہے۔ حالانکہ ہر برتن میں ایک ہی جھیل کا پانی ہے بالکل یہی صورت مذہبوں کی ہے۔ تمام مذاہب ان برتنوں کی مانند ہیں جن میں خدا ہی کی معرفت کا پانی بھرا ہوا ہے جن لوگوں کو اس پانی سے اپنی پیاس بجھانا ہو وہ جس برتن سے چاہے پانی پی لیں سوال تو صرف پیاس کا ہے۔ پانی پی لینے کے بعد آخر کار برتن کو عموماً پھینک ہی دیا جاتا ہے۔ ہماری غرض برتنوں سے نہیں ان کی مختلف صورتوں سے نہیں۔ ہمیں تو معرفت کا امرت پینا ہے کسی پیالے میں پی لیا تو خیر ورنہ اوک ہی سہی یہی وہ حقیقت ہے جس کو پا کر ہم عالمگیر مذہب کے تصوّر کو سمجھ سکتے ہیں۔ کائناتی وسعت یا عالمگیریت کا عرفان یہی ہے کہ تمام مذاہب کے ظاہری اختلافات کے پسِ پشت ایک خدا

---

[1] → Through high philosophy or low, through the most exalted mythology or the grossest, through the most refined ritualism or the arrant fetishism, every soul, every sect, every nation, every religion, consciously or unconsciously is struggling towards God, every vision of truth that man has in the vision of Him and none else.

کی حقیقت کو دیکھا جائے جو لاشریک ہے یکتا ہے واحد ہے اور جس کو حاصل کرنے کے لئے ہر شخص اپنی اپنی بساط کے مطابق متواتر کوشش کر رہا ہے۔

یہاں یہ سوال اٹھتا ہے کہ اصولی طور پر تو یہ سب باتیں ٹھیک ہیں لیکن کیا مذہبوں کے مابین باہمی اتحاد و آشتی کے پیدا کرنے کی کوئی عملی صورت بھی ہو سکتی ہے یا نہیں۔ یہ کوئی نئی بات نہیں کہ دراصل تمام مذاہب حقیقت پر مبنی ہیں یہ خیال کافی پرانا ہے تمام مذاہب کو محبت اور باہمی اتحاد کے رشتے میں منسلک کرنے کی کوششیں ہوتی رہی ہیں ہندوستان مصر یورپ چین۔ جاپان اور تبت میں یہ کوششیں مدت سے ہوتی چلی آئی ہیں اور زمانۂ حال میں امریکہ والوں نے بھی اسی بات کی متعدد بار کوشش کی ہے کہ کوئی ایسا مذہبی مسلک بنایا جائے جس کی بنیاد باہمی اتحاد و آشتی ہو۔ لیکن ان کی یہ کوششیں بارآور نہ ہو سکیں اور اس کی وجہ یہ ہے کہ ان میں کوئی عملی پلان اختیار نہیں کیا گیا تھا۔ متعدد اشخاص و اصحاب نے فرداً فرداً اس بات کا اعتراف کیا ہے کہ تمام مذاہب اپنی اپنی جگہ راہ راست پر ہیں لیکن اس کے باوجود انھوں نے ان مذاہب کو متحد کرنے کے لئے کوئی بھی ایسی راہ نہیں دکھائی جس پر چل کر سب مذاہب متحد بھی ہو جائیں اور ساتھ ساتھ اپنی انفرادیت بھی قائم رکھ سکیں۔ اتحاد محض انفرادیت کے وجود کو مٹا دینے کا نام نہیں اتحاد کے تو معنی ہی یہ ہیں کہ مختلف اجزا کو یکجا کیا جائے اسی لئے مذہبی اتحاد کا صرف وہی عملی پلان کامیاب ہو سکتا ہے جس میں کسی بھی مذہب کے پیروؤں کی انفرادی حیثیت منہدم نہیں ہونے پاتی لیکن ساتھ ہی ساتھ اُنہیں دوسرے مذہب والوں سے رابطۂ اتحاد قائم کرنے کا موقع بھی ملتا ہے دوسرے لفظوں میں قابل عمل اور کامیاب طریقۂ کار وہی ہو سکتا ہے جو ہمیں اس مقام اتصال تک پہونچا دے جہاں مختلف مذہبی خطوط ایک دوسرے کو قطع کئے بغیر مل جائیں۔ ابھی تک مذہبی اتحاد کے جتنے پلان بنائے گئے ہیں ان میں کہنے کو تو مختلف مذاہب کے تمام نظریوں کو شامل کیا گیا ہے لیکن عملی طور پر اُن سب نظریوں پر پابندیوں اور نئے نظریوں کا ایک اور سلسلہ عاید کرنے کی کوشش کی گئی ہے۔ نتیجہ ہمیشہ یہی نکلتا رہا ہے کہ ان پابندیوں اور ان نئے نظریوں نے بجائے خود نئے مذہبی فرقوں کی صورت اختیار کر لی اور تفرقات مٹنے کے بجائے بڑھتے گئے تفرقہ بازی زور ہی پکڑتی گئی۔

آج میں آپ کے سامنے ایک چھوٹا سا پلان پیش کر رہا ہوں میں نہیں جانتا کہ یہ پلان کہاں تک بروئے عمل لایا جا سکتا ہے میں خود یہ اندازہ نہیں لگا سکتا کہ یہ پلان کہاں تک کامیاب ہو سکتا ہے۔ میں آپ کو اس پر غور کرنے کی دعوت دیتا ہوں۔ میرا پلان کیا ہے؟ سب سے پہلی اور بنیادی بات تو یہ ہے کہ انسان کسی قسم کی بھی تخریب کے خیال کو دل سے نکال ڈالے۔ اسے بالکل ترک کر دے۔ تعمیر کے لئے تخریب

ضروری نہیں جس چیز کی ضرورت ختم ہو جاتی ہے وہ خود بخود مٹ جاتی ہے۔ کسی چیز کو بھی تباہ و برباد نہ کیجئے بُت شکن رفارمروں[1] سے دُنیا کو کوئی فائدہ نہیں پہونچا کیونکہ ان کی تمام قوتیں تخریب ہی کے کام میں صرف ہو جاتی ہیں کسی چیز کی شکست و ریخت نہ کیجئے ہو سکے تو تعمیری کام میں سرگرم ہو جائیے اگر آپ میں کسی کی مدد کرنے کی قوت ہے تو مدد ضرور کیجئے لیکن اگر آپ مدد نہیں کر سکتے۔ تو چپکے سے دل ہی دل میں اپنی مجبوری کا اعتراف کرتے ہوئے معافی مانگ لیجئے ہاتھ جوڑ کر ایک طرف ہو جائیے تاکہ اور لوگوں کو کام کرنے کا موقع ملے۔ اپنی مجبوری کی پردہ پوشی کے لئے شور مچانا یا کسی قسم کا مصنوعی ڈھونگ رچانا فضول سی بات ہے۔ بے فائدہ ہے اس سے کوئی نتیجہ نکلنے کا نہیں۔ توڑ پھوڑ کرنے سے بہتر ہے کہ موجودہ صورتِ حالات جیسی بھی ہے اسے جاری رہنے دیجئے اگر آپ مدد نہیں کر سکتے۔ تو نقصان تو نہ پہونچائیے کسی کے عقائد کے خلاف اسوقت تک ایک حرف بھی زبان پر نہ لائیے جب تک اُس میں خلوص کا ذرا بھی شائبہ نظر آئے۔ میرے پلان کا دوسرا بنیادی اصُول یہ ہے کہ پہلے ہر شخص کے نجی مقامِ ارتقا کو سمجھئے اور پھر اسی کی نسبت سے اسے بلند تر مقام تک لے جائیے اگر یہ سچ ہے کہ خدا تمام مذاہب کا مرکز ہے اور ہم میں سے ہر شخص اپنے نصف قطر پر چل کر اس مرکز کی طرف جا رہا ہے تو یہ بھی مُسلّم ہے کہ ہم سب اس مرکز تک کبھی نہ کبھی پہونچ جائیں گے جس طرح مرکز پر پہونچ کر تمام نصف قطر آپس میں مل جاتے ہیں اسی طرح خدا کو پاکر ہمارے تمام باہمی اختلافات بھی دوُر ہو جائیں گے لیکن جب تک ہم مرکز پر نہیں پہونچ جاتے اس وقت تک تفرقات اور اختلافات کا یہ سلسلہ جاری رہے گا البتہ یہ ضرور ہے کہ مختلف ملکوں کا فطری جھکاؤ متعدد نصف قطروں کی طرح ایک ہی مرکز یعنی خدا کی طرف ہوتا ہے۔ ایک شخص اپنی فطرت کے مطابق ایک راستے سے سفر کرتا ہے اور دوسرا شخص دوسرے راستے سے لیکن ہم سب اپنے اپنے راستے پر چلتے ہوئے آخر یقیناً مرکز تک پہونچ جائیں گے[2] کیونکہ تمام راستوں کی منزل ایک ہی ہے۔ ہم میں سے ہر شخص اپنی فطرت کے تحت ترقی کر رہا ہے وقت آنے پر ہم سب کو ارفع ترین حقیقت کا عرفان حاصل کر رہے گا۔ اصُولِ ارتقا کا تقاضا یہی ہے کہ آخر انسان خود ہی اپنی ذات سے علمِ عرفان حاصل کرے گا۔ ہر انسان اپنا گرُو آپ ہے کوئی کسی کے لئے کیا کر سکتا ہے؟ کوئی کسی کو کیا سِکھا سکتا ہے۔ اگر آپ کا خیال ہے کہ آپ ایک بچّے کی بھی درس و تدریس کر سکتے ہیں تو یہ خیال غلط ہے یہ آپکے بس کی بات نہیں۔ ہر بچّہ اپنا آپ مُعلّم ہے آپ کا فرض تو یہ ہے کہ آپ اس کے لئے مواقع مہیا کریں اور اس کے راستے میں جو رکاوٹیں ہیں ان کو دُور کر دیں جیسے آپ کوئی پودا لگاتے ہیں تو اس کے اُگنے اور بڑھنے کا عمل آپ کے اختیار میں نہیں ہوتا لیکن آپ اتنا ضرور کر سکتے ہیں کہ پودے کے گرد جھاڑ بندی کر دیں اور اس

ھ[1] Reformers.

ھ[2] All roads lead to Rome.

بات کی احتیاط کریں کہ کہیں کوئی جانور اسے چر نہ جائے۔ بس آپ کا فرض یہیں ختم ہو جاتا ہے۔ پودا تو خود اُگتا اور پروان چڑھتا ہے۔ یہی حال ہے ہر انسان کی رُوحانی نشو و نما کا کوئی آپ کو اس کا درس نہیں دے سکتا کوئی آپ کو رُوحانی انسان نہیں بنا سکتا۔ آپ کو خود ہی درس لینا ہے آپ کی نشو و نما تو آپ کے باطن ہی میں ہو سکتی ہے۔

کوئی خارجی معلم سکھا ہی کیا سکتا ہے وہ تو صرف رکاوٹوں کو دُور کر سکتا ہے بس اس کے آگے اور کچھ نہیں کر سکتا۔ اس لئے اگر ممکن ہو تو آپ کسی کی مدد کر دیجئے لیکن تدریس و تعلیم کے پردے میں کسی چیز کو تباہ و برباد نہ کیجئے۔ اس قسم کے غلط اور بے بُنیاد خیالات کو ترک کر دیجئے کہ آپ انسانوں میں روحانیت پیدا کر سکتے ہیں یہ ناممکن ہے خود آپکے آتما کے سوا آپکا کوئی گرُو کوئی مُرشد نہیں ہو سکتا۔ پھر آپ دیکھیں گے کہ آپ کا نقطۂ نظر اور طریقۂ کار ہی بدل جائے گا۔ اس اصُول کو تسلیم کر لیجئے اور پھر دیکھئے اس کا نتیجہ کیا نکلتا ہے سماج میں ہم کو مختلف مزاج کے آدمی ملتے ہیں۔ ہزاروں قسم کے دماغ اور ہزاروں قسم کے رجحانات ہوتے ہیں مکمل طور پر تو ان کی تعلیم نامُمکن ہے لیکن عملی مقاصد کے لئے ان رجحانات کو چار زمروں[ل] میں تقسیم کیا جا سکتا ہے۔ پہلے زمرے میں وہ اشخاص آتے ہیں جو ہر وقت سرگرم اور مستعد رہتے ہیں ہمیشہ کچھ نہ کچھ کام کرتے رہنا چاہتے ہیں۔ اُن کے رگوں اور پٹھوں میں بڑی زبردست طاقت ہوتی ہے۔ اس قسم کے لوگوں کی زندگی کا مقصد یہ ہوتا ہے کہ وہ دُنیا میں بڑے بڑے کام سرانجام دیں اور انھیں لوگوں کے ہاتھوں سے عظیم الشان کام سرانجام پاتے بھی ہیں شفا خانے اور آشرم بنائے جاتے ہیں ترقی کی راہیں کھُلتی ہیں یہی لوگ منصوبے اور پلان تیار کر کے انھیں عملی جامہ پہناتے ہیں یہ تمام تنظیم و تعمیر انھیں کی بدولت ظہُور پذیر ہوتی ہے۔

دوسرے زمرے میں وہ لوگ آتے ہیں جو جذبات کے تحت کام کرتے ہیں ایسے لوگوں کو بلند اور حسین چیزوں سے والہانہ محبت ہوتی ہے وہ قدرت کے جمالیاتی رُخ پر جان دیتے ہیں۔ احساسِ جمال سے محظوظ ہوتے ہیں حسن و جمال کے دیوانے عشق و محبت کی پرستش کرتے ہیں اپنی فطرت کے تقاضوں کے مُطابق وہ حسین سے حسین چیز کی متواتر تلاش کرتے رہتے ہیں۔ عشق و محبت کے

---

ل the worker, the lover, the mystic and the philosopher or the active, the emotional, the mystic and the contemplative.

یہ پجاری آخر خدا کی محبت کو پالیتے ہیں ان کا شوقِ جمال بڑھتے بڑھتے آخر اس پیکرِ جمال کے تصور کو پالیتا ہے جسے ہم "خدا" کہتے ہیں۔ ان کا سر محبت کے سجدۂ شکرانہ میں جھک جاتا ہے ایسے لوگ عرفانِ محبت کی بدولت دُنیا کے مختلف مذہبوں سے تعلق رکھنے والے تمام زندۂ جاوید پیغمبروں اور اوتاروں کی عزت سچے دل سے کرتے ہیں بلکہ وہ تو ان کو پُوجتے ہیں ان کے قدموں میں عقیدت اور محبت کے پھول نچھاور کرتے ہیں اور اُن کی خاطر اپنا سب کچھ قربان کر ڈالتے ہیں ان کو اس سے غرض نہیں کہ عقل اور دلیل سے حضرت مسیح یا بھگوان بدھ کا وجود ثابت ہوسکتا ہے یا نہیں وہ اس پھیر میں نہیں پڑتے کہ حضرت مسیح نے سرمن آن دی ماؤنٹ[1] کس تاریخ کو دیا تھا یا بھگوان کرشن کے جنم کی کون خاص ساعت تھی ان کو تو مطلب ہوتا ہے ان بزرگوں کی شخصیتوں سے۔ ان کی محبوب ہستیوں سے۔ یہ ہے نوعیت جذباتی لوگوں کے جمالیاتی نصب العین کی یہ ہے معراج عشق کی۔

تیسرا طبقہ صوفیوں یعنی اہلِ باطن[2] کا ہوتا ہے جن کا دماغ خود اپنا تجزیہ نفسی کرنا چاہتا ہے وہ جاننا چاہتے ہیں کہ انسانی دماغ کس طرح کام کرتا ہے۔ تزکیہ نفس کی کیا کیا صُورتیں ہیں اور وہ کون سی طاقتیں ہیں جو پردۂ باطن میں کار فرما ہیں اور ان طاقتوں کا علم کیسے پایا جا سکتا ہے ان پر قدرت کیسے حاصل ہوسکتی ہے نیز یہ کہ انھیں کس طرح استعمال کیا جا سکتا ہے۔ یعنی اسکے سادھن کیا ہیں۔

چوتھے زمرے میں فلاسفر آتا ہے جو ہر بات کو عقل کی کسوٹی پر پرکھتا ہے جو ہر قول کو دماغ کی ترازو میں تولتا ہے لیکن آخر کار اپنے شعور اور ادراک کو اس ماورائی مقام پر لے جانا چاہتا ہے جہاں کسی قسم کے بھی منطق اور فلسفے کا گزر نہیں۔

ظاہر ہے کہ عالمگیر مذہب وہی ہوسکتا ہے جو نوعِ انسانی کے ان تمام طبقوں کو تسکین اور آسودگی بہم پہونچا سکے۔ جو ان مختلف قسم کے دماغوں کے لئے غذا مہیا کر سکے اور اگر کسی مذہب میں یہ صلاحیت نہیں ہے تو وہ صرف کسی خاص طبقے کا مذہب ہوسکتا ہے اسے ہمہ گیری نہیں حاصل ہوسکتی اور مذہب کی اسی تنگ دامانی ہی سے تو تعصب پیدا ہوتا ہے یہی وجہ ہے کہ اس قسم کے تقریباً سارے مذہبی فرقے تعصب کا شکار ہو جاتے ہیں۔ مثال کے طور پر آپ جذباتی طبقے کے کسی مذہبی مسلک کو لے لیجئے ان کے ہاں پریم اور بھگتی اور بھاؤ (جذباتِ محبت۔ حال و سرور) کی تعلیم دی جاتی ہے۔ یہ

---

1۔ Sermon on the Mount 2۔ The mystic.

لوگ مستی کی حالت میں گاتے بجاتے اور ناچتے ہیں اور پھر شدتِ جذبات کے تحت خوشی کے آنسو بھی بہانے لگتے ہیں وہ کبھی دردِ فرقت سے بے چین ہو ہو کر روتے ہیں۔ زار نالی کرتے ہیں. آپ اِن میں شامل ہونا چاہیں تو یہ لوگ آپ کو بخوشی قبول کریں گے لیکن آپ ذرا ان سے یہ کہہ کر تو دیکھیے کہ بھئی یہ سب تو ٹھیک ہے لیکن میں کسی طور اپنے پاؤں پر کھڑا ہونا چاہتا ہوں مجھے تو کسی طاقت بخش۔ جان پرور اور مرد ساز چیز یعنی دلیل اور فلسفے کی ضرورت ہے میں ہر چیز کو بتدریج سمجھنا چاہتا ہوں اور وہ بھی معقولات سے کام لے کر" فوراً آپ کو جواب ملے گا کہ" آپ یہاں سے تشریف لے جائیے؟ صرف یہی نہیں بلکہ اگر ان کا بس چلے تو وہ آپ کو جہنم واصل بھی کر دیں' میری مراد یہ ہے کہ اس مت یا عقیدے والے صرف انھیں لوگوں کی مدد کر سکتے ہیں جن کا مزاج خود ان کی طرح جذباتی ہو ان کے علاوہ دوسروں کی مدد کرنا تو درکنار یہ لوگ انھیں تباہ و برباد کرنے سے بھی گریز نہیں کرتے کیونکہ وہ اس بات کا خیال۔تک نہیں کرسکتے کہ خدا کو پانے کا کوئی اور طریقہ بھی ہو سکتا ہے اس تمام صورت حالات کا دردناک پہلو یہ ہے کہ خدائے تعالےٰ کے یہ پُر خلوص بندے دوسروں کے خلوص کو نظر میں بھی نہیں لاتے اسی طرح آپ کو کچھ فلاسفر بھی ایسے ملیں گے جو ہند اور مشرق کی روحانی آنکھ کے قصے بیان کریں گے اور بڑی بڑی نفسیاتی اصطلاحیں استعمال کریں گے جن کے پچاس پچاس ارکان[1] تہجی ہوں گے لیکن اگر میری طرح کا کوئی معمولی آدمی ان کے پاس جاکر کہے کہ آپ مجھے بھی کوئی ایسی روحانیت کی بات بتا دیجیے جس سے میری زندگی سدھر جائے تو اس کے جواب میں پہلے تو وہ مسکرائیں گے اور پھر فرمائیں گے، ہوش کی دوا کرو ابھی تمھارے پاس سمجھنے کا دماغ نہیں۔ کہاں ہمارا مقام اور کہاں تم۔ روحانیت کے متعلق تمھاری سمجھ میں کیا خاک آئے گا" یہ ہے بزعم خود بلند مقام فلاسفروں کا حال آپ کو دھتکار دینے کے علاوہ ان کے بس کی کوئی بات ہی نہیں صوفی لوگ تو عالمِ وجود کے مختلف طبقوں کے متعلق طرح طرح کی باتیں کرتے ہیں دماغ کی مختلف کیفیتوں اور قوتوں کا حال بتاتے ہیں. لیکن اگر کوئی معمولی آدمی ان سے کہے کہ" یہ بڑی بڑی باتیں میرے بس کی بات نہیں" ۔ مجھے تو کوئی نیک صلاح دیجیے جس پر میں عمل کرسکوں۔ کوئی ایسا کام بتایئے جو میرے لائق ہو اور جسے میں نباہ سکوں" تو وہ ہنس پڑیں گے اور کہنے لگیں گے کہ" ذرا ان کی باتیں سُنئے۔ کیسی گہری جہالت کا پردہ پڑا ہوا ہے ان کے دماغوں پر۔ ان کی تو زندگی ہی خراب ہو رہی ہے ۔

تو یہ حال ہے مختلف فرقوں کے رہنماؤں کا جہاں دیکھو ہر طرف۔ یہی کیفیت نظر آ رہی ہے میرا

---

[1] Alphabets.

بس چلے تو ان مت متانتروں کے کرڑپنتھیوں کو اکٹھا کرکے انکی تحقیر آمیز مسکراہٹوں کا فوٹو کھنچوا لوں تاکہ سند کے طور پر کام آئے ان حالات میں میں کسی خاص مذہب کی تبلیغ نہیں کرنا چاہتا۔ میں تو صرف ان شرائط کا ذکر کروں گا جن کے بغیر کوئی مذہب عالمگیر نہیں ہو سکتا جس عالمگیر مذہب کا آدرش میں آپ کے سامنے رکھنا چاہتا ہوں اسے ایسا ہونا چاہیئے کہ ہر شخص کی طبیعت اسے قبول کر سکے وہ فلسفی عاشق اور صوفی سب کے لیے یکساں طور پر قابل عمل ہو فلاسفر کے فلسفیانہ معیار پر پورا اترے جذباتی لوگوں کی جمالی ضروریات کو پورا کرے اور صوفیوں کے لئے تصوف اور عرفان کی مستی دامن میں لئے ہو اور محض یہی نہیں بلکہ کالجوں کے پروفیسروں سائنسدانوں اور علم طبیعات کے ماہروں کے ہر سوال کا حل مہیا کرے۔ ان کی منطق اور ان کی دلیل کا معقول و مدلل جواب پیش کرے۔ لیکن یہاں ایک بات بتا دینا ضروری ہے اور وہ یہ کہ یہ تمام دلائل اور مباحثے محض اس دعوے کو ثابت کرنے کیلئے ہوتے ہیں کہ مادی زندگی بجائے خود مکمل نہیں اس کے علاوہ روحانی زندگی کا بھی وجود ہے رُوحانی زندگی کا بذات خود شعور عقل و خرد سے ممکن نہیں اس کا احساس منطق اور دلیل کی حدوں سے نکل کر ہی ہوتا ہے اگر مذہب درحقیقت مذہب ہے تو اس پر عمل کے دوران میں ایک مقام ایسا آتا ہے جہاں منطق اور دلیل کا سلسلہ ٹوٹ جاتا ہے اگر کوئی پروفیسر۔ سائنس داں یا فلاسفر یہ سمجھے کہ خدا اور نجات کے تصورات محض توہمات ہیں انھیں ترک کر دیجئے تو میں تو یہی کہوں گا کہ رُوحانی زندگی کے وجود کا مدلل ثبوت بہم پہنچانے پر بھی اگر کوئی شخص مذہبی طریقۂ عمل کو وہم قرار دے تو وہ خود تعصب اور وہم کا شکار ہو رہا ہے۔ ایسے فلاسفر یا سائنس داں کی خدمت میں تو میں یہ عرض کروں گا کہ جناب والا۔ خود آپ کی سائنس اور فلاسفی کا نظریہ یہ ہے کہ تمام خارجی کائنات دراصل ایک ہے یہ تمام عالم ظہور اس واحد الوجود کی مختلف صورتوں کا البم ہے اس لحاظ سے خود آپ کے جسم کا وجود بھی تو توہماتی ہے اور اسے بھی ترک کر دینا چاہیئے کھانا پینا چھوڑ دینا چاہیئے۔ ہر قسم کے کاروبار سے دست بردار ہو جانا چاہیئے لیکن آپ تو اس وہم کو اپنائے ہوئے ہیں جس طرح آپ اپنا کام نہیں چھوڑ سکتے۔ کھانے پینے سے دست کش نہیں ہو سکتے اسی طرح رُوحانیت کا طلبگار کسی قیمت پر بھی مذہب کو خیرباد نہیں کر سکتا۔ کیونکہ مذہب ہی تو ہمیں وہ عملی طریقہ بتاتا ہے جس سے آپ کے اس فلسفے کا ذاتی احساس ہوتا ہے کہ یہ دُنیا ایک ہی وجود کی مختلف صُورتوں کا مجموعہ ہے جس چیز کا آپ کو دماغی شعور ہوتا ہے وہ اسی کا ذاتی احساس پیدا کرنا چاہتا ہے آپ اس راہ پر گامزن نہیں ہو سکتے تو نہ سہی۔ دوسروں کو

توہم پرستی کا الزام نہ دیجئے۔

ہاں تو میں کہہ رہا تھا کہ ایک عالمگیر مذہب میں ہر شخص کو اس کی طبیعت کے رجحان سے مطابقت رکھنے والی راہ عمل کے دکھلانے کی صلاحیت ہونی چاہئے اگر ہم کسی ایسے مذہب کے پیرو ہیں تو ہم سائنس دانوں اور فلاسفروں کے دلائل کا جواب تو منطق سے دیں گے ہی لیکن اگر ہمارے یہاں کوئی صوفی مزاج آدمی آئے تو ہم اس کا بھی خیر مقدم کریں گے اور اس کو دماغی تجزیہ و تحلیل کا گر سکھائیں گے یہی نہیں بلکہ اس کے سامنے اس کا عملی مظاہرہ بھی کر کے دکھائیں گے۔ ہمارے پاس جذباتی قسم کے لوگ آئیں گے تو ہم ان کے ساتھ مل کر "شراب محبت" پئیں گے۔ ان کے ساتھ محبوب کی یاد میں روئیں گے۔ اس کے خیال سے مسرور ہو کر گائیں گے اور مستی اور حال کی کیفیات میں گم ہو کر پاگل ہو جائیں گے۔ دوسری جانب اگر کوئی مستعد اور چاق و چوبست کرمچاری دکارگزار ہمارے پاس آپہونچے تو ہم بھی اپنی پوری طاقت سے اس کے ساتھ مل کر کام کریں گے جس مذہب کی وسعتوں میں یہ چاروں خوبیاں پائی جاتی ہیں وہی آدرش مذہب ہوتا ہے اور جس آدمی کی سرشت میں فلسفہ، جمالیات، قوت عمل اور تصور کے عناصر متوازن اور مناسب مقدار میں موجود ہیں صرف یہی آدمی آدرش پرش یا مکمل انسان ہے۔ کاش تمام انسانوں کے دماغوں کی ساخت ایسی ہوتی کہ اس میں یہ چاروں اجزا پوری مقدار میں موجود ہوتے۔ ہونے کو تو ہر شخص میں یہ چاروں عناصر کم و بیش موجود ہوتے ہیں لیکن عملی صورت عموماً ایک دو ہی عنصر اختیار کرتے ہیں۔ جس شخص کے دماغ میں ان سے ایک یا دو اجزا کارفرما ہوتے ہیں میری نظر میں اس کی بھی تکمیل نہیں ہوتی! اس لحاظ سے دنیا قریب قریب تمام تر ادھورے انسانوں سے بھری ہوئی ہے۔ ان کا دماغ بس ایک آدھ خیال کا حامی ہو سکتا ہے وہ بس ایک ہی تنگ راہ پر چل سکتے ہیں جسے ان کی محدود فکر و نظر اختیار کر لیتی ہے اس کے علاوہ ان کی نظر میں ہر چیز خطرناک اور مہیب ہوتی ہے۔

میرا آدرش مذہب وہ ہے جس میں ان چاروں عناصر کی گنجائش ہو ہمارے ہاں اس مذہبی مسلک کو یوگ کا نام دیا گیا ہے یوگ کے معنی ہیں اتصال یعنی متحد کرنا جن لوگوں کو کام کرنے کا شوق ہے ان کی نگاہ میں یہ رشتۂ اتصال ہر انسان اور تمام طبقۂ انسانیت کے درمیان ہوتا ہے عشق حقیقی کے دیوانوں کی نظر میں یہ اتصال خود ان کی ذات اور "خدائے محبت" کا باہمی اتصال ہے صوفی کے خیال میں یہ اتصال روح انسانی اور روح اعظم کا اتصال ہے۔ فلسفی اس کو تمام موجودات کا باہمی اتصال کہتے ہیں ان کا نظریہ وحدت الوجود کا نظریہ ہے ان چار قسموں کے اتصال یا یوگ کے سنسکرت زبان میں چار اصطلاحی نام ہیں یعنی کرم یوگ بھگتی یوگ راجہ یوگ اور گیان یوگ۔ جو شخص اس اتصال کا جویا ہوتا ہے اس کو یوگی کہتے ہیں۔ کام

کاج یعنی خدمت خلق کے ذریعہ خدا کو ڈھونڈنے والے کو کرم یوگی کہتے ہیں عشق و محبت (پریم اور بھگتی) کے ذریعہ محبوب حقیقی کے ساتھ وصل کے طلبگار کو بھگت یوگی کہا جاتا ہے۔ تصوف کے ذریعہ اس کے متلاشیوں کو راج یوگی یا راج رشی کے لقب سے موسوم کیا جاتا ہے اور جو لوگ فلسفے کے ذریعہ اس سے ایک ہونے کے خواہاں ہوتے ہیں وہ گیان یوگی کہلاتے ہیں میں آپ کے سامنے ان چاروں یوگوں کے متعلق ابھی کچھ اور تفصیلاً عرض کروں گا لیکن اس سے پہلے میں مناسب سمجھتا ہوں کہ لفظ یوگ کی تھوڑی سی مزید تشریح کر دی جائے۔

آپ کے ملک میں لفظ یوگ کے ساتھ نہ جانے کیا کیا عجیب و غریب اور معقولیت سے بعید چیزیں منسوب کر دی گئی ہیں اسی لئے میں ضروری سمجھتا ہوں کہ پہلے آپ کو یہ بتاؤں کہ یوگ کا جادو ٹونے اور ایسی دیسی اوٹ پٹانگ باتوں سے کوئی تعلق، کوئی واسطہ نہیں۔ یوگ کسی مافوق الفطرت بازی گری کا نام نہیں ہے۔ کسی قسم کے یوگ میں بھی عقل و دلیل کو ترک نہیں کیا جاتا اگر انسان اپنی عقل سے کام نہیں لے گا تو کبھی نہ کبھی ضرور دھوکا کھائے گا۔ چالاک اور دغاباز لوگ اس کا الّو بنالیں گے۔ یوگ آپ سے دھوکا کھانے کو نہیں کہتا۔ یوگ یہ بھی نہیں کہتا کہ آپ بغیر سوچے سمجھے اپنے آپ کو پروہتوں پنڈتوں یا راہبوں کے سپرد کر دیں یوگ کا تقاضا یہ بھی نہیں کہ آپ کسی مافوق الطبع پیغمبر کی اندھا دھند پیروی کریں۔ یوگ کا تو اصول یہ ہے کہ جو کچھ آپ کی سمجھ میں آئے اسی پر مضبوطی کے ساتھ قائم رہیے۔ جس چیز کو آپ کی عقل قبول نہیں کرتی اسے مجبوراً قبول نہ کیجئے۔ ایسی چیز کا ترک ہی بہتر ہے۔

حصول علم کے تین وسیلے ہوتے ہیں پہلا وسیلہ تو ہے احساس یا تحریک طبعی[1] کا۔ جانوروں کا کام اسی تحریک طبعی سے چلتا ہے اور آپ دیکھتے ہیں کہ جانوروں میں یہ تحریک طبعی کافی حد تک نشو و نما پا چکی ہے یہ حصول علم کا ادنیٰ ترین وسیلہ ہے اس کا دوسرا وسیلہ ہے دلیل و منطق۔ انسان میں اس کا ظہور بہت زیادہ ہوتا ہے تحریک طبعی کا وسیلہ ناکافی ہوتا ہے اسی لئے جانوروں کا دائرہ عمل بہت محدود ہوتا ہے یہی تحریک طبعی انسان میں ارتقا پذیر ہو کر دلیل و منطق کی صورت اختیار کر لیتی ہے اور اس کے عمل کا دائرہ بھی وسیع ہو جاتا ہے لیکن دلیل و منطق کی بھی[2] ایک حد ہوتی ہے اس سے مکمل طور پر مطلب براری نہیں ہوتی۔ دلیل و منطق کے قدم تھوڑی ہی دور تک اٹھ سکتے ہیں اور ایک مقام پر جا کر رک جاتے ہیں اس کے آگے نہیں بڑھ سکتے۔ اور اگر آپ زبردستی دلیل و منطق کا سلسلہ آگے جاری رکھتے ہیں تو اس

---

[1] Instinct.

[2] ڈاکٹر اقبال فرماتے ہیں ~ اچھا ہے دل کے ساتھ رہے پاسبانِ عقل ؛ لیکن کبھی کبھی اُسے تنہا بھی چھوڑ دے

سے انتشار پیدا ہو جاتا ہے جس کا آپ کے پاس کوئی علاج نہیں۔ خود دلیل و منطق میں نا واجبیت آجاتی ہے۔ دلیل و منطق کا ایک بے معنی چکر پیدا ہو جاتا ہے۔ مثال کے طور پر مادہ اور طاقت ہی کو لے لیجیے جو شعور اور ادراک کی بنیاد ہے۔ مادے کی تعریف کیا ہے؟ ہم کہتے ہیں کہ مادہ وہ چیز ہے جس پر طاقت کا عمل ہوتا ہے اور طاقت کسے کہتے ہیں طاقت اس چیز کو کہتے ہیں جو مادے پر عمل کرتی ہے دیکھا آپ نے اس بات کی پیچیدگی کو؟ منطقی حضرات اس حالت کو تلوّن اور تذبذب کہتے ہیں اس میں ایک خیال دوسرے کا محتاج ہوتا ہے اور دوسرا خیال پہلے کا۔ اس مقام پر پہونچ کر دلیل و منطق کے قدم رُک جاتے ہیں یہ ایسی رکاوٹ ہے کہ اس کے آگے نکلنا ان کے بس کی بات نہیں پھر بھی دلیل و منطق اس سے آگے بڑھ کر لا محدودیت کے طبقے میں جانے کے لئے بیتاب رہتے ہیں۔ یہ تمام عالم کائنات جس کو ہمارے حواس محسوس کر سکتے ہیں یا جس کا شعور ہمارے دماغ کو ہوتا ہے۔ محض ایک شمہ ہے ایک حقیر ذرہ ہے ایک ایٹم ہے اس وجود کا جو لا محدود ہے بے پایاں ہے اور جس کا ظہور بیداری یا شعور کی سطح پر ہو رہا ہے اور اس بیداری یا شعور کے تار و پود سے ترشح ہونے والی تنگ حدوں کے اندر اندر ہی رہ کر عقل اور دلیل یہ دونوں چیزیں اپنا کام کرتی ہیں اس حد سے آگے بڑھنا ان کے لئے ناممکن ہے وہاں تک اُن کا گزر نہیں۔ اسی لئے کوئی ایسا اور وسیلہ ہونا چاہیئے جس کی مدد سے ہم ان حدود کے آگے جا سکیں اور وہ وسیلہ ہے القا[1] کا۔ الہام کا۔ تو گویا علم حاصل کرنے کے تین وسیلے ٹھہرے۔ (۱) یعنی تحریکِ طبعی (۲) عقل و دلیل اور (۳) القا یا الہام۔ تحریکِ طبعی کا تعلق جانوروں سے ہے عقل کا تعلق انسان سے ہے اور القا یا الہام کا تعلق خدا رسیدہ انسانوں سے ہے۔ یہاں ان دو باتوں کا یاد رکھنا لازمی ہے ایک تو یہ کہ حصول علم کے یہ تینوں وسیلے بیک وقت ہر انسان کی دسترس میں ہیں۔ ایسا نہیں ہے کہ تحریکِ طبعی انسان میں بالکل مٹ جاتی ہے یا خدا رسیدہ انسان عقل و خرد سے کام لینا ہی چھوڑ دیتے ہیں ہر انسان اپنے ارتقائی مقام کی نسبت سے بیشتر ان تینوں وسائل کو کام میں لاتا ہے۔ دوسری ضروری بات یہ ہے کہ ان میں سے ہر وسیلہ دوسرے وسیلے کی ارتقائی صورت ہے اس کی ضد نہیں ہے تحریکِ طبعی ہی بڑھ کر عقل اور دلیل کی صورت اختیار کر لیتی ہے اور عقل و دلیل ہی نشو و نما پا کر القا یا الہام کا مرتبہ پا لیتے ہیں اسی لئے القا یا الہام سے عقل کا استرداد نہیں تا یہ تو عقل و دلیل کی کمی کو پورا کرتا ہے۔ جو باتیں عقل کے ذریعہ سمجھ میں نہیں آتیں وہ القا کے ذریعہ صاف نظر آجاتی ہیں لیکن اس القا یا الہام سے عقل و دلیل کی تردید نہیں ہوتی۔ بڑھاپا عہد طفلی کا استرداد نہیں

---

[1] Inspiration.

ہوا کرتا۔ ہاں اس عمر رسیدگی سے بچے کی زندگی پایۂ تکمیل کو پہونچتی ہے لیکن جس طرح بڑھاپے اور بچپن میں زمین اور آسمان کا فرق ہوتا ہے اور بچپن کی سادگی کو بڑھاپے کی تجربہ کاری کے برابر سمجھنا غلطی ہے اسی طرح ادنےٰ درجے کے وسیلے یعنی تحریکِ طبعی کو غلطی سے اعلےٰ درجے کے وسیلے یعنی الہام کے مساوی سمجھ لینا عظیم خطرات کا موجب ہوتا ہے بعض مرتبہ دُنیا میں تحریکِ طبعی کو القا کی شکل میں پیش کر کے پیغمبری اور رسالت کے جھوٹے دعوے پیش کئے جاتے ہیں بسا اوقات دیکھا گیا ہے کہ ایک احمق یا نیم خبطی قسم کا آدمی اُس انتشار کو جو اس کے دماغ میں ہر وقت جاری رہتا ہے۔ القا یا الہام سمجھ بیٹھتا ہے اور چاہتا ہے کہ لوگ اس کی پیروی کریں اور دُکھ کی بات تو یہ ہے کہ وہ کئی بار اس میں کامیاب بھی ہو جاتا ہے۔ دُنیا میں یہ جو متضاد قسم کی لغویات مذہبی عقائد کی صُورت میں پھیلی ہوئی ہیں انھیں خبطیوں کے دماغ کی اختراعات ہی تو ہیں جو تحریکِ طبعی کو الہام سمجھ بیٹھے ہیں۔ حقیقی مذہب ان غیر معمولی باتوں سے بہت گھبراتا اور اُن سے کتراتا ہے۔

صحیح مذہبی تعلیم کی پہچان ہی یہ ہے کہ اس سے معقولات کی مخالفت اور تردید نہیں ہوتی۔ جن چار قسم کے لوگوں کا ذکر میں نے آپ سے کیا ہے وہ سب کے سب اس معیار پر پُورے اُترتے ہیں۔ آپ راج یوگ ہی کو لے لیجئے۔ اس یوگ کی نوعیت نفسیاتی ہے یہ ہے وصلِ الٰہی کے حاصل کرنے کا نفسیاتی طریقہ یہ موضوع بہت وسیع ہے۔ میں تو آپ سے صرف یہ عرض کروں گا کہ اس یوگ کا مرکزی تصور کیا ہے؟ حصُولِ علم کا صرف یہ ایک طریقہ یہ یوگ یکسوئی یعنی دھیان[1] پر زور دیتا ہے۔ دُنیا میں کامیابی کا راز اور حصُولِ مقصد کا واحد طریقہ یکسوئی ہے انسان کا میدانِ عمل کچھ بھی ہو یکسوئی اور دھیان کے بغیر کامیابی ناممکن ہے۔ دھن دولت ہو یا طبعی علم یا رُوحانی آگہی کوئی چیز بھی یکسوئی کے بغیر دسترس میں نہیں آسکتی۔ ایک ادنےٰ ترین انسان سے لے کر ایک بلند مقام یوگی تک سب حصُولِ مقصد کے لئے یہی طریقہ کام میں لاتے ہیں یہ عمل کیا ہے ادھر ادھر سے سمیٹ کر تمام توجہ کو ایک مرکز پر لے آنا۔ ایک کیمیا گر جب اپنی تجربہ گاہ میں کام کرتا ہے تو اپنی ساری طاقتوں کو یکسو کر لیتا ہے وہ ان کو ایک نقطہ ماسکہ[2] پر لے آتا ہے اور پھر اپنی مجموعی دماغی قوتوں کی اس تیز شعاع کو اجزائے[3] ترکیبی پر ڈالتا ہے جس سے ان اجزا کی ترکیب صاف نظر آنے لگتی ہے اور کیمیا گر کو نئی نئی معلومات حاصل ہو جاتی ہیں اسی طرح منجم بھی اپنی دماغی طاقتوں کو مرکوز کر کے دُور بین کے ذریعہ آکاش کے سیّاروں کو اپنی زد میں لے آتا ہے جس سے تمام نظامِ فلکی اپنے اسرار کا خزانہ

---

[1] Concentration.　　[2] Brings them into focus.

[3] Elements.

اس کے سامنے کھول کر رکھ دیتے ہیں۔ غور سے دیکھو تو ہر معاملے میں یہی صورتِ حال پیش آتی ہے پروفیسر اپنی کرسی پر بیٹھا ہوا پڑھا رہا ہے تو اس کی تمام توجہ سبق پر لگی ہوگی۔ طالب علم اپنے ہاتھ میں کتاب لئے ہوئے پڑھ رہا ہے تو وہ گرد و نواح کی ہر چیز سے بے خبر ہوگا اسی لئے جو شخص بھی کچھ حاصل کرنے کے لئے کسی کام میں مصروف ہے اس کی یہی کیفیت ہوگی آپ میرا لکچر سن رہے ہیں اور اگر آپ کو میری باتوں سے دلچسپی ہے تو آپ کی توجہ ان باتوں کی طرف مرکوز ہو جائے گی فرض کیجئے کہ اس دوران میں گھڑی کا گھنٹہ بج جائے تو آپ کو اس کی آواز اس یکسوئی کے سبب سے سنائی نہیں دے گی آپ جس قدر دھیان دے کر میری باتیں سنیں گے اتنی ہی زیادہ میری یہ باتیں آپ کی سمجھ میں آئیں گی اور جتنی لگن سے میں آپ کو اپنی بات سمجھانے کی کوشش کروں گا اتنی ہی اچھی طرح میں اپنا مفہوم آپ کے سامنے واضح کر سکوں گا یا یوں کہیے کہ آپ کے دل و دماغ تک پہونچنے کی جو خواہش میرے دل و دماغ میں ہے اس کی تکمیل کے لئے میں جس قدر زیادہ محبت اور باہمی تفہیم ( understanding. ) کے جذبات پر اپنی طاقت کو مرکوز کروں گا اتنا ہی میں آپ کے نزدیک ہوتا جاؤں گا اور آپ میرے مفہوم کو اچھی طرح پا سکیں گے۔ یکسوئی کی طاقت جتنی زیادہ ہوگی اتنا ہی زیادہ علم حاصل ہو سکے گا کیونکہ علم و ہنر کے حاصل کرنے کا یہی اور صرف یہی ایک طریقہ ہے۔ جوتوں پر پالش کرنے والا ادنیٰ ترین شخص بھی اگر یکسوئی سے کام لے گا تو زیادہ اچھی طرح پالش کرے گا۔ باورچی پورے دھیان سے کھانا پکائے گا تو کھانا زیادہ اچھا بنے گا خواہ روپیہ کمانا ہو خواہ خدا کی عبادت کرنا مقصود ہو خواہ کوئی اور کام درپیش ہو جتنی یکسوئی سے کام لیا جائے گا تکمیلِ مقصد میں اتنی ہی زیادہ کامیابی ہوگی یہی ایک آواز ہے یہی ایک دستک ہے، جس سے فطرت کے دروازے ہم پر کھل جاتے ہیں اور ہمارے سامنے روشنی کا سیلاب رواں دواں ہو جاتا ہے علم کے خزانے کی واحد کنجی دل و دماغ کی یکسوئی ہی ہے۔ راج یوگ میں اسی طریقۂ یکسوئی کی تعلیم دی جاتی ہے ہماری روزمرہ کی عام زندگی میں ہماری توجہ بالعموم مرکز سے ہٹی ہوتی ہے اور اس طرح دماغی طاقتیں سینکڑوں قسم کے معاملات میں منتشر ہو جاتی ہیں۔ یہ ہم سب کے تجربے اور مشاہدے کی بات ہے کہ جب بھی کبھی ہم اپنے خیالات کے جزر و مد کو ساکت کرنے کی کوشش کرتے ہیں اور چاہتے ہیں کہ اپنے دماغ کو کسی ایک علمی موضوع پر مرکوز کر دیں تو ہمارے دماغ میں سینکڑوں غیر مطلوبہ خواہشیں خود بخود اُبھرنے لگتی ہیں۔ ہزاروں قسم کے خیالات دوڑ دوڑ کر ہمارے دماغوں میں آنے لگتے ہیں اور اس طرح دماغ منتشر ہو جاتا ہے اس انتشار کے عمل کو روکنے اور دماغ پر قابو پانے کا طریقہ ہی راج یوگ کا موضوع ہے۔ راج یوگی اسی طریقۂ کار کے ذریعہ خدا کو پا لیتا ہے اب کرم یوگ کو لیجئے اس سے مُراد ہے کرم یا عمل کے ذریعہ خدا کو پانا ہم دیکھتے ہیں کہ انسانی جماعت میں اکثر ایسے اشخاص ہوتے ہیں جو ہر وقت کسی نہ کسی کام میں لگے رہنا

چاہتے ہیں ایسا معلوم ہوتا ہے کہ وہ کام کرنے کے لئے ہی پیدا ہوتے ہیں۔ ان لوگوں کے دل ودماغ صرف غور وفکر کے میدان میں مرکوز نہیں کئے جاسکتے۔ ان کو تو بس ٹھوس کام کرنے کا خیال ہوتا ہے ایسے لوگ دھیان گیان کے راستے سے شعور واحساس کے مقام سے آگے نہیں جاسکتے۔ کرم یوگ کام کرنے کا وہ راز ہے جس کی بدولت کرم یوگی کبھی معرفت کے اعلیٰ مقامات تک رسائی ہوجاتی ہے جس طرح راج یوگ انسانی قوتوں کو یکجا کرکے خدا کو پانے کا علم ہے اسی طرح کرم یوگ صحیح طریقے سے کام سرانجام دے کر خدا تک پہونچنے کی سائنس ہے ہم میں سے ہر شخص کسی نہ کسی کام میں لگا ہوا ہے لیکن ایسے لوگوں کی تعداد زیادہ ہے جو اپنی طاقت کا صحیح استعمال کرنا نہیں جانتے جو اپنی طاقت کے بیشتر حصے کو متعدد چھوٹی چھوٹی باتوں میں لگا کر ضائع کردیتے ہیں درحقیقت ہمیں کام کرنے کا اصلی راز ہی نہیں معلوم ہے کرم یوگ ہمیں بتاتا ہے کہ ہمیں کیا کام کہاں کرنا ہے اور کیونکر کرنا ہے اور کس طرح اپنی طاقتوں کو اپنے کام میں لاکر زیادہ سے زیادہ فائدہ اُٹھایا جاسکتا ہے

یہ تو ہم سب جانتے ہیں کہ انسان ہر کام کسی خاص مقصد کو پیش نظر رکھ کر کرتا ہے دوسرے یہ کہ ہر کام اپنے ساتھ کچھ نہ کچھ دُکھ بھی لاتا ہے کامیابی کی خوشی کے دامن میں بھی غم کی جھلک ہوتی ہے اور ناکامیابی تو دُکھ کا باعث ہوتی ہی ہے یہ دُکھ اس موہ یا لوث سے پیدا ہوتا ہے جو ہمیں اپنے کام کے ساتھ ہوجاتا ہے مثلاً جہاں میرے دل میں دوسروں کی بھلائی کے کام کرنے کا خیال پیدا ہوا وہیں دوسروں کی شکرگزاری کی اُمید اور اپنی عزت وشہرت کی خواہش پیدا ہوجاتی ہے اور ساتھ ساتھ ناکامیابی اور دوسرے لوگوں کی طرف سے مخالفت کا خوف بھی۔ اگر اول الذکر نوعیت کے جذبات غالب آجاتے ہیں تو میں کام کرنے لگتا ہوں اور اگر یہ سوچتا ہوں کہ نوّے فی صد لوگ تو ناشکرگزار ہوتے ہیں اور اگر مخالفت کے خوف سے گھبراجاتا ہوں تو کام شروع ہی نہیں کرپاتا بہت لوگ اس قسم کے خیالات سے مغلوب ہوکر عموماً کام کرنا چھوڑ دیتے ہیں۔ دُکھ اور تکلیف کے ڈر سے کام نہیں کرتے۔ نتیجہ یہ ہوتا ہے کہ بنی نوع انسان کی طاقتوں کا صحیح استعمال نہیں ہوپاتا اور بہت حد تک یہ طاقتیں ضائع ہوجاتی ہیں۔ کرم یوگ ہمیں یہ سکھاتا ہے کہ کام محض کام کی غرض سے کرنا چاہیئے ہمارے کام میں کوئی ذاتی غرض شامل نہیں ہونا چاہیئے ہمیں اس بات کا ذرا بھی خیال نہ ہونا چاہیے کہ کس کی مدد کس لئے کی جارہی ہے کرم یوگی کام اس لئے کرتا ہے کہ کام کرنا اس کی فطرت کا جزو بن گیا ہے وہ جانتا ہے کہ اس کی بھلائی کام کرتے رہنے ہی میں ہے اس کے علاوہ اس کے کام کرنے کا کوئی اور مدعا یا مقصد نہیں ہوتا۔ وہ اپنے کام سے کچھ حاصل نہیں کرنا چاہتا وہ تو اپنے کام کی بھینٹ چڑھانا چاہتا ہے وہ تو صرف دینا چاہتا ہے اس کے دل میں لینے کا خیال پیدا ہی نہیں ہوتا وہ کچھ دے کر اس کے عوض میں کسی چیز کا متمنی نہیں اسی وجہ سے وہ دُکھ اور

مصیبت کی گرفت میں آنے سے بچ جاتا ہے کیونکہ تکلیف اور دکھ تو انسان پر اسی حالت میں نازل ہوتے ہیں جب اس کے دل میں امید و بیم کے جذبات ہوتے ہیں کسی چیز کے حاصل کرنے کی خواہش ہوتی ہے اور اس کے نہ ملنے کا خوف: رنج و غم تو امید و بیم کا ردِ عمل ہیں اگر انسان موہ یا لوبھ کو دل سے نکال دے تو پھر اس میں دکھ درد کا گزر ہی نہیں ہو سکتا۔

بھگتی یوگ کا مسلک تیسری قسم یعنی جذباتی لوگوں کے لئے ہے۔ پریمی (عاشق) عشق و محبت کے جذبات کو مجسم صورت دے کر محبوبِ حقیقی کے قدموں میں پیش کرتا ہے پوجا پاٹھ کی مختلف رسموں سے کام لیتا ہے وہ پھول اور خوشبوئیات بھینٹ چڑھاتا ہے خوبصورت پرستش گاہیں بناتا ہے یا موجودہ مقدس مقامات کی زیارت کرنے کے لئے جاتا ہے۔ مندر، مسجد، گرجے جہاں کہیں اسے اپنے محبوب کا کوئی نشان ملتا ہے اس کا سر سجدے میں جھک جاتا ہے اور وہ اپنی زندگی کی تمام قوتوں کو خدائے تعالٰی کے سپرد کر دیتا ہے شاید آپ ان سب باتوں کو فضول اور غلط سمجھتے ہوں گے لیکن میں آپ سے اتنا ضرور کہوں گا کہ کبھی یہ بات نہ بھولئے کہ دنیا کی بڑی بڑی روحانی ہستیاں وہیں پیدا ہوئی ہیں جہاں مذہبی رسوم و روایات نیز دیو مالا کی بہتات رہی ہے جس مذہب میں انسانی محبت اور جمالی تصورات کے اظہار کا سامان موجود ہے اسی کے دامن سے وقتاً فوقتاً عظیم الشان روحانی ہستیاں اٹھتی رہی ہیں۔ کون نہیں جانتا کہ دنیا کے بڑے بڑے روحانی مشاہیر نے ان مذہبی فرقوں میں جنم لیا ہے جن کے پاس دیو مالا اور پوجا پاٹھ کی رسموں کا خزانہ بھرا پڑا ہے۔ جن مت متانزدوں نے کسی نشان یا پوجا پاٹھ کی رسوم کے بغیر ایشور کو پوجنے کی کوشش کی ہے انھوں نے انسان کے حسین اور بلند خیالات کو نہایت بیدردی کے ساتھ تباہ کر کے رکھ دیا ہے ان کا مذہب ایک نہایت خشک قسم کی چیز بن کر رہ گیا ہے جس میں رسم و رواج کی بے ضرر چیزوں کی جگہ خطرناک تعصب نے لے لی ہے اس سلسلے میں مجھے کوئی مثال پیش کرنے کی ضرورت نہیں۔ دنیا کی تاریخ سے اس کی مستقل شہادت ملتی ہے میری تو آپ سے یہی درخواست ہے کہ آپ ان رسوم اور ان دیو مالائی روایتوں کی تضحیک نہ کیجئے۔ ان کی مذمت زبان پر نہ لائیے ان کی ہنسی اڑانا آپ ایسے مہذب آدمیوں کو زیب نہیں دیتا۔ آپ ان باتوں کو نہ مانئے لیکن آپ کو ہر جگہ یہ بھی کہتے پھرنے کی ضرورت نہیں کہ "یہ لوگ احمق ہیں۔ ان کو ان چیزوں سے سر مارنے دیجئے" آپ ان لوگوں کو اپنے حال پر چھوڑ دیجئے۔ یہ لوگ اتنے بے وقوف نہیں ہیں جتنا آپ ان کو سمجھ بیٹھے ہیں بلکہ حقیقت تو یہ ہے کہ روحانیت کے بلند ترین مقامات پر پہونچنے والی ہستیاں انھیں شرطی رسم و رواج کی پیداوار رہیں۔ کم از کم میرا ذاتی تجربہ تو یہی ہے کہ میں نے اپنی زندگی میں جتنے عارف اور روحانی بزرگ دیکھے ہیں سبھی سب ضابطہ، رسم و رواج کے قائل تھے اور ان پابندیوں سے گزر کر آئے تھے۔ میں تو خود کو اس قابل بھی نہیں سمجھتا کہ ان

کے قدموں پر سر بھی رکھ سکوں چہ جائے کہ ان کے خلاف حرف گیری کروں. آخر ہمیں کسی کے خلاف نکتہ چینی کا حق ہی کیونکر حاصل ہوتا ہے کیا ہم یقینی طور پر کہہ سکتے ہیں کہ رسم و رواج کی پابندی یا دیومالا پر اعتقاد کا انسانی دماغ پر کیا عمل ہوتا ہے اور اگر ان معاملات میں ہمارا علم ہی محدود ہے تو ہم کیونکر بعض خیالات کو قبول کر کے دوسروں کو مسترد کر سکتے ہیں بات یہ ہے کہ کافی جواز کے بغیر ہمیں دنیا کی ہر چیز پر نکتہ چینی کرنے کی عادت سی ہو گئی ہے میں تو آپ سے بار بار یہی درخواست کروں گا کہ جن لوگوں کو دیومالا کی روایتوں اور رواج سے لگاؤ ہے آپ انھیں اپنے حال پر چھوڑ دیجئے اگر وہ حسنِ فطرت کے راز ان ذرائع سے پا سکتے ہیں ان کی مدد سے نغماتِ الہام کی مسرتوں کا لطف اٹھا سکتے ہیں. نشاطِ روح کی شراب سے سرشار ہو سکتے ہیں تو آمین کہیے. یہ مقام حرف گیری کا نہیں ہے یاد رکھیے کہ جذبات پرست طبائع حقیقت کی خشک توضیحات کو کبھی خاطر میں نہیں لاتیں خدا کی ہستی اُن کی نگاہ میں ایک ایسی ہستی ہے جسے وہ محسوس کر سکتے ہیں. اُن کے لئے اس کا وجود حقیقی ہوتا ہے. وہ اس محبوبِ حقیقی کو مجسم بنا لیتے ہیں وہ اُسے اپنی آنکھوں سے دیکھتے ہیں ہاتھوں سے چھوتے ہیں اور اپنی محبت کا تمام خزانہ اس کے قدموں پر نچھاور کر دیتے ہیں آخر ہمیں کیا حق ہے کہ ایسے خدا کو ہم اُن سے چھیننے کی کوشش کریں. اُن کے محبوب کو اُن کے پاس رہنے دیجئے اپنی معقولیت پسندی کو اُن پر زبردستی مت ٹھونسئے. آپ جس شخص کو معقولیت پسند کہتے ہیں وہ تو اُن کی نظر میں ایک ایسا احمق ہوتا ہے جو ایک خوبصورت اور نایاب مجسّمے کو یہ دیکھنے کے لئے توڑ دیتا ہے کہ وہ کس چیز کا بنا ہوا ہے. بھگتی یوگ جذبات پرست لوگوں کو محبوبِ حقیقی سے بے غرضانہ محبت کرنا سکھاتا ہے. وہ بتاتا ہے کہ خدا سے محبت کرنا بجائے خود خوب ہے وہ نیکی کی تعلیم دیتا ہے کیونکہ نیکی اپنا انعام آپ ہے بھگوان کے حقیقی بھگت دُنیا کی دھن دولت یا اولاد کی خاطر بھگوان سے پریم نہیں کرتے وہ اس کی پوجا اس لئے نہیں کرتے کہ اس کے عوض انھیں جنت میں جگہ حاصل ہو جائے ان کے لئے تو محبت ہی خود اپنا بلند ترین صلہ ہے. خدا خود ہی محبت ہے. بھگتی یوگ کی تعلیم یہ ہے کہ بھگت جس نام سے چاہے بھگوان کو پکارے. اس سے سچا پریم کرے جس صفت سے چاہے اس سے متصف کرے اس سے محبت کرے وہ اسے خالق قرار دے حاضر کُل کہے. ناظر کُل کے نام سے موسوم کرے اُسے حکمران مطلق کہے. باپ کہے ماں، خدا سب کچھ ہے لیکن بھگتی یوگ کے مطابق خدا کا بلند ترین تصور جو انسان کے ذہن میں آ سکتا ہے وہ یہ ہے کہ خدا محبوبِ مطلق ہے. جہاں محبت ہے جہاں پریم ہے وہیں خدا بھی ہے. محبت کا اظہار جہاں کہیں بھی اور جس کسی بھی صورت ہو خدا کے وجود کا اظہار ہوتا ہے. خاوند اپنی بیوی کا بوسہ لیتا ہے تو خدا اس بوسے کی شکل میں موجود ہوتا ہے. ماں بچّے کے مکھڑے کو چومتی ہے تو اس کے پیار میں خدا ہی کا جلوہ ہوتا ہے دو دوست ملتے ہیں یا آپس میں بغل گیر ہوتے ہیں تو ان کے تپاک میں بھی وہ خدائے محبت موجود ہوتا ہے

اسی طرح جب کوئی شخص حقیقی فلاح عام کا کام کرتا ہے تو خود خدائے تعالٰی ہی نیک کاموں کی صورت میں آشکار ہوتا ہے۔ اس کا جذبۂ محبت ہی بنی نوع انسان پر اپنے الطاف و کرم کی آزادانہ بارش کرتا ہوتا ہے۔
یہ ہے بھگتی یوگ کی تعلیم یہ ہے مسلک عشق کا اصل اصول اب مجھے عالمگیر مذہب کے چوتھے عنصر یعنی گیان یوگ کا ذکر کرنا ہے گیان یوگی یا سچا فلاسفر اور مفکر وہ ہے جو اس عالم شہود کی حدود سے بھی آگے نکل جانا چاہتا ہے یہی وہ انسان ہے جس کا دل دنیا کی چھوٹی چھوٹی باتوں سے آسودہ نہیں وہ روزمرہ کے معمول یعنی کھانے پینے اور اس طرح کے دوسرے تمام مشاغل میں مصروف رہنے پر اکتفا نہیں کرتا اس کی زندگی کا نصب العین ان سے بہت دور نکل جاتا ہے۔ ہزاروں علم حاصل کر لینے پر بھی اس کی سیری ممکن نہیں ہوتی ایک جہاں نہیں کائنات کے لاکھوں اور کروروں نظام اس کے بس میں ہوں تو بھی اس کی تسلی ممکن نہیں یہ سارے نظام تو اس کی نگاہ میں بالکل ایسے ہیں جیسے اس عالم وجود کے سمندر میں ایک قطرہ اس کی روح اس تمام دنیائے آب و گل کے ماورا قلب وجود کے اندر سرایت کر جانا چاہتی ہے۔ وہ حقیقت کو اس کی اصلی صورت میں دیکھنے کے لئے بے تاب ہے وہ حقیقت کا احساس اور انکشاف اپنی ذات میں کرنا چاہتی ہے من و تو کا فرق مٹا کر وحدت الوجود کا احساس بن جانا چاہتی ہے۔ ایسے یوگی کی روحانی پیاس اسوقت بجھتی ہے جب اس کی روح روح اعظم سے واصل ہو جاتی ہے۔ ایسے یوگی کی تسلی بس اسی حالت میں ہوتی ہے جب اس کی نجی ہستی حقیقت سے ایک ہو جاتی ہے ایسے یوگی کی نگاہ میں خدا کو باپ یا ماں یا خالق کائنات یا محافظ اور رہنما کے روپ میں دیکھنا حقیقت کو محدود کرنے کے برابر ہے اس قسم کے تصورات اس ہستی مطلق کو بیان کرنے کے لئے ناکافی ہیں۔ اس کی نظر میں خدا اس کی زندگی کا اصلی جوہر ہے اس کی روح کی روح ہے خود اس کی ذات ہی خدا ہے۔ اسکے علاوہ اور کچھ نہیں اس کی ہستی کے تمام فانی اجزا فلسفہ اور گیان کی ضرب سے پاش پاش ہو کر کالعدم ہو جاتے ہیں اور باقی بس خود خدا کی ذات رہ جاتی ہے۔

گیان یوگ کے اس فلسفے کو ہمارے یہاں ایک مثال سے یوں واضح کیا گیا ہے۔ ایک درخت پر دو پرندے بیٹھے ہیں ایک پرندہ درخت کی چوٹی پر بیٹھا ہے اور دوسرا نیچے کی شاخ پر چوٹی کا پرندہ چپ چاپ اپنے آپ میں مست بیٹھا ہے اس کے چہرے سے ایک خاص دبدبہ اور رعب ٹپک رہا ہے دوسرا پرندہ ادھر ادھر پھدک کر پھل کھا رہا ہے کبھی کوئی میٹھا پھل اس کے کھانے میں آجاتا ہے تو وہ خوش ہو جاتا ہے اور کبھی کڑوا پھل کھا لیتا ہے تو اسکے ذائقہ کو خراب کر دیتا ہے اس کی طبیعت آزردہ ہو جاتی ہے ایک دن وہ ایک نہایت کڑوا پھل کھا لیتا ہے اور اپنی زندگی سے بیزار ہو کر چوٹی کے پرندے کی طرف دیکھنے لگتا ہے کہ وہ کس اطمینان اور سکون کے ساتھ مزے میں بیٹھا ہے نہ اس کو میٹھے پھل کھانے شوق ہے نہ کڑوے

پھل کھانے کا خوف وہ اپنے سنہری پنکھوں کے نور میں غلطاں بیٹھا سب کچھ دیکھ رہا ہے اسے نہ خوشی کی فکر ہے نہ غم کا ڈر بس خاموش اور متین اپنی ہی ذات میں محو بیٹھا ہے جیسے اس کو اپنی ذات سے ماورا اور کوئی چیز نظر ہی نہیں آتی۔ یہ دیکھ کر نیچے والے پرندے کے دل میں بھی خواہش پیدا ہوتی ہے کہ مجھ پر بھی یہی کیفیت طاری ہو جائے جس میں اُوپر والا پرندہ محو ہے۔ اس خواہش کے تحت وہ تھوڑا اُوپر کی جانب اُٹھتا ہے لیکن اس کی یہ خواہش دیرپا نہیں ثابت ہوتی۔ پھر جھٹ سے پھل کھانے کا شوق اس پر غالب آجاتا ہے۔ تھوڑی دیر بعد پھر ایک بے حد کڑوا پھل اس کے مُنہ میں آجاتا ہے جس سے اس کو سخت اذیت پہونچتی ہے وہ پھر اُوپر والے پرندے کی جانب حیرت سے دیکھنے لگتا ہے اور اس کے قریب پہونچنے کی کوشش کرتا ہے اب کے بار پھر تھوڑی دور جا کر رُک جاتا ہے اور اسی طرح وہ بار بار اُوپر کی جانب اُٹھتا جاتا ہے حتیٰ کہ وہ چوٹی والے خوبصورت پرندے کے انتہائی قریب پہونچ جاتا ہے جہاں جا کر وہ کیا دیکھتا ہے کہ اسی پرندے کے پروں سے ایک نور کی شعاعیں نکل نکل کر خود اسکے اپنے جسم کے گرد گھیرا ڈال رہی ہیں۔ اس کو اپنے آپ میں ایک خاص قسم کی تبدیلی محسوس ہونے لگتی ہے ایسا معلوم ہوتا ہے گویا اس کا جسم بس پگھل رہا ہے پھر وہ اُوپر والے پرندے کے اور بھی قریب آجاتا ہے اور اس کے گرد و پیش کی ہر چیز پگھل جاتی ہے۔ آخر کار اس کی سمجھ میں آجاتا ہے کہ اس کی اپنی کبھی کوئی حقیقت ہی نہیں تھی۔ وہ اور اُوپر والا پرندہ دونوں دراصل ایک ہیں وہ تو چوٹی والے پرندے کا محض عکس تھا۔ یہ سایہ جو بظاہر مجسّم نظر آتا تھا اسے وہ غلطی سے اپنا علیحدہ وجود سمجھ بیٹھا تھا۔ یہ میٹھے اور کھٹے پھلوں کا کھانا یہ نچلی شاخوں پر بیٹھ کر رونا یا ہنسنا محض ایک وہم باطل ایک خواب تھا حقیقت تھی تو اس چوٹی والے پرندے کی جو خاموش اور مست بیٹھا تھا جس پر اس تمام دوران میں سکون کی کیفیت طاری تھی جس کے خدوخال سے شکوہ و جلال ٹپک رہا تھا جس کے پاس رنج و ملال پھٹک نہیں پاتا تھا۔ آپ سمجھ گئے ہوں گے کہ اس مثال میں چوٹی والے پرندے سے مراد ہے خدا اِس عالم کائنات کا آقا اور مالک اور نچلی سطح پر بیٹھنے والے پرندے سے مُراد ہے انسانی رُوح (جیو) جو دُنیا کے میٹھے اور کڑوے پھل کھا رہی ہے جب کبھی اس کے دل پر کوئی بڑی چوٹ لگتی ہے تو وہ تھوڑی دیر کے لئے پھلوں کا کھانا ترک کر دیتی ہے اور رنج و غم سے گھبرا کر ایسی زندگی کا خیال کرنے لگتی ہے جس میں ابدی سکون اور مسرّت ہو وہ خود کو بھول کر اس باکمال ہستی کے متعلق سوچنے لگتی ہے جس کا پُر جلال تصور تو اس کے دماغ میں ہے لیکن جس کی حقیقت سے وہ ابھی واقف نہیں ہے اور ایسی حالت میں جب رُوح کا رُخ خدا کی نامعلوم ہستی کی طرف ہو جاتا ہے اسے محسوس ہونے لگتا ہے کہ اسکے گرد و پیش نور کا ایک سیلابِ عظیم اُمڈ رہا ہے اس کو یہ تمام دُنیا محض ایک بے مصرف سا تماشا نظر آنے لگتی ہے لیکن یہ حالت دیر تک قائم

نہیں رہتی جلد ہی حواس اس کو اپنی طرف کھینچنے لگتے ہیں اور وہ پہلے ہی کی طرح دُنیا کے میٹھے اور کھٹے پھل کھانے لگتی ہے جب کبھی پھر اس کو کوئی سخت صدمہ پہونچتا ہے تو پھر اس کے دل کی آنکھیں کھُل جاتی ہیں اور اس کو یزدانی روشنی نظر آنے لگتی ہے اس طرح وہ رفتہ رفتہ خُدا کے قریب پہونچ جاتی ہے اور جتنی جتنی اس کی رسائی خدا کے قریب ہوتی جاتی ہے اتنی اتنی خود اس کی ذاتی ہستی مٹتی جاتی ہے جب وہ اس کے بالکل قریب پہونچ جاتی ہے تو اس کو پتہ چلتا ہے کہ اس کی اور خدا کی ہستی میں کوئی فرق ہی نہیں۔ اس منزل پر پہونچ کر وہ خوشی کا نعرہ لگاتی اور اعلان کرتی ہے کہ جس ہستی کے متعلق میں نے سُنا تھا کہ وہ اس عالم کائنات کی روحِ رواں ہے جس کے نور سے کائنات کے بے شمار سورج اور چاند روشن ہیں جس کی چمک ذرّے ذرّے میں بس رہی ہے وہی خود ہماری زندگی کی بِنا اور ہماری رُوح کی رُوح ہے بلکہ ہمہ اوست ہے۔ یہ ہے تعلیم گیان یوگ کی۔ انسان کی ہستی بنیادی طور پر ربانی ہستی ہے حقیقت تو بس ایک ہے۔ خُدا اور بندہ دونوں کی دو علیٰحدہ علیٰحدہ ہستیاں نہیں ہیں۔ ہم میں سے ہر شخص بذات خود وہ ربِّ مُطلق۔ وہ پرماتما ہے جس کا ظہور صفحۂ ارض پر ہو رہا ہے۔ ہمارے پاؤں تلے رینگنے والے ادنےٰ ترین کیڑے سے لے کر اُن بلند پایہ ہستیوں تک جن کے رعبِ جلال، جن کی عظمت اور شان و شوکت کے سامنے ہم سر نہیں اُٹھا سکتے۔ اُن سب میں اسی ایک ایشور اسی خداوند تعالےٰ کا جلوہ ظہور پذیر ہو رہا ہے۔ زِندگی واحد الوجود ہے۔

میں نے چار مختلف رُوحانی راستوں کا ذکر کیا ہے آپ اپنی طبیعت اپنے رُجحان کے مُطابق اپنا راستہ خود منتخب کر سکتے ہیں لیکن جو راستہ بھی آپ اختیار کریں اس پر پُورا عمل کرنا ہوگا۔ ان مختلف قسم کے یوگوں کی عملی مزاولت بہت ضروری ہے۔ صرف ان کے اُصولوں کو جان لینے سے کوئی فائدہ نہیں۔ میں مانتا ہوں کہ روحانی زندگی کا پہلا قدم یہ ہے کہ ان اُصولوں کا ذکر سُنا جائے اور پھر ان کو سمجھنے کیلئے ان پر غور کیا جائے اس کے لئے ہمیں عقل و دلیل سے پورا کام لینا ہوگا تاکہ انھیں اپنے دلوں پر نقش کر لیا جائے اس کے بعد ہمیں ان پر دھیان لگانا ہوگا تاکہ ہم ان کا عرفان حاصل کریں۔ اور یہ خیالات ہماری رگ رگ میں سما جائیں۔

تو یہ تھا بیان ان مختصر عناصر کا جو ایک عالمگیر مذہب میں ہونے چاہئیں تاکہ اپنے اپنے ارتقائی مرحلے کے مُطابق ہر شخص اپنی پسند کا راستہ اختیار کرلے۔ گیان یوگ۔ بھگتی لوگ۔ راجیہ یوگ۔ یا کرم یوگ تو طریقۂ عمل کے اصطلاحی نام ہیں۔ میں کسی خاص مذہب کا پرچار نہیں کر رہا ہوں۔ اگر کسی مذہب کو ہمہ گیر ہونا ہے تو اس میں انسان کے ارتقا کی مدارج کے لئے گنجائش پیدا کرنا ہو گی لیکن اس سے بھی زیادہ ضروری بات یہ ہے کہ مذہبی اُصولوں کو عملی جامہ پہنائے بغیر رُوحانیت کا حاصِل ہونا ممکن نہیں۔ اس مقام

پر پہونچ کر مذہب عملی صورت اختیار کر لیتا ہے وہ محض عقلی نظریوں کا سلسلہ نہیں رہتا۔ مذہبی اور رُوحانی اصولوں کو محض ذہنی طور پر تسلیم کرنا کافی نہیں ہوتا۔ وہ تو ہماری ذات میں داخل ہو جاتے ہیں۔

عقل و خرد کے فیصلوں کا کوئی اعتبار نہیں۔ ہم دیکھتے ہیں کہ دلیل اور منطق کی رُو سے جس چیز کو آج ہم قبول اور تسلیم کرتے ہیں کل دوسری دلائل کے تحت اسی سے منکر بھی ہو جاتے ہیں یہی نہیں بلکہ بسا اوقات کل کی باتوں کو احمقانہ قرار دینے سے بھی دریغ نہیں کرتے۔ ہمیں عقل اور ذہن سے کام ضرور لینا ہے لیکن یاد رہے کہ عقل کے فیصلے اٹل نہیں ہوتے۔ ان میں تغیر کا ہونا لازمی ہے عقل و خرد کام ہی تغیر کی سطح پر کرتی ہیں لیکن سچے مذہب کے بنیادی اصولوں میں کبھی کوئی تبدیلی نہیں ہوتی۔

ان ابدی اصولوں کو عملی طور پر اپنانا ہی سچی رُوحانیت ہے۔ مذہب خالی باتیں بنانے کا نام نہیں رُوحانیت کسی خاص نظریے کو تسلیم کرنے سے حاصل نہیں ہوتی خواہ وہ نظریہ کتنا ہی تسلی بخش کیوں نہ ہو مذہب انکشاف ذات کا دوسرا نام ہے۔ رُوحانیت عرفان کے مترادف ہے۔ مذہب اور رُوحانیت کی راہِ عمل میں سُننے سنانے سے کام نہیں چلتا یہاں تو سوال زندگی کا رُخ بدل دینے کا خودی سے خُدا بننے کا ہے اگر آپ کو مذہب اور رُوحانیت مطلوب ہے، تو اس شاہراہِ عمل پر گامزن ہونا پڑے گا۔ اپنے ایمان کو مجسّم بنانا ہو گا۔ عمل ہی مذہب ہے باقی سب باتیں ہی باتیں ہیں۔

# پارلیمنٹ آف ریلیجنز (مجلسِ مذاہب)

## شکاگو میں خطبۂ استقبالیہ کا جواب

### ۱۱ ستمبر ۱۸۹۳ء

امریکی بہنو اور بھائیو۔

جس گرم جوشی اور محبت سے آپ نے ہم سب کا استقبال کیا ہے اس کا شکریہ ادا کرتے ہوئے مجھے جو انتہائی خوشی محسوس ہو رہی ہے وہ بیان سے باہر ہے۔ میں دنیا کے قدیم ترین سنیاسیوں کی جماعت کی طرف سے آپ سب کا شکریہ ادا کرتا ہوں، میں اس دیش کی طرف سے آپ کا شکریہ ادا کرتا ہوں جہاں مذہب کا جنم ہوا اور میں وہاں کے کروڑوں ہندوؤں کی طرف سے بھی آپ کا تہِ دل سے شکریہ ادا کرتا ہوں، میں اُن مقررون کا بھی ممنون ہوں جنہوں نے مجھ سے پہلے اپنی تقریروں میں ہم مشرقی نمائندوں کا ذکر کرتے ہوئے کہا کہ ہم سب اس کانفرنس سے اپنے دُور دراز ملکوں میں صلح و آشتی اور رواداری کا پیغام لے کر جائیں گے۔ اس سلسلے میں مَیں یہ کہے بغیر نہیں رہ سکتا کہ میں ایک ایسے مذہب کی نمائندگی کر رہا ہوں جس نے نہ صرف تمام دنیا کو صلح و آشتی کا سبق دیا ہے بلکہ ہمیشہ دنیا کے سب مذاہب کو اصولاً اور عملاً اپنایا ہے، مجھے اس بات کا فخر ہے کہ میں اس قوم کا فرد ہوں جس نے ہر مذہب و ملت کے ستم زدہ پناہ گزینوں کو اپنے ہاں جگہ دی ہے۔ میں فخریہ کہہ سکتا ہوں کہ جب روم کے مطلق العنان حکمرانوں نے اسرائیل قوم کی متبرک عبادت گاہ کی اینٹ سے اینٹ بجا دی اور جب اس قدیم قوم کی تہذیب کے علمبردار روم کے مظالم سے بھاگ کر ہندوستان آئے تو ہم نے انہیں گلے لگا کر اپنے یہاں جگہ دی یہ ہمارا ہی مذہب اور ہماری ہی قوم تھی جس نے زرتشت کے خوددار پیروؤں کو اس طرح اپنایا کہ وہ آج تک اپنے مذہب اور اپنی روایات پر چلتے ہوئے ہماری قوم کا ایک شاندار جزو بن گئے ہیں۔ دُوسرو ں

کو اپنانا تو ہماری گھٹی میں پڑا ہے۔ میرے بھائیو میں آپ کے سامنے ایک پرارتھنا کا چھوٹا سا حصہ پیش کرتا ہوں جسے میں بچپن سال سے دہراتا چلا آیا ہوں اور جسے میری طرح میرے کروڑوں ہم مذہب ہر روز دُہراتے ہیں۔ اس سے آپ کو اندازہ ہو جائے گا میرا مذہب کیا ہے۔

"میرے خدا جس طرح مختلف ندیاں اپنے اپنے منبع سے نکل کر مختلف مقامات سے گزرتی ہوئی آخر کار سمندر میں آکر گھل مل جاتی ہیں اسی طرح وہ تمام رستے جو مختلف مذہبوں اور قوموں کے لوگ اپنی اپنی پسند یا روایت کے مطابق اختیار کر لیتے ہیں سب آخر تجھ ہی تک پہنچ جاتے ہیں خواہ وہ دیکھنے میں کتنے ہی عجیب و غریب اور اُلٹے سیدھے نظر آئیں۔"

ہماری یہ معتبر کانفرنس خود اس عالمگیر اصول کی تصدیق کرتی ہے جس کا اعلان ہزاروں برس پہلے گیتا نے ان الفاظ میں کیا تھا۔

"جو کوئی بھی میری شرن میں آتا ہے میں یقیناً اُس تک پہنچتا ہوں۔ تم جس صورت میں مجھے تلاش کرو گے میں اُسی صورت میں تمہیں ملوں گا۔ سب انسان مجھ تک آنے میں کوشاں ہیں اور آخر کار مجھی تک پہنچیں گے کیونکہ میں ہی سب رستوں کی منزل ہوں۔[1]"

جماعت بندی، کینہ پروری، بُغض و عناد، مذہبی تعصب نے دنیا پر صدیوں سے تسلط جما رکھا ہے، ان کی بدولت بار ہا فساد ہوئے، جنگ و جدل تک نوبت آئی، انسان کے خون سے زمین لال ہو گئی، قومیں تباہ ہو گئیں اور اُن کی تہذیب کا نام و نشان تک مٹ گیا۔ اگر اُن شیطانی طاقتوں نے ہماری سوسائٹی پر غلبہ نہ پایا ہوتا تو ہماری تہذیب ارتقا کی کئی اور منزلیں طے کر چکی ہوتی، لیکن ہمیں مایوس ہونے کی ضرورت نہیں، اِن شیطانی طاقتوں کے مٹنے کا وقت آگیا ہے، مجھے پوری امید ہے بلکہ یقین ہے کہ گھنٹیوں کی جس میٹھی اور سُریلی آواز سے اِس کانفرنس کا آغاز ہوا وہی آواز ایک نعرہ بن کر تعصب اور کینہ پروری کی موت کا اعلان کرے گی۔ خواہ وہ تعصب تلوار کے زور پر قائم ہو یا قلم کے بل بوتے پر۔ اگر ہم سب یہ سمجھ لیں کہ ہم ایک ہی منزل کی طرف گامزن ہیں تو ہمارے سماجی اور سیاسی نظام میں تعصب کے لئے کوئی گنجائش نہیں رہتی، تمام تفرقات مٹ جاتے ہیں، بُغض و عناد ختم ہو جاتا ہے اور ہم سب ایک دُوسرے کے قریب ہو جاتے ہیں۔

ابھی ابھی جو آپ نے بلیغ اور شاندار تقریر سُنی اس میں مقرر نے ہم سے پُرزور اپیل کرتے ہوئے

---

[1] میانِ کعبہ و بت خانہ ہیچ فرقے نیست۔
بہر طرف کہ نظر می کنی برابر اوست۔ [2] اگلے صفحہ پر

کہا "آؤ ہم ایک دُوسرے کو بُرا بھلا کہنا چھوڑ دیں" میں یہ کہوں گا کہ آؤ ہم سوچیں کہ ہمارے آپس کے تفرقات پیدا ہی کیوں ہوتے ہیں، اُن کی اصل ہی کیا ہے؟ اُن سب کا باعث ہماری لاعلمی اور جہالت ہے۔ میں آپ کو ایک چھوٹی سی کہانی سُناتا ہوں جس سے میری بات واضح ہو جائے گی۔ ایک تھا کنویں کا مینڈک وہ جنم سے وہیں رہتا آیا تھا۔ ایک دن کی بات ہے ایک اور مینڈک وہاں آنکلا۔ یہ مینڈک سمندر کے کنارے رہتا تھا۔ کنویں کے مینڈک نے پوچھا "بھئی کہاں سے آنا ہوا؟" اُس نے جواب دیا "سمندر سے آیا ہوں" کنویں کے مینڈک نے کنویں کے ایک سرے سے دوسرے سرے تک چھلانگ لگائی اور کہا "سمندر؟ کیا وہ بھی اس کنویں سے بڑا ہے؟" سمندر کا مینڈک مُسکرا کر بولا "بھئی کہاں سمندر اور کہاں تمہارا کنواں؟ ان دونوں میں مقابلہ ہو ہی کیا سکتا ہے؟" کنویں کے مینڈک نے ایک اور چھلانگ لگائی اور کہا اچھا تو کیا تمہارا سمندر اتنا بڑا ہے؟" سمندر کے مینڈک نے کہا "ارے بھائی تم بھی کیا بےعقلی کی بات کرتے ہو، میں کہہ تو رہا ہوں کہ سمندر اور کنویں کا کوئی مقابلہ ہی نہیں" کنویں کا مینڈک اکڑ کر بولا "تو تم جھوٹ کہتے ہو، چلو یہاں سے چلتے بنو، میرے اِس کنویں سے کوئی شے بڑی نہیں ہو سکتی۔"

غور سے دیکھا جائے تو ہم سب اپنے اپنے کنویں کے مینڈک ہیں۔ میں ہندو ہوں میں اپنے کنویں میں بیٹھ کر سمجھ لیتا ہوں کہ تمام کائنات میری اس چھوٹی سی دُنیا میں بسی ہے، اسی طرح عیسائی اور مسلمان بھی اپنے اپنے کنویں پر ہی تمام عالم کا دار و مدار سمجھنے لگتے ہیں اب آپ خود ہی بتائیے کہ ہمارے تفرقات کی بنیاد لاعلمی اور جہالت نہیں تو اور کیا ہے؟[1]

میرے امریکی بھائیو میں آپ کا بہت شکر گزار ہوں کہ آپ نے ہم سب کو یکجا کر کے عالمی یکجہتی کی طرف ایک زبردست قدم اُٹھایا ہے اور اُن دیواروں کو جو ہمارے درمیان حائل ہو رہی ہیں مٹانے کی ایک قابلِ قدر کوشش کی ہے میری دُعا ہے کہ خدائے تعالیٰ آپ کی اس کوشش کو کامیاب بنائیے۔

---

پچھلے صفحہ کا حاشیہ :۔ سوامی جی نے یہ چھوٹی سی تقریر ۱۵ ستمبر ۱۸۹۳ء کے دن کی لیکن چونکہ اس کا موضوع وہی جو اُن کی پہلی تقریر کا تھا۔ اس لئے میں نے اِسے پہلی تقریر سے ملا دیا ہے۔

[1] جنگِ ہفتاد و دو ملت ہمہ را عذر بنہ ٭ چوں ندیدند حقیقت رہِ افسانہ زدند

# ہندو دھرم

## یہ لیکچر پارلیمنٹ آف ریلیجنز شکاگو میں ۱۹ ستمبر ۱۸۹۳ء کو پڑھا گیا

دُنیا میں تین ایسے مذہب ہیں جو ابتدائے تاریخ سے بھی پہلے چلے آتے ہیں۔ یہ مذہب ہیں ہندو مت، زرتشت کا مذہب، اور یہودیوں کا مذہب۔ اِن تینوں مذہبوں کو گذشتہ صدیوں کے دوران میں کئی بار دھکے لگے ہیں لیکن اُن میں کوئی ایسی اندرونی طاقت ہے جس نے انہیں آج تک بچائے رکھا لیکن یہودی مت عیسائیت کو اپنے میں جذب کرنے سے قاصر رہا اور عیسائی مذہب نے اُسے اپنی جنم بھومی ہی سے نکال دیا۔ اِسی طرح زرتشت کے شاندار مذہب کے نام لیوا بھی صرف چند پارسی رہ گئے ہیں۔ مگر ہندو مت آج تک اپنی پوری شان سے زندہ ہے۔ ہندوستان کی سرزمین سے ہزاروں مذہبی فرقے اُٹھے اور کئی بار تو ویدک دھرم کی بنیادیں تک ہل گئیں لیکن آخر کار سب فرقے اِسی میں سما گئے جیسے کہ زبردست بھونچال آنے پر کچھ دیر کے لئے سمندر کی لہریں پیچھے ہٹ جاتی ہیں لیکن جلد ہی اپنی پوری طاقت اور عظمت کے ساتھ واپس آجاتی ہیں ویسے ہی ویدک دھرم بھی ہر مذہبی زلزلے کے بعد ایک نئی شان اور نئی طاقت لئے بار بار نمودار ہوتا رہا اس طرح نہ جانے کتنے فرقے اِس پُرانے مذہب میں جذب ہو کر اسی کا جُز و بن گئے۔ یہ ہندو مت کی ہمہ گیر جامعیت ہی کی شان ہے کہ جہاں اس میں فلسفہ ویدانت کی فلک شگاف رُوحانی بلندیاں رُونما ہیں وہاں بُت پرستی کی پستیاں بھی موجود ہیں خُدا کے اقرار و انکار سے بالا بُدھ مت جہاں اِس مذہب کا جُز و بن گیا ہے وہاں خدا کی ہستی سے مُنکر جین مت بھی اس مذہب میں شامل ہو گیا ہے جہاں علم کے وہ مُہر بہ مُہر خزانے بھرے ہیں جن کا پتہ سائنس کی تمام معلومات بھی پوری طرح دینے سے قاصر ہیں۔ وہاں مائتھالوجی[1] کی ایسی کہانیاں

---

[1] Mythology دیو مالا

بھی موجود ہیں جنہیں عقلِ سلیم ماننے کے لئے تیار نہیں۔

تو آپ پوچھ سکتے ہیں کہ اس مذہب کا کوئی مرکز ہے جہاں یہ تمام نُقطہ نظر آن ملتے ہیں؟ ہندو مت میں وہ کیا ایسی چیز ہے جو اِن تمام مختلف نظریوں کو یکجا کرتی ہے جو بظاہر ایک دُوسرے کو قطع کرتے دکھائی دیتے ہیں؟ یا یوں کہیئے کہ ہندو مت کے بنیادی اُصول کیا ہیں؟ آج میں اِس سوال کا جواب آپ کے سامنے پیش کرنے کی کوشش کروں گا۔

ہندوؤں کا مذہب الہامی مذہب ہے۔ اِس الہام کا نام "وید" ہے۔ ہمارا عقیدہ ہے کہ "وید" لازوال اور ابدی حقیقت ہے۔ اِس کا نہ کوئی آغاز ہے نہ انجام۔ آپ سمجھتے ہوں گے میں یہ کیسی بے تکی بات کر رہا ہوں یہ کیسے ہو سکتا ہے کہ کسی کتاب کا نہ آغاز ہو نہ انجام۔ بات دراصل یہ ہے کہ ویدوں سے ہندوؤں کا مطلب محض وہ کتابیں نہیں جو اس نام سے مشہور ہیں؛ ویدوں کے معنی ہیں وہ تمام رُوحانی اُصول جو مختلف وقتوں میں مختلف رُوحانی ہستیوں نے دریافت کئے، جیسے کہ کششِ ارضی کا اُصول[1] نیوٹن کی دریافت کرنے سے پہلے بھی تھا اور اگر دُنیا پھر اِس اُصول کو بھول جائے تو بھی یہ اُصول ویسے کا ویسا ہی اٹل رہے گا اُسی طرح عالمِ رُوحانی کے اُصول بھی ازلی ہیں، رُوحوں کے آپس کے اخلاقی اور رُوحانی تعلقات اور پھر ان رُوحوں اور رُوحِ اعظم کے تعلقات ہمیشہ سے موجود ہیں اور ہمیشہ موجود رہیں گے[2] ہمیں ان تعلقات کا علم ہو یا نہ ہو، ہندوؤں کی مُراد ویدوں سے یہی وہ لازوال اور ابدی رُوحانی اصول ہیں۔ ہندو اِن اُصولوں کو دریافت کرنے والی ہستیوں کو رشی کے نام سے پکارتے ہیں اور اِن تمام ہستیوں کی سچّے دل سے عزّت کرتے ہیں؛ بلکہ یوں کہنا چاہئے کہ اُن کی پُوجا کرتے ہیں؛ مجھے اس کانفرنس کو جہاں عورتیں کافی تعداد میں موجود ہیں یہ بتاتے ہوئے بہت خُوشی ہوتی ہے کہ ہمارے بڑے بڑے رشیوں میں بہت سی عورتیں بھی شامل ہیں۔

آپ یہ کہہ سکتے ہیں کہ یہ رُوحانی اصول لافانی سہی لیکن آخر کبھی تو اُن کی ابتدا ہوئی ہو گی کسی نے تو انہیں بنایا ہو گا۔ ویدوں کے مطابق کائنات کی نہ کوئی ابتدا ہے نہ انتہا۔ آج کل سائنس نے ثابت کر دیا ہے کائناتی انرجی ( Universal Energy ) کا حاصل ہمیشہ ایک رہتا ہے اس کے یہ معنی ہوئے کہ یہ ناممکن ہے کہ کبھی کچھ بھی موجود نہ ہو اور پھر یہ تمام عالمِ ظہور وجُود میں آ جائے۔ نیست سے ہست پیدا نہیں ہو سکتا بعض لوگ کہتے ہیں کہ یہ تمام کائنات خدا کی ہستی میں ایک پوشیدہ قوت[3] کی صورت میں تھی۔ اگر اُسے سچ مان لیا جائے تو یہ بھی ماننا پڑے گا کہ خدا کبھی مضمر ہوتا ہے اور کبھی آشکار کبھی خوابیدہ اور کبھی بیدار کبھی ساکن اور کبھی محرک

---

[2] ماجرائے من و معشوق مرا پایاں نیست ٭ ہر چہ آغاز نہ دارد نہ پذیرد انجام'

[1] Law of gravitation. [3] Potential.

کبھی چھوٹے سے بیج کی صورت میں مخفی طاقت اور کبھی شاخ دشجر کی شکل میں ظاہر عظمت یعنی کہ خدا کی کبھی توت پوشیدہ ( potential ) کی صورت میں ہوتا ہے اور کبھی ظاہر ( Kinetic ) اس کے یہ معنی ہوئے کہ خدا کی صورت بدل سکتی ہے۔ اور اگر ایسا ہے تو پھر خدا لازوال نہیں، ہر چیز جو تغیر پذیر ہے وہ دو یا زیادہ جزؤں کی مل کر بنتی ہے۔ اور ہر ایسی شے کے جزو ایک نہ ایک دن علیحدہ ہو جاتے ہیں اور ہم اس تغیر کو موت کا نام دیتے ہیں اگر یہ دلیل ٹھیک ہے اور اگر خدا کی صورت بدل سکتی ہے یعنی کبھی پوشیدہ ( potential ) اور کبھی ظاہر (Kinetic) ہو سکتی ہے تو اس کا مطلب یہ ہوا کہ ایک دن خدا کی بھی موت ہو جائیگی اور یہ بالکل بے تکی اور بے معنی بات ہے۔ اس لئے ہمیں ماننا پڑے گا کہ یہ کائنات ہمیشہ سے ہے اور ہمیشہ رہے گی۔ اس کی نہ ابتدا ہے نہ انتہا[1] یا یوں کہیئے کہ خدا اور اس کی دُنیا، خالق اور تخلیق دو متوازی لکیریں ہیں جو ہمیشہ ایک دُوسرے کے مقابل رہی ہیں اور رہیں گی۔ خدا ایک دائمی طاقت ہے جس کی بدولت جہان در جہان ظہور میں آتے ہیں، پردۂ غیب میں چھپ جاتے ہیں اور پھر نمودار ہو جاتے ہیں۔ اس خیال کو ہمارے یہاں ایک پرارتھنا میں یوں بیان کیا گیا ہے کہ "چاند اور سُورج کو خالق نے پہلے یُگوں ( time-cycles ) کے چاند اور سُورج کی طرح تخلیق کیا ہے"۔

یہ ہے ہندو دھرم کا پہلا اصول۔ دُوسرا اصول یہ ہے کہ آدمی محض حواس خمسہ کا ایک مجموعہ نہیں ہے۔ جسم مر کھپ جاتا ہے لیکن رُوح لافانی ہے۔ دیکھئے میں آپ کے سامنے کھڑا ہوں اگر میں اپنی آنکھیں بند کر لوں اور سوچوں کہ میں کیا ہوں تو سب سے پہلے مجھے اپنے جسم کا خیال آئے گا۔ تو کیا میں محض ہڈی اور ماس کا پُتلا ہوں۔ اور اس کے علاوہ میری کوئی حقیقت نہیں، وید اعلان کرتے ہیں کہ میں فقط جسم نہیں ہوں میں اس مادی جسم میں ایک زندۂ جاوید رُوح ہوں، جسم ایک دن مر جائے گا لیکن میں ازلی اور لافانی ہوں۔ نہ میری تخلیق ہوئی ہے نہ میری تخریب ہو سکتی ہے ماضی بھی میرا ہے حال اور مستقبل بھی میرا۔ مکان و زمان مجھ میں ہے میں اُن سے محدود نہیں۔

اگر فرض کر لیا جائے کہ رُوح کی تخلیق ہوئی تو پھر اُس کی موت بھی لازمی ہے کیونکہ

زندگی کیا ہے عناصر میں ظہور ترتیب
موت کیا ہے انہیں اجزا کا پریشاں ہونا

اور اگر رُوح بھی فانی ہے اور کائنات محض مادی اجزا کے یکجا ہونے اور بکھرنے کا نام ہے تو ایسا کیوں ہوتا ہے کہ اس دنیا میں کچھ لوگ خوشی اور مسرت کے لئے پیدا ہوتے ہیں، جسمانی صحت اور خوب صُورتی اُن کے

---

[1] In that case God is sometimes potential and sometimes Kinetic which would make Him mutable. Everything mutable is a compound and everything compound must undergo that change which we call destruction. So God would die which is absurd. Therefore there never was a time when there was no creation.

حصے میں آتی ہے۔ وہ دماغی قوت سے مالامال ہوتے ہیں اور اُن کی ضرورت ہر خواہش پوری ہوتی رہتی ہے اور کچھ لوگ رنج والم لئے اس دُنیا میں آتے ہیں، اُن کی ساری عمر مصیبتیں جھیلتے کٹتی ہے اور وہ جسمانی صحت سے محروم۔ دماغی توازن سے عاری، مفلسی اور غریبی کے دن کاٹتے ہیں۔

کیا فلسفۂ مادّیات کے پاس اِس سوال کا جواب ہے؟ کیا ایک رحیم و کریم خالق اس ناانصافی کو برداشت کرسکتا ہے؟ اگر خدا ہم سب کی تخلیق کرتا ہے تو آدمی آدمی میں یہ فرق کیا؟ یہ کوئی تسلی بخش جواب نہیں کہ جو لوگ یہاں مُصیبت اور دُکھ کی زندگی کاٹتے ہیں اگلی دُنیا میں سُکھ چین پائیں گے۔ آخر ایک رحیم خالق کی کائنات میں یہ کیوں ضروری ہے کہ آدمی اس دُنیا میں دُکھ سہے تاکہ دُوسری دُنیا میں آرام پائے۔ یا تو یہ کہنا پڑے گا کہ ایسا خالق جس کی دنیا میں یہ سب ناانصافی جائز ہے ایک مطلق العنان ہستی ہے جو اپنی من مانی کرتا ہے یا یہ ماننا پڑے گا کہ خالق و تخلیق کا نظریہ ہماری تسلی کے لئے ناکافی ہے اور دنیاوی غمی اور خوشی آرام اور مصیبت کا سبب کچھ اور ہی ہے۔ اور اگر ایسا ہے تو یہ سبب آدمی کی پیدائش سے پہلے وجود میں آتا ہے۔ اس کے یہ معنی ہوئے کہ اس جنم سے پہلے بھی ہماری کوئی زندگی تھی جس کا اثر ہم پھر اس دنیا میں لے آئے ہیں۔

آپ کہہ سکتے ہیں کہ اِس نظریہ کی چنداں ضرورت نہیں آدمی کے جسمانی اور دماغی رُجحان اُسے اپنے آبا و اجداد سے ورثے میں ملتے ہیں لیکن آپ سوچیں تو یہ وضاحت کہاں تک تسلی بخش ہے؟ ہمارے سامنے جسمانی اور دماغی وجود کی اپنی اپنی ہستی موجود ہے ہم اپنے تجربے کی بنا پر یہ ثابت نہیں کرسکتے کہ ہماری دماغی زندگی مادّی اجزا سے ہی پیدا ہوتی۔ اگر ہم یقینی طور پر یہ کہہ سکتے ہیں کہ ہماری قوتِ خیال۔ ہماری تخلیق و اختراع کی طاقت، ہماری سوال پوچھنے کی عادت، ہماری قدریں، ہمارے احساسات و جذبات سب کے سب مادّی ہیں تو شاید مادیات کا نظریہ ہمارے سب عقدے حل کرنے میں کامیاب ہو جاتا لیکن ایسا نہیں ہے۔ مجبوراً ہمیں مادّیات سے اُوپر اُٹھنا پڑتا ہے اور ایک ایسی چیز کا اعتراف کرنا پڑتا ہے جس سے مادّی اور غیر مادّی دونوں اجزا وجود میں آئے جیسے سائنس داں مادّی اشیا کی اصل تک پہنچنے کے لئے ایک بنیادی جُزو کی تلاش کرتا ہے جس سے سب چیزیں مرکب ہیں اسی طرح فلسفی کو بھی اس چیز کی ضرورت پڑتی ہے جس میں مادّی اور غیر مادّی دونوں جز و سما سکیں اس دلیل کی بنا پر وحدت الوجود کا نظریہ بھی ثابت کیا جاسکتا ہے لیکن میں محض دلیل سے کام نہیں لینا چاہتا مجھے اس سے انکار نہیں کہ انسان کے کئی رجحانات اسے ماں باپ سے ملتے ہیں لیکن اِن سب کا تعلق جسم سے ہوتا ہے۔ جہاں تک دماغی تاثرات کا تعلق ہے وہ جسم کی وساطت سے پیدا ہوتے ہیں۔ لیکن یہ تمام جسمانی اور بالواسطہ دماغی رُجحانات انسانی کردار کی پوری طرح وضاحت نہیں کرتے۔ انسانی زندگی کا مطالعہ کرنے سے معلوم ہوتا ہے کہ ان کے علاوہ کچھ اور رجحانات بھی ہیں جو اس کے کیرکٹر کی تشکیل کرتے ہیں۔ یہ ہیں وہ رُوحانی رجحانات جو انسان اپنے پچھلے جنم سے اپنے ساتھ

لاتا ہے[1]۔ اور حق تو یہ ہے کہ یہی رُجحانات ہی اُسے خاص خاص خاندانوں میں جنم لینے پر مجبور کرتے ہیں تاکہ وہ اس خاندان کے مخصوص ماحول میں اپنے اظہار کے مواقع حاصل کر سکے اور یہ بات سائنس کے تازہ تجربات کے بھی موافق ہے سائینس داں کہتے ہیں کہ انسانی کردار میں 'عادت' کو بہت حد تک دخل ہے اور عادت آخر ایک ہی بات کو دُہرانے سے بنتی ہے اگر ہمارے رُجحانات 'عادت' کی ایک شکل ہیں تو یہ عادت ہم میں جنم سے پہلے ہی پڑی ہو گی کیونکہ نئے جنم کی عادتیں پڑنے میں تو وقت لگتا ہے۔

آپ مجھ سے پوچھ سکتے ہیں کہ اگر یہ سب سچ ہے تو ہمیں اپنے پچھلے جنم کے حالاتِ زندگی کیوں قطعاً یاد نہیں اِس سوال کا جواب یہ ہے کہ پچھلے جنموں کی یاد ہمارے تحت الشعور میں موجود ہے' مثال کے طور پر دیکھئے کہ میں اسوقت آپ کے سامنے انگریزی میں تقریر کر رہا ہوں۔ انگریزی میری مادری زبان نہیں ہے لیکن اس وقت میری مادری زبان کا ایک لفظ بھی میرے شعور میں داخل نہیں ہے لیکن اگر میں اپنے خیالات کو اپنی مادری زبان میں سوچنے لگوں تو فوراً میرے شعور میں اپنی زبان کے الفاظ کا طوفان اُمڈ پڑے گا ظاہر ہے کہ ہمارا روزمرّہ کا شعور ہمارے دماغی سمندر کی سطح ہے۔ اس سمندر کی تہ میں ہمارے سب تجربات ڈوبے ہوئے ہیں۔ کوشش کرنے سے ہم اپنی گذشتہ زندگی کو بھی شعور کی سطح پر لا سکتے ہیں[2]۔ یہ کچھ محض نظریہ ہی نہیں۔ اس کے ثبوت میں نہ صرف ہمارے رشیوں کے ذاتی تجربات موجود ہیں بلکہ انہوں نے وہ طریقے بھی بتا دیئے ہیں جن پر عمل کرنے سے' ہم خود اس بات کا ثبوت بہم پہنچا سکتے ہیں۔ یہ چیلنج ہم تمام دنیا والوں کو دیتے ہیں کہ آؤ اور خود آزما کر دیکھو کہ تحت الشعور کے اتھاہ سمندر میں کس طرح ہلچل مچائی جا سکتی ہے اور کس طرح جنم جنم کے حالات سے واقفیت حاصل ہو سکتی ہے[3]۔

ہندوؤں کا اعتقاد ہے کہ آدمی درحقیقت ایک لازوال رُوح ہے جسے نہ تلوار کاٹ سکتی ہے۔ نہ آگ جلا سکتی ہے نہ پانی بھگو سکتا ہے نہ ہوا اُسے سُکھا سکتی ہے۔ ہر رُوح ایک ایسا دائرہ ہے جس کا محیط مکان و زمان کی حدود سے باہر ہے اور جس کا مرکز ہمارے جسم کے اندر ہے' موت کی حقیقت بس اتنی ہے کہ رُوح کا یہ مرکز ایک جسم سے دُوسرے میں منتقل ہو جاتا ہے۔ رُوح مادّی مجبوریوں کی کسی طرح بھی پابند نہیں۔ یہ دراصل

---

[1] ما مے بہ بانگِ چنگ نہ امروز می خوریم ، ÷ بس دور شد کہ گنبدِ چرخ ایں صدا شنید ،
ملامتم بخرابی مکن کہ مرشدِ عشق ، ÷ حوالتم بخرابات کرد روزِ نخست ÷

[2] بیادِ چشمِ تو خود را خراب خواہم ساخت ، ÷ بنائے عہدِ قدیم استوار خواہم کرد ÷

[3] اس سلسلے میں آجکل ہپناٹزم نے کافی معلومات بہم پہنچائی ہیں اور ثابت کر دیا ہے کہ انسان نہ صرف بچپن بلکہ جنم سے پہلے کے حالات کو بھی شعوری سطح پر لا سکتا ہے۔

مطلقاً آزاد ہے۔ اس کی کوئی حد نہیں یہ پاک ہے متبرک ہے اور ہر لحاظ سے کامل ہے[1] لیکن وہ اپنی حقیقت کو بھول کر کسی طرح سے مادّہ سے متعلق ہو گئی ہے اور سمجھنے لگی ہے کہ وہ خود مادّہ ہے۔ مکان و زمان سے متعلق ہو گئی ہے اور سمجھنے لگی ہے کہ وہ مکان و زمان سے محدود ہے۔

یہاں قدرتی طور پر سوال پیدا ہوتا ہے کہ ایک پاک متبرک اور آزاد ہستی مادّہ ( matter ) کی غلامی میں کیسے پھنس گئی۔ کامل رُوح اپنے آپ کو کیسے بھول کر خود کو نامکمل سمجھنے لگی۔ ہندوؤں کے خلاف الزام لگایا جاتا ہے کہ وہ اس سوال کا جواب دینے سے کتراتے ہیں اور کہتے ہیں کہ یہ سوال اُٹھتا ہی نہیں ہے' بعض مفکر اس سوال کے جواب میں ایک آدھ کم و بیش مکمل ہستی کی اختراع کرتے ہیں اور موٹے موٹے لفظ استعمال کر کے خیالات کو پریشان کرنے کی کوشش کرتے ہیں لیکن کسی چیز کا کوئی نام رکھ دینے سے اس کی وضاحت نہیں ہو جاتی سوال ویسے کا ویسا اور وہیں کا وہیں رہتا ہے کہ ایک مکمل ہستی غیر مکمل کیسے ہو گئی۔ ایک پاک اور متبرک ہستی آلائش سے کس طرح وابستہ ہو گئی ایک سچے ہندو کا صاف جواب یہ ہے کہ اس سوال کا جواب میرے پاس نہیں ہے۔ وہ لفاظی کا سہارا لینا نہیں جانتا' وہ صداقت سے منحرف ہو کر دلیل بازی اور منطق سے کام لینا نہیں چاہتا۔ وہ دلیری سے اپنے لاجواب ہونے کا اعتراف کرتا ہے اور کہتا ہے مجھے اس کا علم نہیں[2] کہ مکمل متبرک پاک اور آزاد روح مادّہ سے کیونکر منسلک ہو گئی اور کس طرح اپنے آپ کو بھول کر خود کو مادّہ سمجھنے لگی لیکن میں اپنے ذاتی اور قومی تجربے کی بنا پر اتنا ضرور جانتا ہوں کہ رُوح ہے اور مکمل متبرک پاک اور آزاد ہے مجھے اس بات سے انکار نہیں کہ رُوح کے آزاد مکمل اور پاک ہونے کے باوجود ہر شخص اپنے آپ کو محض جسم تصور کرتا ہے لیکن ایسا کیوں ہوتا ہے میں اس کا جواب دینے سے قاصر ہوں یہ کہنا کہ خدا کی مرضی ہی ایسی ہے اس سوال کا کوئی جواب نہیں سوال سے کترانا ہے۔

اس بحث کا حاصل یہ ہے کہ انسانی رُوح جسم سے منسلک ہو کر بھی لازوال ہے' زندۂ جاوید ہے' کامل ہے' لاانتہا اور لامکاں ہے۔ موت اس صورت کا نام ہے جب رُوح انسانی جسم کو چھوڑ دیتی ہے اور پیدائش وہ حالت ہے جب رُوح ایک نئے جسم میں جاگزیں ہو جاتی ہے' ہمارا حال ہمارے ماضی کے تاثرات کی پیداوار ہے اور ہمارے مستقبل کی تعمیر حال سے ہوتی ہے۔ رُوح اس جنم مرن کے لاانتہائی سلسلے میں ارتقا کی بلند سے بلند تر منزلیں طے کرتی جاتی ہے حالانکہ کبھی کبھی ترقی کی راہوں سے بھٹک کر تنزل کی پستیوں میں بھی گر جاتی ہے جہاں سے اُسے از سرِ نو ارتقا کی منزلیں طے کرنا پڑتی ہیں یہاں یہ سوال پیدا ہوتا ہے کہ کیا انسان محض ایک ہلکی پھلکی کشتی ہے

---

[1] گفتی کہ حافظ این ہمہ رنگِ خیال چیست ÷ نقشِ غلط مخواں کہ ہماں لوح سادہ ایم

[2] در رہِ عشق نشد کس بیقیں محرمِ راز ÷ ہر کسے بر حسبِ وہم گمانے دارد

جو طوفانِ ہستی میں گھر گئی ہے جسے اچھے اور بُرے کرموں کی طوفانی لہریں کبھی اپنے ہاتھوں میں لے کر سر سے اُوپر اُچھال دیتی ہیں اور کبھی اپنے پاؤں میں دبے پٹختی ہیں۔ کیا یہ طوفان زدہ کشتی ہمیشہ اسی طرح زندگی اور موت کی تیز و تند لہروں کا کھلونا بنی رہے گی جسے جب چاہا توڑ دیا اور جب چاہا پھر بنا کر تھپیڑوں کے حوالے کر دیا؟ کیا انسان اس قدر بے بس ہے؟ کیا انسان اتنا مجبور ہے؟ کیا انسان کی ہستی ایک چیونٹی کے برابر ہے جسے کرم (اعمال) کا بے پرواہ پہیہ بیدردی سے کچلتے ہوئے نکل جاتا ہے؟ کیا کرم کا قانون اس قدر اندھا اور بہرا ہے کہ بیواؤں کے آنسو اُس کے لئے بالکل ان دیکھے ہیں اور یتیموں کی چیخیں اس کے لئے کلیتاً ان سُنی ہیں؟ کیا یہی قانونِ فطرت ہے؟ جس سے کوئی چھٹکارا نہیں؟ یہ ہے انسانی دل کی آواز جو مایوسی اور دکھ درد کی گہرائیوں سے ہمیشہ نکلتی آئی ہے، یہ ہے وہ بنیادی سوال جس کا جواب انسان کا درد بھرا دل ہمیشہ سے تلاش کرتا چلا آیا ہے، ہزاروں سال پہلے جب یہ آواز ہمارے یہاں اُٹھی۔ جب یہ سوال ہمیں پیش آیا تو ہمارے ایک دلیر رشی نے یہ الہامی اعلان کیا "نشاطِ ابدی کے برخوردارو شنو زمین اور آسمان کے رہنے والو سنو میں نے اُس لازوال ہستی کو پالیا ہے جو سراپا نور ہے، سراپا حقیقت ہے، جس کے سامنے ظلمت اور جہالت ناپید ہو جاتی ہے جس کو جان کر تم موت کے ہتھکنڈوں سے ہمیشہ کے لئے چھٹکارہ پا جاؤ گے"

سُنا آپ نے، نشاطِ ابدی کے برخوردار، کیا القاب ہے! کیا بلند پایہ نام ہے جو رشی نے بنی نوعِ انسان کو بخشا ہے! مسرت کی نغمگی سے لبریز اُمید کے نور سے درخشاں، یہ ہے وہ نام جو ہماری اصل کی جھلک لئے ہوئے ہے اور میں اسی نام سے آپ سب کو خطاب کروں گا آپ ہیں مسرتِ ابدی کے وارث، بحیثیتِ ہندو ہونے کے میں کسی بھی حالت میں آپ کو گنہ گار نہیں کہہ سکتا۔

آپ ہیں خدا کی اولاد، نشاط و سرور کے حصے دار، پاک و صاف ہر طرح سے مکمل اور بے عیب آپ تو دیوتا ہیں، آپ کو کون گناہ گار کہہ سکتا ہے میں تو کہوں گا کہ انسان کو گنہگار کہنا ہی گناہ ہے، انسانی فطرت کے نُورانی ماتھے پر سیاہ دھبہ لگاتا ہے، آؤ میرے بھائیو، اپنی حقیقت کو پہچانو تم شیر ہو، فرشتہ، اپنے آپ کو بُزدل، بے بس بھیڑ بکری مت سمجھو، اپنے آپ کو دھوکا مت دو، اپنے احساسِ کمتری کو جھٹک کر پھینک دو۔ تم لازوال روح ہو، مطلقاً آزاد ہو، پاک اور متبرک ہو تم مادی نہیں، تمہاری حقیقت تمہارے جسموں تک محدود نہیں، تم عالمِ مادی کے خدا ہو خادم نہیں۔

---

ا پیر ما گفت خطا بر قلمِ صنع نرفت ÷ آفریں بر نظرِ پاکِ خطا پوشش باد ا

۲ تراز کنگرۂ عرش می زنند صفیر ÷ ندانمت کہ دریں دامگہ چہ افتاد است

یہ ہے ویدوں کا اعلان' یہ ہے نعرۂ تکبیرِ آدم' بظاہر یہ جہان جارحانہ قوانین کی مشق کا وسیع' دیکھنے میں انسان قوانینِ فطرت کے ہاتھوں مجبور اور بے بس سہی' زندانِ موت و حیات میں پابہ زنجیر قیدی سہی' لیکن درحقیقت وہ آزاد ہے فطرت کے سارے قانونوں سے بالا کیونکہ اس تمام عالم شہود کے پس پردہ بس ایک ہی حقیقت ہے اور انسان دراصل بذاتِ خود یہی ایک حقیقت ہے جس میں تمام دنیا سمائی ہے اور جو دنیا کی ہر شے میں بسی ہے اسی کے حکم سے ہوا چلتی ہے' آگ جلتی ہے' بادل برستے ہیں اور اسی کے اشارے پر موت دندناتی پھرتی ہے۔"

آپ پوچھیں گے اس ہستی کے خواص کیا ہیں۔؟ اُسے کیسے پہچانا اور پایا جاسکتا ہے۔ یہ ہستی ہر جگہ موجود و حاضر و ناظر ہے' پاک اور متبرک ہے' اس ہستی کی کوئی معین صورت نہیں۔ رحیم و کریم ہے' قادرِ مطلق ہے' ہمارے ویدک رشیوں نے اُسے یوں خطاب کیا ہے "تم ہی ماتا ہو تم ہی پتا' تم ہی ہمارے پیارے دوست' تم ہی تمام طاقت کا منبع ہو' ہمیں قوت بخشو' تم ہی نے تمام کائنات کا بوجھ اُٹھا رکھا ہے ہمیں طاقت دو کہ ہم اپنی زندگی کا تھوڑا سا بار اُٹھا سکیں"۔

اس ہستی کو پایا جاسکتا ہے خلوص اور محبت سے اس کی پوجا ہوتی ہے' پریم سے رشیوں نے کہا ہے "اُس کی پوجا کرو اُسے اپنا محبوب جان کر' اس سے پیارا محبوب دونو عالم میں نہ ملے گا۔"

یہ ہے عشقِ الٰہی (پریم بھگتی) کا مسلک جس کا پتہ ہمیں ویدوں میں ملتا ہے۔ اِس طریقۂ حیات کو سری کرشن نے جنہیں ہم بھگوان کا اوتار مانتے ہیں' اور بھی زیادہ وضاحت سے گیتا میں بیان کیا ہے وہ کہتے ہیں کہ انسان کو اس دنیا میں کمل کے پتے کی طرح زندگی کرنا چاہیئے۔ کمل کا پتا پانی میں اگتا ہے لیکن وہ کبھی پانی میں غرق ہو کر نہیں رہتا وہ پا بگل سہی مگر ہمیشہ سر بلند رہتا ہے۔ عین اسی طرح انسان کو دنیا میں رہنا چاہیئے اس کے ہاتھ پاؤں اپنا اپنا کام کرتے رہیں لیکن اس کے دل و دماغ ہمیشہ بھگوان کے چرنوں لگے رہیں۔

---

(بقیہ حاشیہ صفحہ گذشتہ)

کہ اے بلند نظر شاہبازِ سدرہ نشیں ، ÷ نشیمنِ تو نہ این کنجِ محنت آباد است ،

من بہر آں یکے دو جہاں دادہ ام بباد ÷ عیبم مکن کہ حاصلِ ہر دو جہاں یکے ست

نہ نام ہے نہ ترا روپ ہے مگر تو ہے ، ÷ نسیم ہے نہ چمن ہے نہ گل مگر تو ہے ،

ترا مقام معین نہیں تو ہر سُو ہے ، ÷ تو چھپ کے آپ ہی اپنی نظر سے خود جو ہے

غلامِ ہمتِ آنم کہ زیرِ چرخِ کبود ÷ ز ہر چہ رنگِ تعلق پذیرد آزاد است ،

اور وہ بھی اس طرح کہ پریم بھگتی میں نہ کسی دنیاوی خواہش کی لاگ ہو اور نہ ہی جنت کی آرزو کا پرتو۔ میں یہ نہیں کہتا کہ خدا سے کسی چیز کے لئے دعا مانگنا بُرا ہے[1]۔ اپنی جگہ پر خدا کو اس طرح یاد کرنا بھی اچھا ہے لیکن ہمیں اس ابتدائی مرحلے سے گزر کر (خدائے عشق) بھگوان سے پریم محض اس لئے کرنا ہے کہ اُس سے پریم کرنا ہماری فطرت ہے اور ہمارا سچا اور پوتر پریم اُس کا حق ہے، ہمارے رشی پرماتما سے دعا بھی مانگتے ہیں تو اس طرح "بھگوان مجھے دھن دولت نہیں چاہیئے۔ مجھے اولاد نہیں چاہیئے۔ مجھے علم و ہنر کی بھی ضرورت نہیں۔ مجھے مکتی تک نہیں چاہیئے اگر تیری یہی رضا ہے تو مجھے یہ بھی منظور ہے کہ میں بار بار جنم لے کر اس آواگون کے چکر میں مبتلا رہوں لیکن مجھے اپنا پوتر پریم بخشو تاکہ میں صلہ کی اُمید اور انعام کی خواہش کو ترک کر کے تجھے محض تیری خاطر پُوجتا رہوں۔"

بھگوان سے سچّے پریم کی ایک اعلیٰ مثال خود سری کرشن کے ایک بھگت مہاراجہ یُدھشٹر کی زندگی سے ملتی ہے، دشمنوں نے مہاراجہ یُدھشٹر سے راج پاٹ چھین لیا اور وہ اپنی مہارانی اور اپنے بھائیوں سمیت ہمالیہ کے پہاڑوں میں جا پناہ گزیں ہوئے محلوں کے سُکھ اور چین بس خواب و خیال ہو کر رہ گئے۔ ایک دن مہارانی نے پُوچھا "مہاراج میری سمجھ میں نہیں آتا کہ آپ جیسے ایماندار اور نیک آدمی پر کیوں اتنی مُصیبتیں ٹوٹ پڑی ہیں" یُدھشٹر نے کہا "دیوی سامنے دیکھو ہمالیہ پربت کس شان سے سربلند کھڑا ہے۔ میں جتنا اس پربت کی شان اور سُندرتا کو دیکھتا ہوں اتنا ہی میرے دل میں مسرّت کی لہریں موجزن ہوتی ہیں یوں محسُوس ہوتا ہے کہ مجھے اس سے پریم ہے اس پہاڑ سے مجھے کوئی خاص چیز تو نہیں ملتی لیکن میرے دل میں اس کے لئے پیار بھرا ہے۔ ہر عالیشان شے سے متاثر ہونا، ہر حسین چیز سے محظوظ ہونا میری فطرت میں داخل ہے، یہی حقیقت میں وہ جذبہ ہے جسے عشق کہتے ہیں مجھے ہر خوبصورت اور ہر عظیم شے سے عشق ہے میں بھگوان سے پریم کرتا ہوں کیونکہ اس سے زیادہ عظیم اور حسین دُنیا میں کوئی شے نہیں ہے۔ بلکہ وہی دُنیا کی ہر حسین شے کا حُسن ہے اور وہی ہر عظیم شے کی عظمت۔ حقیقی محبت بس صرف بھگوان سے ہی ہو سکتی ہے، محبت میری سرشت ہے اس لئے میں بھگوان سے والہانہ محبت کرتا ہوں، مجھے اس کے علاوہ کچھ بھی نہیں چاہیئے، میں اس کے علاوہ بھگوان سے مانگوں بھی تو کیا؟ جہاں اُس کی مرضی ہو، جس حال میں وہ چاہے مجھے رکھے، میں ہر جگہ اور ہر حال میں خوش ہوں، میرا کام تو بس اسی کے چرنوں میں اپنا پریم ارپن کرنا ہے' میں عشق کا تاجر نہیں ہوں کہ بھگوان سے سودا بازی کروں، میری محبت بذاتِ خود ایک مسرّت انگیز جذبہ ہے۔ اس کے بدلے میں مجھے بھگوان سے کچھ نہیں چاہیئے میرے لئے میری محبت خود اپنا انعام ہے[2]"

---

[1] تو بندگی چو گدایاں بشرطِ مزد مکن ؛ کہ دوست خود روشِ بندہ پروری داند

[2] حافظ وظیفۂ تو دُعا گفتن است و بس ؛ در بندِ ایں مباش کہ نشنید یا شنید

یہ ہے ویدوں کی تعلیم کا عملی پہلو۔ وید ہمیں بتاتے ہیں کہ رُوح درحقیقت یزدانی ہے یعنی آتما پرماتما کا جُزو ہے نہ جانے کیونکر مگر یہ مادی زنجیروں میں جکڑ جاتی ہے تو ہم اپنی حقیقت کو بھول جاتے ہیں[1] جونہی ہم ان بیڑیوں کو توڑ پائیں گے ہمیں اپنی مکمل آزادی کا احساس ہوجائے گا اسی احساسِ تکمیل کا نام ویدوں نے مکتی رکھا ہے، رنج و غم سے مکتی، موت سے چھٹکارا حیاتِ جاوداں اور مکتی ہمیں مل سکتی ہے تو بھگوان کی دَیا سے اس کی کرپا (رحمت) سے اور بھگوان کی یہ دیا صرف ان لوگوں پر ہوتی ہے جو دل کے صاف ہوں جو ہر پہلو سے پاکیزہ ہوں[2] اِن پاک دل لوگوں پر بھگوان کی دَیا یوں ہوتی ہے کہ وہ خود بھگوان کے درشن کر لیتے ہیں۔ اُن کی زندگی بدل کر راہِ راست پر آجاتی ہے اور دل کی سب میل دُور ہوجاتی ہے، سب شک مِٹ جاتے ہیں اور آواگون کا چکر ختم ہوجاتا ہے۔

یہ ہے ہندو دَھرم کا بنیادی اُصول جس کے مطابق ہر ہندو اپنی زندگی کی تشکیل کرتا ہے۔ یہ ہے وہ مرکزی نقطہ جس کے گِرد ہندوؤں کی تمام انفرادی اور قومی زندگی گھومتی ہے، ہندو محض نظریوں پر اکتفا نہیں کرتا کھوکھلے لفظوں سے اُس کی تسلی نہیں ہوتی، اگر حواسِ خمسہ کی دُنیا کے علاوہ کوئی اور دُنیا ہے تو وہ اس دُنیا کو حاصل کرنے کے لئے ہر عملی قدم اُٹھانے کے لئے تیار ہے اگر زندگی کا کوئی پہلو ایسا بھی ہے جو حواس کی زد سے باہر ہے تو وہ زمان و مکان کی حدود کو چیر کر اس سے دوچار ہونا چاہتا ہے۔ اور اس کے لئے جان کی بازی تک لگانے کے لئے تیار ہے، اگر اِس مادی جسم میں غیر مادی رُوح موجود ہے اگر اس جہانِ شہود کے پسِ پردہ کوئی رُوحِ اعظم کارفرما ہے تو وہ براہِ راست اُس تک جانے کی ہر کوشش کرنے کے لئے تیار ہے اور اسکے لئے ہر قربانی کو جائز سمجھتا ہے، اگر خدا ہے تو وہ خدا کو اپنی آنکھوں سے دیکھنا چاہتا ہے وجہ یہ ہے کہ ہندو دھرم نے رُوح اور خدا کی ہستی کے ثبوت میں اپنے ذاتی تجربے کو پیش کیا ہے اور کہا ہے " میں نے خود خدا کو دیکھا ہے[4]۔

---

[1] حجابِ چہرۂ جاں می شود غبارِ تنم ، ÷ خوشا دمے کہ ازیں چہرہ پردہ بر فگنم

[2] چشم آلودہ نظر از رُخِ جاناں دُور است ÷ بر رُخِ او نظر از آئینۂ پاک انداز ،

[3] او را بچشمِ پاک تواں دید چوں ہلال ÷ ہر دیدہ جائے جلوۂ آں ماہ پارہ نیست ،

" غسل در اشک زدم کاہلِ طریقت گویند ÷ پاک شو اول و پس دیدہ بر آں پاک انداز

. صوفی بیا کہ خرقہ ، سالوس بر کشیم ÷ وین نقشِ زرق را خطِ بطلان بسر کشیم

[4] گشتہ ام در جہاں و آخر کار ، ÷ دلبرے برگزیدہ ام کہ مپرس

سوے من لب چہ می گزی کہ بگو ، ÷ لب لعل گزیدہ ام کہ مپرس

اور اگر تم چاہو تو تم بھی اُسے دیکھ سکتے ہو عین اسی طرح جیسے میں تمہیں دیکھ رہا ہوں یا تم مجھے بلکہ اس سے بھی زیادہ شدّت سے[۱] "یہ ہے تکمیلِ خودی کا وہ مقام جس کی تلقین ہندو دھرم کرتا ہے۔ یہ مذہب کسی نظریے یا اصول پر اعتقاد لانے پر زور نہیں دیتا اس کی تعلیم بس اسی پر منحصر ہے کہ آؤ خود اپنی کوشش سے خُدا کو پاؤ خدا پر محض یقین لانا کافی نہیں۔ یقین سے بذاتِ خود تمہاری زندگی پوری طرح یزدانی نہیں ہو سکتی خدا کو پاکر ہی تمہاری زندگی مکمل اور پاک ہو سکتی ہے اور سچ تو یہ ہے کہ زندگی کا مقصد ہی یہی ہے[۲] تکمیلِ خودی اور بس مذہب کا کام ہی یہی ہے کہ انسان کو خدا تک لے جائے شروع سے آخیر تک ہندو دھرم کی تعلیم کا ایک ہی مقصد ہے اور وہ ہے انسان کو تلاشِ حق کے لئے آمادہ کرنا۔ اسے اس مشکل معیار کو حاصل کرنے کے لئے جدّ و جہد کی تلقین کرنا' اس کی مشکلات کو دُور کر کے اس کی ہمت بندھانا تاکہ آخر کار یہ خاک کا پُتلا خدائے عرش نشیں کے مقام کو پالے۔

آپ پوچھ سکتے ہیں کہ آخر کمالِ خودی کا حاصل کیا ہے اور خُدا رسیدہ بندوں کو آخر رُوحانی جدّ و جہد سے کیا ملتا ہے؟ ہندو دھرم کہتا ہے کہ وہ چیز جو خود شناس رُوح کے ہاتھ آتی ہے ابدی مسرت ہے، نشاطِ روح ہے۔ یہ ایسی خوشی ہے جس میں تمام مسرتیں سما کر رہ جاتی ہے اور انسان اس حقیقی اور بنیادی خوشی میں سدا مگن ہو جاتا ہے اپنے خدا کو پاکر' اپنے بھگوان سے لین ہو کر آدمی یزدانی مستی میں ڈوب جاتا ہے۔

یہاں یہ سوال پیدا ہوتا ہے کہ کیا نقطۂ کمال پر بندہ و خدا دونوں کی اپنی اپنی ہستی قائم رہتی ہے اور اگر ایسا ہے تو یہ کیونکر ممکن ہے نقطۂ کمال تو مطلق و واحد ہی ہو سکتا ہے اس میں دُوئی کی گنجائش کہاں ہے؟ اِس سوال کا جواب یہ ہے کہ من و تو کا سلسلہ نقطۂ کمال پر پہنچتے ہی ختم ہو جاتا ہے۔ رُوح جب اپنی حقیقت سے آشنا ہو کر اپنے کمال کو پہنچتی ہے تو خدا سے ایک ہو جاتی ہے' دُوسرے لفظوں میں ہم یوں کہہ سکتے ہیں کہ خود شناس رُوح اور خدا دراصل ایک ہی چیز ہیں[۳]۔ بھگوان کا بھگت جب بھگوان میں لین ہو جاتا ہے تو بھگوان ہو جاتا ہے

---

(حاشیہ صفحہ گذشتہ) من بگوشِ خود از دہانش دوش ÷ سخنانے شنیدہ ام کہ مپرس،

۰ ہمچو حافظ غریب در رہِ عشق، ÷ بمقامے رسیدہ ام کہ مپرس

۰ بے خود از شیشۂ پرتوِ ذاتم کردند ÷ بادہ از جامِ تجلیِٔ صفاتم دادند

۱؎ آخر بچہ گویم ہست از خود خبرم چوں نیست ÷ در بہر چہ گویم نیست با او نظرم چوں ہست

۲؎ از دل و جاں شرفِ صحبتِ جاناں غرض است ÷ ہمہ آنست وگرنہ دل و جاں ایں ہمہ نیست

۳؎ سالہا دل طلبِ جامِ جم از ما می کرد ÷ وانچہ خود داشت زبیگانہ تمنا می کرد

۰ گوہرے کز صدفِ کون و مکاں بیرون است ÷ طلب از گم شدگانِ لبِ دریا می کرد

اور اس بھگوان کی حقیقت ہے ستیہ چت آنند حقیقی علم' ابدی ہستی' ابدی مسرت جس کا اندازہ صرف وہی کرسکتے ہیں جو اس حدِ کمال تک پہنچ گئے ہیں' یہ کہنا کہ ایسی حالت میں انسان اپنی انفرادیت کھو بیٹھتا ہے اور اُس کی حقیقت ایک بے جان پتھر سے زیادہ نہیں رہتی' محض انجان لوگوں کی باتیں ہیں جنہوں نے کبھی زخم نہ کھائے ہوں وہ دوسروں کے داغوں پر ہنس ہی سکتے ہیں' اُن کے تجربے میں شرکت نہیں کرسکتے میں آپ کو یقین دلاتا ہوں کہ وصلِ الٰہی ہرگز اس قسم کی موت نہیں ہے اگر انسان کو اس ناچیز جسم کے احساسات پاکر سرور ملتا ہے۔ تو یقیناً دو یا دو سے زیادہ جسموں کے احساسات بیک وقت پانے پر تو اور بھی زیادہ خوشی ہوگی' کیونکہ جسم ہماری اندرونی طاقت کا ایک کرشمہ ہے' جتنی ہی ہماری جسمانی قوتیں زیادہ ہوں گی اُتنا ہی شدید احساس ہمیں اپنی برتری کا ہوگا اور اس احساس کی شدت ہی ہماری خوشی کا معیار ہے اب آپ خود ہی اندازہ لگائیے کہ اگر آپ کے جسم میں ایک نہیں ہزاروں انسانوں کا شعور و احساس پیدا ہو جائے تو آپ کس قدر مسرور ہوں گے خدا رسیدہ انسان کی بس یہی حالت ہوتی ہے۔ اس کے شعور و احساس میں سب کائنات سما جاتی ہے اور وہ نشاطِ رُوح میں ڈوب جاتا ہے' اس حالت کو انفرادی موت سمجھنا لاعلمی نہیں تو اور کیا ہے' آخر جوانی آتی ہے تو بچپن مر نہیں جاتا بلکہ جوانی بذاتِ خود بچپن ہی کا ایک رنگین اور پُرلطف رُخ ہے کون ہے جو جوانی کے دلولوں کی خاطر اپنے لڑکپن کے کھیل کود سے آگے گزرنے سے گھبراتا ہے؟ اسی طرح اگر رُوح کی وسعتوں کو پانے کے لئے انفرادیت کی کال کوٹھری سے نکلنا پڑتا ہے تو یہ قطعاً ہماری موت نہیں بلکہ زندگی کی تکمیل کی صورت ہے یہ وہ مقام ہے جہاں تمام ذی حس چیزوں کا شعور خودی اناالحق کے نقطہ پر یکجا ہو جاتا ہے[1]۔

ظاہر ہے کہ وحدت الوجود کے احساس کو پانے کے لئے انفرادیت کا کھو دینا لازمی ہے اور سچ تو یہ ہے کہ موت سے نجات تب ہی مل سکتی ہے جب انسان کو بس زندگی ہی زندگی کا احساس ہو۔ ایک ابدی زندگی جس کا نہ آغاز ہے نہ انجام اسی طرح رنج والم کا خاتمہ اُسی حالت میں ہی ہو سکتا ہے جب انسان کا وجود محض ایک شعورِ نشاط ہو جائے سراپا مسرت۔ جہالت اور غلط روی کا اختتام اُسی صورت میں ہوتا ہے جب انسان مجسّم علم ہو جائے' اب آپ خود ہی بتائیے کہ ایسی حالت کو موت سے تعبیر کیا جائے یا عین زندگی سے' انفرادی شعور جب پھیل کر کائناتی شعور بن جائے تو حیات کی تمام وسعتیں انسان کے حصّے میں آتی ہیں اس کی ہستی مٹتی نہیں ہے' بڑھ کر حدِ نگاہ سے باہر ہو جاتی ہے۔

سائنس کے نقطۂ نظر سے بھی یہ بات صحیح ثابت ہوتی ہے۔ سائنس ہمیں بتاتی ہے کہ ہمارا جسم ہر گھڑی

---

[1] گدائے میکدہ ام لیک وقتِ مستی بیں ❊ کہ ناز بر فلک و حکم بر ستارہ کنم

تغیر پذیر ہے جسم جب تک زندہ ہے مُسلسل تبدیل ہوتا رہتا ہے ہر سانس میں ہزاروں سَل ( cell. ) مرتے ہیں اور ہزاروں نئے سَل (خلیہ) پیدا ہوتے ہیں ہماری جسمانی انفرادیت بھی درحقیقت نظر کا دھوکا ہے اگر کسی چیز کو ثبات ہے تو وہ ہے ہماری رُوح۔

دُوسرے سائنس خود بنیادی طور پر اُس چیز کی تلاش میں ہے جس سے باقی سب چیزیں مرکب ہو کر تشکیل ہوئی ہیں۔ سائنس اس اسٹیج سے کہیں آگے نکل گئی ہے جب تمام مادّی اشیا کے بنیادی مرکب چند عناصر ( elements ) قرار دیئے جاتے تھے اب تو سائنس ایٹم سے الیکٹران تک آگئی ہے سائنس میں بے حس مادّہ کی جگہ ایک محرک قوت ( energy ) نے لے لی ہے۔ سائنس جب اس ایک چیز کو پالے گی جس کی اُسے تلاش ہے تو سائنس بھی اپنی منزلِ مقصود تک پہنچ جائے گی۔ اسی طرح مذہب بھی اپنے کمال کو اُس وقت پہنچ جائے گا جب وہ اس ہستی کو ڈھونڈ لے گا جس سے تمام عالم ظہورِ وجود میں آیا ہے وہ رُوحِ اعظم جس سے تمام ذی رُوح جانیں پیدا ہوئی ہیں[1] جو موت کی زد سے باہر ہے اور زندۂ جاوید ہے۔

سائنس اور مذہب دونو ایک واحد بنیادی چیز کی تلاش میں ہیں۔ دونو آخر اپنے اپنے راستے سے ایک ہی منزل تک آپہنچیں گے۔ آج سائنس کی دنیا میں نئے خیالات کے اظہار کے لئے نئے لفظ استعمال میں لائے جا رہے ہیں کیونکہ پُرانے لفظ بے معنی سے ہو چلے ہیں۔ مثلاً سائنسداں اب چیزوں کی تخلیق و تشکیل کی بات نہیں کرتے، اُن کے ظہور کا ذکر کرتے ہیں، میرے لئے اور میرے ہم مذہب بھائیوں کے لئے یہ مسرت کا مقام ہے کہ فلسفہ اور مذہب کے جن خیالات کو ہم صدیوں سے سینہ بہ سینہ لئے چلے آئے ہیں آج اُن کا پرچار سائنس کے پُرزور الفاظ میں ہو رہا ہے اور سائنس کے تجربات اور اُس کی روز بروز بڑھتی ہوئی معلومات کی روشنی میں یہ عظیم خیالات اور بھی چمک رہے ہیں۔

آپ کہیں گے کہ محض فلسفہ کے بلند پایہ اُصولوں کو چھوڑو۔ بھلا ان سے کسی کو انکار ہو سکتا ہے، بات کرو عوام کے مذہب کی جس سے ہندو دھرم کے عملی پہلو پر بھی کچھ روشنی پڑے، اس سلسلہ میں ایک بات میں خصوصاً آپ کی خدمت میں عرض کروں گا اور وہ یہ ہے کہ ہندوستان میں درحقیقت ایک سے زیادہ خدا نہ کبھی مانا گیا نہ مانا جاتا ہے، آپ کو میری بات پر آسانی سے یقین نہیں آئے گا اور بہت حد تک آپ کا شک بجا بھی ہے جس دیش کے ہر مندر میں مختلف دیوی دیوتاؤں کی پوجا ہوتی ہے اُس کے متعلق یہ کہنا کہ وہاں معبود متعدد نہیں ہیں سراسر غلط معلوم ہوتا ہے، لیکن یقین مانیے میں غلط بیانی سے کام لے کر آپ کو

---

[1] حُسنِ رُوئے تو بیک جلوہ کہ در آئینہ کرد ✣ ایں ہمہ نقش در آئینۂ اوہام اُفتاد،

دھوکا نہیں دینا چاہتا۔ آئیے میرے ساتھ چل کر دیکھیے۔ مندر میں خواہ کسی دیوی۔ دیوتا کی مورتی ہو بھگوان کی پرارتھنا ایک ہی ہے، سنیئے تو ہر مندر میں پجاری اپنے اپنے دیوتا کو حاضر و ناظر پرماتما کہہ کر پکار رہے ہیں وہی خالق ہے وہی رازق، وہی زندگی بخشتا ہے وہی جان لے بھی لیتا ہے۔

اب آپ خود ہی بتائیے کہ ایسی پرارتھنا کرنے والے کیا محض بت پرست وہمی بندے ہو سکتے ہیں؟ مجھے اس سلسلے میں اپنے بچپن کے زمانے کا ایک واقعہ یاد آتا ہے۔ ایک عیسائی مشنری ایک بڑے بھاری مجمع میں تبلیغی تقریر کر رہا تھا، تقریر کے دوران میں علاوہ اور "میٹھی" باتوں کے اس نے سوال کیا اگر میں آپ لوگوں کے دیوتا کی مورتی کو اپنی چھڑی سے پیٹوں تو تمہارا دیوتا میرا کیا بگاڑے گا؟ سامعین میں سے ایک دلیر آدمی جھٹ بول اٹھا، اگر میں تمہارے خدا کو گالی دوں تو وہ میرا کیا کرے گا، مشنری نے کہا، جب تم مر جاؤ گے تو خدا تمہیں سزا دے گا' اس نے کہا کہ میرا دیوتا بھی تمہیں مرجانے کے بعد خوب سزا دے گا۔"

ظاہر ہے کہ ایسی باتوں سے کچھ حاصل نہیں ہوتا، سچ تو یہ ہے کہ جیسے کسی درخت کی خوبی کا اندازہ اس کے پھل سے لگایا جاتا ہے، اسی طرح کسی مذہب کی اچھائی یا برائی کا اندازہ اس مذہب کے لوگوں ہی کے کردار سے لگایا جا سکتا ہے۔ میں نے ان لوگوں میں جنہیں طنز و حقارت سے بت پرست کا نام دیا جاتا ہے ایسے ایسے انسانوں کو پایا ہے جن کا اخلاق، روحانیت اور پریم میں کوئی مقابل نہیں۔ ان پاک ہستیوں کو دیکھ کر میں نے اپنے آپ سے بار ہا یہ سوال کیا ہے اگر بھگوان کو مورتی کی وساطت سے پوجنا گناہ ہے تو بھلا گناہ سے اس قدر پاکیزگی اور روحانیت کیوں کر نمودار ہو سکتی ہے؟ یہ سچ ہے کہ ضعیف الاعتقادی انسان کی دشمن ہے لیکن تعصب اس سے بھی کہیں زیادہ خطرناک ہے، ذرا انصاف کی نظر سے دیکھیے کون ہے جو بت پرست نہیں آخر عیسائی گرجا کیوں جاتے ہیں خدا کی پرستش تو ہر جگہ ہو سکتی ہے، پرستش کے وقت آسمان کی طرف کیوں منہ اٹھاتے ہیں، زمین پر بھی تو خدا موجود ہے اور پھر کیتھولک چرچ میں تو نجانے کتنی مورتیاں لگی رہتی ہیں، رہے پروٹسٹنٹ خود ان ہی سے پوچھ لیجیے کہ پوجا کے وقت ان کے دماغ میں کتنے بت موجود ہوتے ہیں، میرے بھائیو! حقیقت یہ ہے کہ ہماری سرشت ہی ایسی ہے کہ بغیر دماغی تصویر کے ہم کسی شے کے متعلق کچھ سوچ ہی نہیں سکتے۔ دماغی نقشے اور تصاویر ہمارے لیے اتنے ہی ضروری ہیں جیسا جینے کے لیے سانس لینا، قانون فطرت یہی ہے کہ کسی مادی چیز کو دیکھ کر اس کی دماغی تصویر ابھر آتی ہے، یا اس کے برعکس جب ہم کسی چیز کے متعلق سوچتے ہیں تو اس کی مادی شکل ہماری نظر میں پھر جاتی ہے۔ یہی وجہ ہے کہ ہندو مادی اور بیرونی علامتوں اور نشانوں ( Symbols ) کی مدد سے اپنے بھگوان کی پوجا کرتے ہیں اگر آپ کسی ہندو سے پوچھیں کہ وہ بت کیوں پوجتا ہے تو وہ کہے گا کہ اس کی مدد سے میں اپنے بھگوان کے خیال کو دیر تک جمائے رکھ سکتا ہوں وہ جانتا ہے کہ بت بذات خود خدا نہیں

نہ ہی وہ حاضر و ناظر ہے۔ اور اگر آپ سوچیے کہ جو آدمی خدا کو حاضر و ناظر جان کر بغیر کسی بیرونی نشان (Symbol) کے اس کی پوجا کرتے ہیں، اُن کے دماغ میں بھی زمین و آسمان کی حدود کی ایک تصویر ہوتی ہے خدا کا تصور جیسا بھی کیوں نہ ہو ہمارے دماغ کی حدود میں گھرا ہوتا ہے۔ بُت پرستی اِن حدود کو تسلیم کرتی ہے۔ لیکن بُت شکنی بھی اِن حدود سے باہر نہیں جا سکتی خواہ وہ انہیں مانے یا نہ مانے ہماری فطرت کا تقاضا ہے کہ 'لامکانیت' کا خیال بھی مکان کی حد تک آ کر رُک جاتا ہے، جب ہم لامکاں ہستی کا خیال کرنا چاہتے ہیں تو ہمارے دماغ میں نیلگوں، آسمان کی وسعتوں کی تصویر کھنچ جاتی ہے، یا اُفق تک پھیلے ہوئے سمندر کی۔ اسی طرح جب ہم تبرک اور پاکیزگی کا خیال کرتے ہیں تو ہماری نظر میں مندر، مسجد یا گرجے اور کراس ( cross ) کی تصویریں اُبھر آتی ہیں، ہندو دھرم فطرت کے اِس قانون کو پُوری طرح سمجھتا ہے، اس لئے اس مذہب میں رُوحانیت، پاکیزگی، سچائی، لامکانیت اور اس طرح کے دُوسرے خیالات کو مختلف رنگ اور رُوپ دے کر مجسّم کر دیا گیا ہے لیکن اس کے یہ معنی نہیں ہیں کہ ہندو ان بیرونی نشانوں ( symbols ) میں گُم ہو کر رہ جاتے ہیں، اُن کا مذہب انہیں بھگوان سے ایک ہو جانے کی دعوت دیتا ہے اور خود شناسی کی راہ بتاتا ہے جہاں دُوسرے مذاہب میں یہی کافی سمجھا جاتا ہے کہ دینی نظریوں کو تسلیم کر لیا جائے اور نیکی کے کام کئے جائیں، ہندو دھرم کا مرکزی مقصد خدا کو پانا ہے اپنے آپ کو پرماتما تک لے جانا ہے مورتیاں اور مندر، مسجدیں اور گرجے محض مقاماتِ رہ گزر ہیں بلکہ یوں کہئے کہ اوائلِ رُوحانیت کے سہارے ہیں جن کی ضرورت آگے چل کر قطعاً نہیں رہتی۔ ویدوں میں لکھا ہے کہ خارجی پُوجا رُوحانیت کی راہ میں ایک ادنیٰ مقام ہے، اس سے آگے بڑھو تو دل ہی دل میں پوجا کرنے کا درجہ آتا ہے لیکن سب سے اعلیٰ مقام وہی ہے جہاں بھگوان کے درشن ہو جاتے ہیں بھگوان بھگت کے اور بھگت بھگوان کے رنگ میں رنگ جاتے ہیں اور بھگت اعلان کرتا ہے کہ "چاند سورج اور ستاروں کی روشنی اس ازلی نور کے آگے ہیچ ہے بجلی کی چمک اور آگ کے شعلے بے معنی ہیں اور سچ تو یہ ہے کہ ان تمام نورانی اجسام میں وہی ایک نور جلوہ فگن ہے"۔

مگر ہندو دھرم اس بات سے بھی بخوبی واقف ہے کہ اس مقام تک آنے کے لئے مختلف مرحلوں سے گزرنا پڑتا ہے ہندو دھرم رُوحانیت کے رستے کے کسی بھی مقام کو غلط یا جھوٹا نہیں سمجھتا اس کی نظر میں سب طریقِ عمل برابر ہیں اور اپنی اپنی جگہ سچے ہیں اس کی ہدایت تو بس یہی ہے کہ کسی بھی مقام پر نہ رکو[1]۔ اگر مورتی پوجا سے کسی آدمی کو اپنی رُوحانیت پانے میں مدد ملتی ہے تو اس میں گناہ کیا ہے۔ یہ بھی رُوحانی رستے

---

[1] مرا در منزلِ جاناں چہ امن و عیش چوں ہر دم ❖ جرس فریاد می دارد کہ بر بندید محملہا'

کا ایک پڑاؤ نکل جائے گا۔ ہندو دھرم کا کہنا ہے کہ انسان گناہ سے پاکیزگی، اندھیرے سے روشنی، جہالت سے آگہی اور جھوٹ سے سچائی کی طرف گامزن نہیں ہے بلکہ اُس کی اصل پاکیزگی، روشنی، خود آگہی اور سچائی ہے، اس کی ارتقا سچائی کے ایک مقام سے دُوسرے بلند تر مقام کی طرف ہوتی ہے۔ اِس طرح اُس کی نورانی زندگی اور بھی زیادہ منور ہوتی ہے، وہ پاکیزہ تر ہوتا چلا جاتا ہے اور اسرارِ حقیقت سے اور زیادہ واقف و آگاہ۔ اِس نِگاہ سے دیکھا جائے تو دُنیا کے تمام مذاہب، خواہ وہ محض توہمات پر مبنی ہوں، خواہ وحدت الوجود کے حامی ہوں، سب کے سب رُوحِ انسانی کی خود تلاشی کے وسائل نظر آتے ہیں، آدمی ارتقا کی جس منزل پر ہوتا ہے اُسی کے مطابق وہ خدا کی لاانتہا اور مطلق ہستی کو پانے کی کوشش کرتا ہے، مختلف مذہب اور اعتقاد انہیں کوششوں کا خارجی لباس ہیں۔ اِس لئے سب کے سب سچے ہیں۔ سب عزت کے قابل ہیں، ہر شخص اپنے جنم، اپنے ماحول اور اپنی بساط کے مطابق اپنا رستہ اختیار کرتا ہے، اور رُوح کے طویل سفر میں اپنی پسند کے موافق دینی پڑاؤ پر رک کر سستا لیتا ہے اور پھر آگے بڑھ جاتا ہے، یا یوں کہیئے کہ ہر رُوح ایک شاہین ہے، جو مہرِ جہاں تاب کی طرف پرواز میں ہے، اور اپنی اُڑان میں کہیں کہیں سفید و سیاہ بادلوں میں پَر تول کر دم لیتا ہے اور پھر تیر کی طرح بادو باران کو چیرتا ہوا اپنی نورانی منزل کی طرف نِکل جاتا ہے، جہاں سے دُنیا کا تاریک سے تاریک حصّہ بھی ایک روشن ستارہ نظر آتا ہے۔

اب آپ خود ہی بتائیے کہ جب انسان کو ایسی بصیرت مِل جائے تو وہ کسی مذہب کو کیونکر جھوٹا یا بُرا کہہ سکتا ہے، ہندو جو تمام مذاہب کی عزت کرتے ہیں، وہ محض رواداری نہیں، وہ اصولاً ہر مذہب کو سچّا مانتے ہیں[1] لیکن وہ یہ بھی جانتے ہیں کہ میرا مذہب آپ کے لئے یا آپ کا مذہب میرے لئے عین اسی طرح غیر مُناسب ہے جیسے میرے کپڑے آپ کے لئے غیر موزوں ہیں اور آپ کے کپڑے میرے لئے ہر انسان کا یا ہر سوسائٹی کا اپنا اپنا رستہ ہے اور وہی اس کے لئے زیادہ مُناسب ہے، خود قدرت کا اپنا اُصول بھی کثرت میں وحدت ہے جہاں دیکھئے گوناگوں تفرقات میں یگانگی کا رنگ بھر رکھا ہے، اب اگر کسی مذہب والے اپنے قالب میں دُوسروں کو زبردستی ڈھالنے کی کوشش کریں تو یہ سراسر غلطی نہیں تو اور کیا ہے۔ ایسی غلطی کرنے والے ہی مورتی پوجا پر اعتراض کرتے ہیں۔ ہندو دھرم یہ اچھی طرح جانتا ہے کہ ہستی مطلق کا ادراک و بیان اضافی اور نسبتی ہے جس کا احساس رُوح کی خموشی میں ہوتا ہے اُس کا بیان کس نشان کی اضافت کے بغیر نہیں ہو سکتا مُورتی ہو یا ہلال کا چاند سب

---

حاشیہ صفحہ گذشتہ: در عشقِ خانقاہ و خرابات فرق نیست ، ÷ ہر جا کہ ہست پرتوِ رُوئے حبیب است

[1] میانِ کعبہ و بتخانہ ہیچ فرقے نیست ، ÷ بہر طرف کہ نظر می کنم برابر اوست،

ایک ہی ہستی کے نشان ( symbols ) ہیں اور اس لئے ان پر کوئی اعتراض نہیں کیا جا سکتا۔ یہ ضروری نہیں کہ ہر شخص کو ان خارجی سہاروں کی ضرورت ہو لیکن جو لوگ ان سہاروں سے بے نیاز ہو چکے ہیں اُنہیں بھی کسی حالت میں اپنے دُوسرے بھائیوں پر اعتراض کرنے کا کوئی حق نہیں ہے۔

اِس سلسلے میں مجھے اتنا اور کہنا ہے کہ ہندو دھرم میں مُورتی پُوجا لازمی نہیں ہے بلکہ بھگوان کے سچے بھگتوں کے لئے تو ایک اسٹیج پر دینی کتابوں کا مطالعہ بھی غیر ضروری سمجھا گیا ہے۔ جب بھگوان سے لگن لگ جائے تو پھر اور کسی چیز کی ضرورت ہی کیا رہ جاتی ہے۔ دُوسرے یہ کہ مُورتی پوجا بذاتِ خود کوئی خوفناک چیز نہیں ہے اور نہ ہی بُرائیوں کی جڑ بات اس میں یہ ہے کہ یزدانی حقیقتوں کو سمجھنے اور پانے کے لئے انسان کی اوّلیں کوشش مُورتی پوجا کی صورت میں ظاہر ہوتی ہے اور بالآخر انسان اس مرحلے سے کہیں آگے نکل جاتا ہے۔

میرا مطلب یہ نہیں کہ ہندو دھرم میں کوئی خامی یا کمی نہیں، اس کے ہاں بھی کئی خامیاں اور برائیاں ہیں لیکن یہ کمزوریاں دُوسروں کو کچھ نقصان نہیں پہنچاتی، ہاں خود ہندوؤں کے لئے مُضر ضرور ہیں مثلاً یہ تو ہو سکتا ہے کہ کوئی سر پھرا ہندو چتا پر چڑھ کر اپنے آپ کو زندہ جلا دے لیکن ایسا کبھی نہیں ہو گا کہ وہ اُن لوگوں کو جو اس کے مذہب پر ایمان نہ لائیں پکڑ پکڑ کر زندہ جلا دے اور پھر اپنے جسم کو جلانا یا اس طرح کی اور حرکات کرنا ہندو دھرم نہیں سکھاتا اور اس کا الزام اُس کے سر نہیں تھوپا جا سکتا ایسا کرنا اتنا ہی ناجائز اور غلط ہو گا جیسے یہ کہنا کہ عیسائی مت "چڑیلوں" کو زندہ جلانا سکھاتا ہے۔

مختصر یہ کہ ایک ہندو کی نظر میں دین اور مذہب انسانی ارتقا کے رستے ہیں جن پر سب مرد و زن اپنے اپنے حالات کے مطابق آہستہ یا تیز چل کر آخر ایک ہی منزل پر پہنچ جاتے ہیں، ہر مذہب کا مقصد آدمی کو انسان بنانا ہے اور پھر انسانیت کو بلند کر کے خدا تک لے جانا ہے اُس خدا تک جو ہر مذہب کا واحد خدا ہے جس سے سب مذہب نازل ہوئے ہیں۔

آپ پُوچھ سکتے ہیں کہ اگر ایسا ہی ہے تو یہ جھگڑے فساد کیوں یہ تمام متضاد باتیں کیا ہیں، میں یہ کہوں گا یہ سب "ہماری بے بصری کے سوا کچھ اور نہیں" اگر ہم غور سے دیکھیں تو یہ سب تفرقات ایک ہی حقیقت کے مختلف حالات میں مختلف پہلو نظر آئیں گے، یا یوں کہئے کہ ایک ہی روشنی ہے جو مختلف رنگوں کے شیشوں سے چھن کر آ رہی ہے اور سچ پوچھو تو اس ست رنگی ہی سے دُنیا کی رونق ہے، اسی سے ہی کائنات کا حُسن چمکتا ہے اسی کثرت ہی کی بدولت ہر شخص اپنی طبیعت اور طاقت کے مطابق قدرت اور خالق کو کچھ نہ کچھ سمجھ سکتا ہے

---

(حاشیہ صفحۂ گزشتہ) ہر چند ہو مشاہدۂ حق کی گفتگو ، ؛ بنتی نہیں ہے ساغر و مینا کہے بغیر (غالبؔ)

اگر دُنیا میں ایک ہی مذہب کا بس ایک ہی راستہ سب کے لیے مقرر ہو جائے تو تیز گام مسافر اکتا جائیں اور سُست رفتار تو غریب ہار کر ہی بیٹھ جائیں اس لیے میں تو ہر مذہب کو نہ صرف اپنی جگہ پر ضروری سمجھتا ہوں بلکہ ہر مذہب کو سچا مانتا ہوں کیونکہ سب میں ایک ہی حقیقت جلوہ گر ہے ۔بھگوان کرشن نے خود گیتا میں کہا ہے" میں ہر مذہب کی بنیاد ہوں' جیسے موتیوں کی مالا کا نروتی ایک ہی تار پر قائم ہوتا ہے اسی طرح دنیا کا ہر مذہب مجھ سے متعلق ہے تمہارے لئے اتنا ہی سمجھ لینا کافی ہے کہ تمہیں جہاں کہیں ایسی غیر معمولی پاکیزگی یا ایسی غیر معمولی قوت نظر آئے جس سے بنی نوع انسان کی اخلاقی اور رُوحانی ارتقا ہوتی ہے تو جان لو کہ میں وہاں موجود ہوں "

یہی تعلیم ہندو مت کی بنیادی تعلیم ہے' آپ ہندو دھرم کا تمام اتہاس اُٹھا کر دیکھ لیں آپ کو کہیں کوئی ایسا دعویٰ نظر نہیں آئے گا کہ فقط ہندو ہی رحمتِ حق (بھگوان کی دیا کے) مستحق ہیں۔ ہمارے ایک بڑے رشی دیاس نے کہا ہے۔ "ہمیں ہر مذہب و ملت میں مردانِ کامل ملتے ہیں' ایسے لوگ فقط ہماری ہی قوم میں پیدا نہیں ہوتے"

۔یہاں یہ سوال اٹھتا ہے کہ اگر ہندو دھرم کا مرکزی اصول خدا کی ہستی کو ماننا اور اُسے پانا ہے تو ہندوؤں کو صرف اُن مذاہب کو سچا ماننا چاہیئے جو خدا کی ہستی پر یقین رکھتے ہیں لیکن ہندو تو بدھ کی بھی پوجا کرتے ہیں اور اور بدھ مت کو بھی مانتے ہیں حالانکہ بدھ مت خدا پر یقین رکھنا ضروری نہیں سمجھتا۔اِسی طرح ہندو جین مت کو بھی مانتے ہیں حالانکہ جین مت خدا کی ہستی کو نہیں مانتا آخر اس تضاد کے معنی کیا ہیں؟ میں یہ کہوں گا گو بظاہر بدھ اور جین مت خدا کی ہستی کو ماننا ضروری نہیں سمجھتے لیکن درحقیقت ان دونوں مذاہب کی مرکزی تعلیم اور اُن کا عملی پروگرام دوسرے مذاہب کی طرح انسان کے کردار کو اس قدر بلند بنا دیتا ہے کہ خود انسان میں وہ خوبیاں پیدا ہو جاتی ہیں جو دوسرے مذہب کے لوگ خدا سے منسوب کرتے ہیں ۔آپ خود ہی بتائیے کہ ان حالات میں کون کہہ سکتا ہے کہ بدھ یا جین مت ناستکوں کے مذہب ہیں۔

مانا کہ بدھ اور جین مت والوں نے خدا کو نہیں پایا لیکن انہوں نے انسان کو تو یزدانی خوبیوں کا مرکز بنا لیا ہے ۔جس مذہب میں یزداں صفت انسان کا تصور موجود ہو وہ خدا کا ذکر کرے یا نہ کرے خدا کی حقیقت سے دُور نہیں یا بقولِ حضرت مسیح جس نے خدا کے بیٹے کو دیکھا ہے سمجھ لیجیے کہ اُس نے خود خدا کے درشن پالئے ہیں اس لحاظ سے بدھ اور جین مت اتنے ہی سچے مذہب ہیں جتنے کوئی اور ہندوؤں کو ان مذاہب کو قبول کرنے میں کوئی اعتراض نہیں ہو سکتا جیسے کہ میں پہلے کہہ چکا ہوں ۔ ہندوؤں کا مذہب ہی دوسرے مذہبوں کو اپنے مذہب جیسا سچا مان کر اُن کی عزت کرنا ہے ۔

تو میرے بھائیو یہ تھا مختصر سا خاکہ ہندوؤں کے مذہبی خیالات کا جو میں نے آپ کے سامنے پیش کیا'

میں یہ نہیں کہتا کہ اپنے آدرش کو عمل میں لانے کے دوران میں ہندوؤں سے بھی کبھی کوئی غلطیاں سرزد نہیں ہوئیں لیکن اتنا ضرور ہے کہ انہوں نے آج تک اپنے معیار کو بدستور قائم رکھا ہے اور میں سمجھتا ہوں کہ اگر دنیا میں کوئی ایک مذہب قبول ہو سکتا ہے تو وہ ہے سب مذہبوں کی قبولیت کا مذہب، ایسا عالمگیر مذہب مکان و زمان کی بندشوں سے بالا ہوگا۔ وہ جس خدا کی تبلیغ کرے گا اس خدا کی وسعتیں بیکراں ہوں گی۔ اُس کے نور کا سورج مومن اور گنہ گار پر یکساں چمکے گا! اس کے ہاں کرشن کے پجاریوں، مسیح کے پرستاروں، محمد کے معتقدوں، بدھ کے پیروؤں ہی کے لئے نہیں بلکہ ناستکوں اور لامذہبوں کے لیے بھی جگہ ہوگی۔ ایسا مذہب فقط ہندو دھرم، بدھ مت، اسلام، عیسائیت اور دیگر مذاہب کے اصولوں کا مجموعہ نہیں ہوگا بلکہ اس میں اتنی وسعت ہوگی کہ ان سب مذہبوں کو اپنے میں جذب کر لینے پر بھی اس میں مسلسل ارتقا کے لئے ہمیشہ گنجائش رہے گی۔ اس کی ہمہ گیری کا یہ عالم ہوگا کہ ایک طرف تو وہ ایسے وحشی انسانوں کو بھی گلے لگائے گا جو جانوروں کے مقام سے کچھ زیادہ دور نہیں ہیں۔ اور دوسری طرف ایسے انسانوں کو اپنائے گا جن کی روحانی عظمت کو دیکھ کر دنیا حیران رہ جاتی ہے اور اُن کو دیوتا سمجھ کر اُن کے آگے سر جھکا دیتی ہے ایسے مذہب میں تعصب اور بیگانگی اور نفرت کے لئے کوئی جگہ نہیں ہوگی۔ ایسا مذہب ہر مرد و زن کی بنیادی روحانیت کا ڈنکے کی چوٹ اعلان کرے گا اور اس کی تمام قوت اس روحانیت کو بیدار کرنے میں صرف ہوگی' اگر ہمارے پاس ایسا مذہب ہے تو تمام قومیں اسے قبول کرنے کے لئے تیار ہوں گی مہاراجہ اشوک نے ہزاروں سال پہلے دینی رہنماؤں کی کونسل بلوائی تھی مگر یہ کونسل بدھ مت کے پیروؤں تک محدود تھی۔ اکبر بادشاہ نے مذہبی یکجہتی کا ذریعہ نکالنا چاہا لیکن اُن کی سکیم محض درباری فیشن بن کر رہ گئی خوشی اور فخر کی بات ہے کہ آج امریکہ نے پھر ایک بار دنیا بھر کے کونے کونے میں اعلان کیا ہے کہ سب مذہبوں کا خدا ایک ہے' میں امریکہ کو مبارک باد دیتے ہوئے آمین کہتا ہوں میری دعا ہے کہ آپ کو اپنے ارادے میں کامیابی نصیب ہو میری دعا ہے کہ وہ ہستی مطلق جسے ہندو برہمہ کہتے ہیں اور جسے زرتشت کے پیرو آہر دمزدہ کے نام سے پکارتے ہیں جسے بودھ مہاتما بدھ کی صورت میں پوجتے ہیں اور جسے یہودی "جہووا" کا لقب دیتے ہیں جسے عیسائی "فادر ان ہیون" اور مسلمان اللہ کا نام دیتے ہیں وہ آپ کو اپنے نیک اور عظیم ارادوں کو کامیاب بنانے کی طاقت دے۔

مذہب اور روحانیت کا سورج مشرق سے اُبھرا تھا دنیا کی تاریخ کے پچھلے ہزاروں سالوں میں آہستہ آہستہ مغرب کی طرف چلتا رہا کبھی اس کی روشنی ایسے مدھم پڑتی ہوئی معلوم ہوئی جیسے کہ وہ گہن میں آگیا ہو یا بادلوں میں گھر گیا ہو لیکن ہر عہدِ ظلمت کے بعد وہ پھر اپنی پوری چمک دمک کے ساتھ نمودار ہوتا رہا' آج ایسا معلوم ہوتا ہے کہ ہماری تہذیب کا یہ درخشاں ستارہ دنیا کے گرد چکر پورا لگا کر عین مشرق کے اُفق پر ایک

نئی شان سے اُبھر رہا ہے اور اس کی اُٹھتی ہوئی کرنیں کہہ رہی ہیں کہ اُس کی درخشندگی پہلے سے ہزار گُنا زیادہ ہوگی۔

اے مادرِ آزادی 'کولبیا'، تجھے یہ شان و مرتبہ مبارک ہو، تیرے پاک ہاتھ آج تک کسی کے خون سے داغدار نہیں ہوئے، تو نے اپنے آپ کو مالامال کرنے کے لئے کسی کو لُوٹا نہیں۔ اسی وجہ سے یہ سُرخروئی تیرے حصے میں آئی ہے کہ دورِ حاضرہ میں تہذیب و رواداری و ہم آہنگی کا عَلم تیرے ہاتھ میں سپرد کیا گیا۔ اے میرے علمبردار سربلند کئے چلتا جا تمام دنیا تیرے قدموں پر چلے گی۔

# دُنیا کے مذہبی رہنما[1]

ہندوؤں کے عقیدے کے مُطابق کائنات زندگی کے مدوجذر کا ایک لاانتہا سِلسلہ ہے۔ زندگی کی ایک لہر اُٹھتی ہے اور اپنے عرُوج تک پہنچ کر گِر جاتی ہے۔ اور پھر کچھ عرصہ اس اُتار کے خلا میں رہ کر دوبارہ اُبھرتی ہے، اِس طرح یہ مدوجذر کا چکر قائم رہتا ہے اور عروج وپستی اور پستی وعرُوج کا تانتا بندھا رہتا ہے۔ یہ عالمی تسلسُل کائنات کے ہر جُزو پر بھی عائد ہوتا ہے۔ انسانی کاروبار بھی اِسی قانونِ فطرت کے مطابق چلتا ہے، دُنیا کی مختلف قوموں کی تاریخ اس امر کی شاہد ہے۔ قومیں ارتقا کے عرُوج تک پہنچ کر پستی کی گہرائیوں میں گِر جاتی ہیں لیکن گِر کر پھر اُٹھتی ہیں اور نئی آب وتاب سے سربلند اور سرفراز ہوتی ہیں زندگی کا کوئی پہلو ہو سماجی، اقتصادی یا مذہبی یہ سلسلہ برابر جاری رہتا ہے۔ مذہبی دُنیا میں بھی اُتار چڑھاؤ ہوتا رہتا ہے۔ قوموں کی مذہبی زندگی کا مطالعہ کرنے سے صاف پتہ چلتا ہے کہ ہر قوم پستی اور عرُوج کے مراحل سے بار بار گزرتی ہے کبھی کبھی تو ایسا معلوم ہوتا ہے کہ گِر کر دوبارہ اُٹھنا ناممکن ہوگا۔ قوم کا شیرازہ کچھ یوں بکھر جاتا ہے کہ قوم قوم ہی نہیں رہتی لیکن پھر بھی یہ گِری ہوئی قوم سنبھل جاتی ہے اس کی رگ رگ میں طاقت وتوانائی بھر جاتی ہے۔ اور قومی زندگی کی لہر پوُری عظمت اور شان سے بلند ہوتی ہے بلکہ بعض اوقات یہ لہر جوار بھاٹے کی صُورت اختیار کر لیتی ہے۔ جب کبھی بھی کسی قوم کی

---

[1] یہ لیکچر شیکسپیر کلب پاسڈینا کیلیفورنیا میں ۳۔ فروری سنہ ۱۹۰۰ء کو دیا گیا۔

Shakespeare Club, Pasadena, California.

زندگی میں بلندی اور سرفرازی کا ایسا وقت آتا ہے تو عموماً اُس کی رہنمائی کے لیے کوئی عظیم الشان پیغمبر کوئی اوتار جنم لیتا ہے۔ اُسی کے زور سے قومی زندگی کی لہر پھر سے متحرک ہوتی ہے اور اونچی اُٹھنے لگتی ہے، اس لہر کی چوٹی پر اس پیغمبر یا اوتار کی درخشاں رُوح نُور پاش ہوتی ہے۔ دراصل یہ بلند مرتبہ ہستی خود ہی خالق ہے اور خود ہی تخلیق اُسی کی برکت سے قوم کو تازہ زندگی نصیب ہوتی ہے لیکن ساتھ ہی یہ بھی یاد رکھنا چاہیئے کہ پیغمبر اور اوتار اپنے وقت اور ماحول کے موافق پیدا ہوتے ہیں۔ وہ بھی اس قومی لہر کا جزو ہوتے ہیں جو اس وقت اُٹھ رہی ہوتی ہے جہاں وہ قومی زندگی کی اس لہر کو متحرک کرکے اُسے عروج پر لے جاتے ہیں وہاں وہ خود اس کی مخصوص سرشت سے متاثر ہوئے بغیر نہیں رہتے پیغمبر اور اوتار کی بے حساب طاقت کا عمل سماج پر ہوتا ہے لیکن سماج کی حالت پیغمبر یا اوتار کے کردار دائرۂ عمل کی تشکیل کرتی ہے۔ یہی ہستیاں یہی اوتار اور پیغمبر ہی دُنیا کے عظیم ترین مفکر بھی ہیں۔ یہی تو وقتاً فوقتاً ایک نئی فکر اور ایک نئی نظر پیدا کرتے رہے ہیں اور کرتے رہیں گے۔ یہی تو زندگی کو از سرِ نو تازگی و توانائی بخشتے ہیں۔

عام طور پر خیال کیا جاتا ہے کہ دُنیا میں ایک ہی سچا مذہب، ایک ہی کامل پیغمبر یا اوتار ہو سکتا ہے۔ ہر مذہب کے لوگ اپنے مذہب اور پیغمبر یا اوتار کے متعلق یہی خیال رکھتے ہیں لیکن غور سے دیکھا جائے تو یہ خیال صحیح نہیں۔ دُنیا کے مذہبی رہنماؤں، پیغمبروں اور اوتاروں کی زندگی کا مطالعہ صاف بتاتا ہے کہ ان میں سے ہر ایک اپنا مخصوص پیغام لے کر ایک مخصوص کام کرنے آیا تھا۔ سب اپنی اپنی جگہ کامل تھے لیکن ہر ایک کی حیثیت راگ کی نہیں بلکہ سُر کی سی ہے۔ زندگی کی نغمگی اِن سب سُروں سے مل کر بنتی ہے جنہیں ہم مختلف مذہبوں کے نام سے پکارتے ہیں۔ یہ بالکل ایسا ہی ہے جیسے مختلف فرقوں اور قوموں سے مل کر نسلِ انسانی کا مجموعی شعور پیدا ہوتا ہے۔ کسی قوم کو یہ حق حاصل نہیں کہ وہ اپنے آپ کو دوسروں سے بلند سمجھ کر دُنیا کی اچھی اچھی چیزیں سب اپنے لئے مخصوص کر دے۔ نہ کوئی قوم یا نسل فقط عیش اور آرام کے لئے پیدا ہوئی ہے۔ اور نہ کوئی دوسری قوم یا نسل غلامی اور خدمت گزاری کے لئے زندہ ہے۔ ہر قوم یا نسل کا ایک مخصوص مقام ہے۔ انسان کی مجموعی زندگی کی تکمیل کے لئے ہر قوم کا ایک خاص مقصد ہے۔ ہر قوم کا اپنا اپنا فرض مُعین ہے نسلِ انسانی کے سب سُروں سے مل کر ہی زندگی کا راگ پیدا ہوتا ہے۔

اس لئے میں کہتا ہوں کہ کوئی ایک پیغمبر یا اوتار تمام دُنیا پر ہمیشہ کے لئے اپنا سکہ جمانے نہیں آیا۔ نہ آج تک ایسا ہوا ہے اور نہ ہوگا۔ تہذیب انسانی کی تشکیل میں بھی عموماً اور رُوحانی ارتقا کی تکمیل میں خصوصاً ہر ایک دُنیا کو اپنی اپنی مخصوص نعمت عطا کر جاتا ہے۔ البتہ اتنا ضرور ہے کہ جس خاص اصول

یا صداقت کی مثال کوئی پیغمبر یا اوتار قائم کر جاتا ہے! اُس کے لیے دُنیا ہمیشہ اُسی پیغمبر یا اوتار کی ممنون رہے گی کیونکہ وہ اُسی کی بخشش ہے، اپنے خاص پیغام کے لحاظ سے اُس پیغمبر یا اوتار کو سب سے اعلیٰ مانا جا سکتا ہے! اور کہا جا سکتا ہے کہ تمام دُنیا پر اُس کا راج ہے۔ اور تمام مخلوقات اُس کے مطیع ہے۔

ہم میں سے بیشتر لوگ کسی خاص مذہبی راہنما پر ایمان لانے ہی کو مذہب کہتے ہیں جنم ہی سے ہم خاص پیغمبر یا اوتار کو اپنا لیتے ہیں اور اسی کو مذہب سمجھ لیتے ہیں۔ یہ سچ ہے کہ ہم اکثر اُصولوں کی باتیں کرتے ہیں عقائد اور نظریوں کا ذکر کرتے ہیں اور ایسا کرنا بہت حد تک صحیح بھی ہے اور مفید بھی۔ لیکن غور سے دیکھا جائے تو ہمارا ہر خیال اور ہر عمل اس بات کی گواہی دیتا ہے کہ ہم کسی اصول یا خیال کا ادراک تب ہی کر پاتے ہیں جب وہ کسی بلند معیار شخص کی ذاتی زندگی میں مثال کے طور پر قائم ہو جاتا ہے۔ بجائے خود کسی خیال یا اُصول کا شعور ہمارے تصوّر کے لئے تقریباً ناممکن ہے۔ ہم اُسے مُجسّم دیکھ کر ہی سمجھ سکتے ہیں اور اُس پر عمل کر سکتے ہیں خُدا کرے کہ ہمارا دماغ اس مقام تک ترقی کر جائے کہ ہمیں زندگی کے غیر مرئی اُصول سمجھنے کے لئے کسی مُجسّم مثال کی ضرورت نہ رہے۔ لیکن حقیقت یہ ہے کہ ابھی تک ہم اس مقام سے بہت دُور ہیں۔ یہی وجہ ہے کہ بنی نوع اِنسان کی اکثریت ہمیشہ پیغمبروں اور اوتاروں کی عظیم ہستیوں کے قدموں میں سر جُھکائے رکھتی ہے۔ عیسائی، بودھ اور ہندو ان عظیم ہستیوں کو اوتار مان کر پوجتے ہیں، اہلِ اِسلام ہمیشہ اس قسم کی پرستش کے خلاف رہے ہیں۔ وہ کسی بھی اوتار یا پیغمبر کی پُوجا روا نہیں رکھتے۔ لیکن انسانی فطرت کا کیا کیا جائے اُن کے یہاں بھی ایک اوتار یا پیغمبر کی پُوجا کی بجائے ہزاروں پیروں اور اولیاء کی پرستش ہوتی ہے۔ مانا کہ اِسلام اس کی اجازت ہرگز نہیں دیتا۔ لیکن عملی طور پر مُجسّم رُوحانی طاقت کی پوجا کئے بغیر چارہ نہیں ہے۔ اور میں تو کہوں گا کہ اس میں کوئی ہرج ہی نہیں ہے۔ آپ کو یاد ہو گا کہ جب آپ کے عظیم پیغمبر حضرت عیسیٰ مسیح سے لوگوں نے کہا کہ "مالک ہمیں آسمانی باپ کے درشن کروا دیجئے!"[1] تو انہوں نے جواب دیا "جس نے بیٹے کو دیکھ لیا ہے۔ اُس نے باپ کو بھی پا لیا ہے"[2]۔ آپ سوچئے تو ہم میں کون اس قابل ہے کہ خدا کا تصور انسان کی صورت کے علاوہ کر سکے؟ ہم تو اپنی انسانی شکل ہی میں اس کا دھیان کر سکتے ہیں۔ جیسے کہ روشنی کی شعاعیں ہر طرف اور ہر وقت مرتعش ہو رہی ہیں۔ لیکن ہم تو چراغ ہی کو دیکھ کر روشنی کا تصور کر سکتے ہیں۔ اِسی طرح خدا تو ہر جگہ حاضر و ناظر ہے ہماری فطرت کی سرشت کچھ

---

[1] Lord show us the Father in Heaven.

[2] He that hath seen the Son hath seen the Father

ایسی ہے کہ ہمیں اُس کے وجود کا ادراک اور احساس تبھی ہوتا ہے۔ جب وہ کسی شخصی خدا کی صورت میں مجسّم ہو کر ہمارے سامنے آ جائے۔ اسی لئے تو جب کوئی پیغمبر یا اوتار دُنیا میں آتا ہے تو عام اِنسان بھی خُدا کے وجود کو محسوس کرنے لگتے ہیں جب نُورِ خدا اِنسانی قالب میں مُجسّم ہو کر ایک عالمتاب آفتاب کی طرح طلُوع ہوتا ہے تو سب کی آنکھیں خُدا کے جلوے سے روشن ہو جاتی ہیں۔

عام اِنسان دُنیا میں بھکاری بن کر آتے ہیں عمر بھر کسی نہ کسی شئے کے لئے ہاتھ پھیلائے رہتے ہیں، یہ عظیم الشان ہستیاں شہنشاہِ عالم ہو کر جلوہ گر ہوتی ہیں پیغمبر اور اوتاروں کی تمام کائنات پر حکومت ہوتی ہے اور وہ ہر طرف رُوحانیت کی بے بہا دولت بکھیرتے ہوئے اس جہان سے یوں گزر جاتے ہیں کہ صدیوں تک لوگ اس دولت کے سہارے زندگی بسر کرتے ہیں۔ ہم جیسے عام آدمی دُنیا میں یتیموں کی طرح رہتے ہیں جن کا کوئی سہارا نہیں ہوتا۔ ہماری حالت عموماً اُن لوگوں کی سی ہے جو اپنا رستہ بھُول گئے ہوں لیکن جنہیں اپنی گم گشتگی کا احساس تک نہ ہو ہمیں ایسی حالت میں کچھ سُوجھتا ہی نہیں کہ کیا کریں اور کِدھر جائیں زندگی ہمارے لئے بے معنی ہو کر رہ جاتی ہے۔ ہم لاکھ سر ماریں۔ زندگی کے مقصد اور مُدعا کو سمجھ نہیں سکتے ہماری سرگردانی کی یہ صُورت ہوتی ہے کہ آج کچھ کہتے ہیں تو کل کچھ اور، ہماری حالت اُن تنکوں کی طرح ہوتی ہے جو متلاطم دریا کی لہروں پر اِدھر سے اُدھر ٹھوکریں کھاتے رہتے ہیں یا اُن ٹوٹے ہوئے پَروں کی طرح جنہیں آندھی جہاں چاہے اُٹھا کر پھینک دے۔ اس کے برعکس تاریخ شاہد ہے کہ پیغمبر اور اوتار اپنا اپنا خاص مقصد لے کر پیدا ہوتے ہیں، اُن کے کام کا تمام نقشہ پہلے ہی سے تیار ہوتا ہے۔ اور وہ اُس سے ذرّی بھر منحرف نہیں ہوتے اور چونکہ اُن کا مقصد مقرر ہوتا ہے۔ اور وہ ایک مشن[1] لے کر آتے ہیں۔ اِس لئے وہ عام طور پر بحث و مباحثہ میں وقت ضائع نہیں کرتے وہ دلائل اور منطق سے کام نہیں لیتے۔ بلکہ براہِ راست ذاتی علم و تجربہ کی بنا پر بات کرتے ہیں۔ آج تک کوئی ایسا اوتار یا پیغمبر نہیں ہوا جس نے دلائل اور منطق سے اپنے پیغام کو سمجھانے کی ضرورت محسوس کی ہو۔ آخر جو شخص حقیقت کو اپنی آنکھوں سے دیکھ رہا ہو، اُسے بحث و مباحثہ اور دلائل اور منطق کے سہارے کی بھلا کیوں تلاش ہو گی۔ اوتار اور پیغمبر تو نہ صرف خود حق و صداقت کو اپنے سامنے جلوہ گر دیکھتے ہیں۔ بلکہ جسے چاہیں اِس جلوہ سے فیض یاب کر سکتے ہیں، اگر آپ مجھ سے پوچھیں کہ کیا خدا کی واقعی کوئی ہستی ہے اور میں کہوں "ہاں ہے" تو آپ مجھ سے کہتے ہیں اچھا ثابت کرو کہ خدا ہے اور مجھ غریب کو سارا زور لگا کر اپنی تمام دلائل پیش کرنا پڑتی ہیں۔ تا کہ کسی طرح میں ذہنی طور پر خدا کی ہستی کا

---

1 Mission.

ثبوت مہیا کرسکوں ۔لیکن اگر آپ عیسیٰ مسیح سے پوچھتے کہ کیا خدا ہے تو اُن کا جواب یہ ہوتا "ہاں ہے"۔ دیکھو خدا تمھارے سامنے ہے" اور آپ اپنی آنکھوں سے خدا کا جلوہ دیکھ کر اس کی ہستی کے قائل ہو جاتے اور اُس پر ایسا ایمان لے آتے کہ اُسے کوئی طاقت ہلا نہ سکتی ۔یہ ہے خدا کو براہِ راست دیکھنے کی صورت یہاں ذہنی تگ و دو کی چنداں ضرورت نہیں یہ ہے نورِ جلوہ کی چکا چوند روشنی ، یہاں اندھیرا ٹھہر ہی کہاں سکتا ہے ۔ یہاں دماغی کاوشوں کی گنجائش ہی کہاں ہے ؟ میرے سامنے یہ میز رکھی ہے ۔کسی قسم کے منطق سے مجھ پر یہ ثابت نہیں کیا جاسکتا کہ یہاں کوئی میز نہیں ہے ۔مجھے اپنی آنکھوں پر یقین ہے ۔ اس میز کی ہستی پر میرا ایمان ہے ۔اُسے کوئی نہیں ہلا سکتا ۔یہی حال ہمارے پیغمبروں کا ہے وہ خدا کو اپنی آنکھوں سے دیکھتے ہیں ۔اور اس پر ایمان لاتے ہیں ۔یہی ایمان ہی اُن کی ہستی ہے ۔انہیں خدا کے بتلائے ہوئے نصب العین پر اور خدا کے سوپنے ہوئے کام پر پورا اعتبار ہوتا ہے ۔اس اعتبار کی بدولت یہ نورانی ہستیاں اپنے آپ پر کامل یقین رکھتی ہیں ۔

عام طور پر لوگ ایک دوسرے سے پوچھتے ہیں "کیا تم خدا کو مانتے ہو ؟ کیا تمہیں یقین ہے کہ مرنے کے بعد ایک نئی زندگی حاصل ہوگی ؟ فلاں فلاں بات کے متعلق تمہارا کیا عقیدہ ہے" ؟ اس قسم کے سوال اپنے مقام پر بجا ہیں ؛ کیونکہ اُن سے تلاشِ حق کی خواہش ظاہر ہوتی ہے ۔لیکن اس مقام پر جس بنیادی چیز کی کمی ہے وہ ہے خود اعتمادی جس شخص کو اپنے پر اعتماد نہیں وہ بھلا کسی اور ہستی پر کیا ایمان لا سکتا ہے ۔کسی پر ایمان لانا بھی تو خود اعتمادی ہی کی ایک حسین صورت ہے ۔ہم دیکھتے ہیں کہ ہم اکثر کشمکش میں پڑے رہتے ہیں ہمیں تو خود اپنی ہستی کا پورا یقین نہیں ہے ۔اپنے ہی متعلق ہمارے خیالات لمحہ بہ لحہ بدلتے رہتے ہیں ایک گھڑی تو ہم سوچتے ہیں کہ ہماری ہستی قائم و دائم ہے ۔اور ہمیں کوئی طاقت مٹا نہیں سکتی ۔لیکن دوسری گھڑی جو موت کا خیال آتا ہے تو ہم خوف سے تھر تھر کانپنے لگتے ہیں ۔کبھی ہم سمجھتے ہیں کہ ہم لا زوال ہیں ، امر ہیں ، زندۂ جاوید ہیں ۔ کبھی جو کسی خطرے کا سامنا کرنا پڑے تو ہمارے اوسان خطا ہو جاتے ہیں ۔اور ایسا ہیجان پیدا ہو جاتا ہے کہ سوچ بچار کی طاقت ہی سلب ہو جاتی ہے اور ہمیں کچھ پتا نہیں رہتا کہ ہم ہیں تو کہاں ہیں ؟ زندہ ہیں یا مر چکے ہیں ؟ اسی طرح کبھی تو ہم اپنے آپ کو اخلاق اور روحانیت کے پتلے سمجھتے ہیں ۔لیکن کبھی جو کوئی مصیبت نازل ہوتی ہے تو ہمارے چھکے چھوٹ جاتے ہیں ۔اور ہم سب رُوحانیت اور اخلاق کو بھول جاتے ہیں آخر ایسا کیوں ہوتا ہے ؟ ہمارے قول و فعل میں یہ فرق کیوں ہے ؟ اس سوال کا بس یہی جواب ہے کہ ہمیں اپنے آپ پر یقین نہیں رہا ۔رُوحانیت اور اخلاق کی پشت پناہ خود اعتمادی ہے ، اگر انسان میں خود اعتمادی نہ رہے اگر اُس کا احساسِ خودی برٹ جائے تو روحانیت اور اخلاق

کی کمر ٹوٹ جاتی ہے۔

یہی تو فرق ہے عام آدمی اور پیغمبر اور مذہبی رہنما میں، ایک کو اپنے پہ اعتبار نہیں اور دوسرے کی خود اعتمادی کا یہ عالم ہے کہ کوئی چیز اُس کے سامنے رُک نہیں سکتی سچ تو یہ ہے کہ اس ایمان ویقین کو جو پیغمبروں اور اوتاروں کو اپنی ذات پر ہوتا ہے ہم جیسے آدمی تو سمجھ ہی نہیں سکتے۔ یہی وجہ ہے کہ ہم اِن رہنماؤں کے احکام اور اعمال کی اپنے اپنے طریقے سے تفسیر وتشریح کرتے ہیں۔ اور اُن کے رُوحانی تجربات کے تعلق جنہیں وہ تمثیل و استعارے سے بیان کرتے ہیں۔ ہزاروں نظریئے اختراع کرتے ہیں۔ بات صرف اتنی ہے کہ ہماری فکر ونظر ہی مختلف ہے۔ ہمارا زاویۂ نگاہ ہی دوسرا ہے۔ اِس لئے ہم اُن کو پوری طرح سمجھ نہیں پاتے۔

ایک اور قابلِ غور بات یہ ہے کہ جب کبھی پیغمبر اور اوتار کچھ کہتے ہیں تو دُنیا اُسے سنے بغیر نہیں رہ سکتی وہ جو کچھ کہتے ہیں ذاتی تجربہ کی بناء پر کہتے ہیں۔ اُن کا ہر لفظ دل سے نکلتا ہے! اور اثر کئے بغیر نہیں رہ سکتا۔ اُس میں اِتنی کشش اور طاقت ہوتی ہے کہ دُنیا اُس کی تاب نہیں لاسکتی۔ وہ دُنیا پر بم کے گولے کی طرح پھٹتا ہے، آخر وہ بات ہی کیا ہوئی جس میں زور نہیں جس کے پسِ پشت روحانی طاقت نہیں؟ زبان کوئی ہو، طرزِ بیان کوئی ہو، دیکھنا تو یہ ہے کہ الفاظ کے پیچھے اور زبان اور بیان کے پردے میں رُوحانی طاقت کہاں تک کارفرما ہے؟ بھلا اِس سے کیا فرق پڑتا ہے کہ کوئی گرامر کے اُصولوں کے مطابق بات کرتا ہے یا نہیں یا کسی کے بیان میں بلاغت اور فصاحت ہے یا وہ فقط سادہ سے سادہ الفاظ استعمال کرتا ہے۔ مطلب تو اس سے ہے کہ کہنے والے کے پاس کسی کو کچھ دینے کے لئے کچھ ہے بھی یا نہیں، الفاظ تو تحفہ پیش کرنے کا ذریعہ ہیں خدا کی بخشی ہوئی نعمت کو دوسروں تک پہنچانے کا وسیلہ ہیں۔ بعض اوقات تو الفاظ کی ضرورت ہی نہیں رہتی۔ خاموشی ہی زبان بن جاتی ہے۔ سنسکرت کے ایک شلوک میں خموشی کی زبان کی یوں وضاحت کی گئی ہے۔ لکھا ہے "میں نے دیکھا کہ گرودیو درخت کے نیچے بیٹھے ہیں۔ اُن کے سامنے اُن کا شاگرد بیٹھا ہے۔ دونوں خاموش ہیں۔ گرودیو خاموشی سے چیلے کو گیان دے رہے ہیں اور چیلے کے تمام شک چپ چاپ دُور ہوتے جارہے ہیں"!

مطلب یہ کہ ایسے بلند مقام جگت گرو نہ بولنے پر بھی حق کی تدریس کرتے رہتے ہیں۔ اُن کی خاموشی سے بھی صداقت برستی ہے اور سب کو نہال کر دیتی ہے۔ وہ بغیر الفاظ کی وساطت کے اپنے دماغ سے دوسرے کے دماغ تک براہِ راست رُوحانی مطالب پہنچا دیتے ہیں۔ وہ رُوحانیت کی یزدانی نعمت لے کر آتے ہیں۔ اور اس بے بہا دولت سے سب کو مالا مال کر دیتے ہیں۔ اِس شاہانہ شان کا تقاضا ہے کہ وہ حاکمانہ لہجے میں بات کرتے ہیں۔ ہم سب کو اُن کے احکام بجالانا ہوتا ہے۔ مثال کے طور پر آپ یاد کیجئے کہ خود آپ کے اوتار یسوع مسیح کا لہجہ کتنا شاہانہ ہے۔ اُن کی ہر بات سے حاکمانہ شان ٹپکتی ہے۔

سُنیئے تو وہ کیا کہتے ہیں" جاؤ اور اقوام عالم کو میرا پیام دو۔ جاؤ انھیں میرے احکام بجالانے کی تلقین کرو۔ وہ احکام جو میں نے تمہارے لئے صادر کئے ہیں اور جن پر عمل کرنا تمھارا فرض ہے"۔ یہی نہیں بلکہ اُن کی ہر بات اسی لہجہ میں اَدا ہوتی ہے، انھیں اپنے پَر اور اپنے پیغام پر یقین کامل ہے۔ اور اس اَٹل یقین سے اُن کی طاقت کا سرچشمہ پھوٹ نکلتا ہے۔ یہی حال دوسرے پیغمبروں اور اوتاروں کا ہے۔

کیوں نہ ہو یہ پیغمبر اور اوتار بذاتِ خود خدا کا زندہ مجسمہ ہیں۔ حقیقت مجاز کی صورت اختیار کرتی ہے تو اوتار یا پیغمبر بَن کر رُوئے زمین پر نمودار ہوتی ہے، سچ پوچھیئے تو اِن کے علاوہ ہم کس کی پرستش کرسکتے ہیں؟ ہمارے دماغ کسی غیر مرئی ہستی کا تصور ہی نہیں کرسکتے۔ ہم لاکھ کوشش کریں کہ خدا کا خیال کسی نہ کسی صورت میں مُجسم ہوکر ہی ہمارے دماغ میں آسکتا ہے، اور جو چیز مجسم ہو جاتی ہے وہ کتنی ہی وسیع کیوں نہ ہو محدود ہوکر رہ جاتی ہے۔ خدا کا ایسا محدود تصوُّر خدا سے کوسوں دُور ہو جاتا ہے۔ اِس لئے اگر ہمیں کسی مُجسم و محدود شئے ہی کے تصوُّر سے خدا کی ہستی کا شعور و ادراک کرنا ہے تو کیوں نہ اِن پیغمبروں اور اوتاروں ہی کے تصور کا سہارا لیا جائے۔ آخران کا تصور اُن تمام تصورات سے بلند تر ہے جو ہمارے دماغ میں آسکتے ہیں۔ ان کی عظیم الشان زندگی ہمارے سامنے موجود ہے۔ اُن کی زندہ مثال ہمارے لئے شمع راہ بَن چکی ہے اُن کے روشن قدم ہمارے ہدایت کار اور امام ہیں۔ ذرا سوچیئے تو ہم لوگ جو کسی غریب کو روٹی کا ایک ٹکڑا چُرا لینے پر جیل بھیج دیتے ہیں، خُدا کی رحمت کا کیا اندازہ لگا سکتے ہیں ہم جو ہر وقت ہاتھ دھوکر دوسروں کے پیچھے پڑے رہتے ہیں۔ خدا کے عفو و کرم کو کیونکر تصور میں لا سکتے ہیں۔ ہم کو تو اپنی خودغرضی نے محدود و محبوس کر رکھا ہے۔ ہم جو جسم اور حواس کی قید میں پڑے ہیں۔ کائنات کی وسعتوں میں کیونکر سمو سکتے ہیں، اور اگر بفرض محال جسم کا خیال ترک بھی ہو جائے تو دماغ (من) کی حدود سے کیونکر نکل سکتے ہیں، اس دائرہ حیات میں گھر کر جہاں ہر قدم پر خودغرضی اور لین دین کا دور دَورہ ہے۔ ہم لامحدود اور پاک یزدانی محبت کا اندازہ ہی کیونکر لگا سکتے ہیں۔ ہمارا تجربہ تو اُن تعلقات پر محدود ہے جنہیں ہماری خوش فہمی نے محبت کا نام دے رکھا ہے۔ جو بات ہمارے تجربے میں نہیں، اس کا ادراک و شعور ممکن ہی نہیں جو چیز ہم پر گزری نہیں اس کا احساس ہو ہی نہیں سکتا، اِسی لئے تو میں کہتا ہوں کہ خدا کا ذہنی تصور پیدا کرنے کی تمام کوششیں بے سُود ہیں۔ اگر ہمیں واقعی روحانیت حاصل کرنے کی خواہش ہے تو ہمیں اُن پیغمبروں اور اوتاروں کی پُوجا کرنا ہوگی جنہوں نے ذاتی تجربہ کی بنا پر خدا کو پایا ہے۔ ان کے وجود میں وہ تمام خاصیتیں مُجسم ہوگئی ہیں۔ جن کا ہمارے لئے تصور تک ممکن نہیں۔ ان کے یہاں خیالی آدرش کی بات نہیں۔ واقعی تجربے کا ذکر ہے۔ یزدانی محبت، پاکیزگی، عفو و رحمت سب انسانی قالب میں ڈھل کر ہماری آنکھوں کے سامنے

کھڑی ہیں۔ اگر میرا سر خود بخود اُن کے قدموں میں جھکا جاتا ہے تو اس میں حیرانی کی بات ہی کیا ہے، اگر میں اِن زندہ جاوید ہستیوں کو خدا مان کر پُوجتا ہوں تو کون سی عجیب بات ہے؟ آخر میں اور کر ہی کیا سکتا ہوں۔ مجھے تو آج تک کوئی ایسا شخص نظر نہیں آیا جو خُدا کے تصور کو ذہن میں لے آیا ہو البتہ باتیں ضرور بہت لوگ کرتے ہیں۔ لیکن باتوں میں واقعیت تھوڑا ہوتی ہے۔ خدا اور اس کی غیر شخصی ہستی کی باتیں اپنی جگہ پر اچھی ہیں لیکن عملی طور پر پیغمبر اور اوتار ہی دُنیا کی تمام نسلوں اور قوموں کے خدا ہیں۔ اِن یزدانی ہستیوں کی ہمیشہ پُوجا ہوتی آئی ہے اور جب تک انسان کی سرشت بدل نہیں جاتی۔ اُن کی پُوجا اسی طرح ہوتی رہے گی۔ اسی میں نسلِ انسانی کی نجات ہے۔ اسی پُوجا کی بدولت ہمیں ایمان اور اُمید کی نعمتیں نصیب ہوتی ہیں' اسی میں ہماری ارتقا کا راز مضمر ہے محض خیالی اُصولوں سے کاروبارِ جہاں نہیں چل سکتا۔

بہر حال میرے کہنے کا مطلب صرف یہ ہے کہ کم از کم میرے لئے تو دُنیا کے سب پیغمبر اور اوتار قابلِ پرستش ہیں۔ میں ہر ایک کی پُوجا کرتا ہوں، اور ہر آنے والے جگت گُرو کی پُوجا کرنے کے لئے تیار ہوں' بچہ چاہے جتنے بھی لباس بدل بدل کر ماں کے سامنے آئے ماں اُسے ہر صورت میں پہچان لیتی ہے۔ وہ ماں ہی کیا جو اپنے بچے کو نہ پہچان سکے۔ اگر آپ میں سے کوئی یہ دعوےٰ کرتا ہے کہ روحانیت اور خدا کا جلوہ صرف آپ ہی کے مخصوص پیغمبر یا اوتار میں نظر آتا ہے۔ اور اس ہی کی معرفت حقیقت کو پایا جا سکتا ہے۔ کسی دوسرے کی معرفت نہیں تو میں اُس کی خدمت میں اتنا ہی عرض کروں گا کہ میرے دوست تم میری نظر میں ابھی یزدانیت کو پہچانے ہی نہیں۔ تمہیں خود اپنے پیغمبر کی عظمت اور رُوحانیت کا اندازہ نہیں۔ تم نے تو صرف کچھ فقرے رَٹ لئے ہیں۔ کچھ الفاظ کو اپنا لیا ہے اور بس، تم تو ایک مخصوص فرقے کے فرد ہو کر رہ گئے ہو۔ یہ مذہب نہیں۔ یہ تو فرقہ پرستی ہے۔ تم جیسے سیاسی پارٹی کے ممبر بن گئے۔ ویسے ہی کسی مذہبی فرقے میں شامل ہو گئے۔ میں اُسے مذہب نہیں کہتا۔ مذہب تو ذاتی تجربے کی بات ہے۔ ذہنی رائے کی نہیں۔ مذہب تو رُوحانی ارتقا کا نام ہے۔ مذہب کا تعصب سے کوئی تعلق نہیں۔ رُوحانیت کا سچا طالب ہر پیغمبر اور ہر اوتار کی تعلیم سے فائدہ اُٹھاتا ہے وہ اپنے آپ کو کسی مخصوص تعلیم کے دائرے میں محدود نہیں کر لیتا۔ میں جانتا ہوں کہ اس دنیا میں کئی ایسے بے وقوف بھی ہیں جو ہر طرف میٹھے پانی کے چشمے دیکھ کر بھی اپنے جدی کنویں کا کھارا پانی ہی اس لئے پئے جاتے ہیں کہ وہ کنواں اُن کے باپ دادا کا بنایا ہوا ہے۔ مذہب میں اس قسم کے دیوانہ پن کی کوئی گنجائش نہیں۔ مذہب اِس معاملے میں بدنام ضرور ہے۔ لیکن جہاں تک میرا اپنا محدود تجربہ اور علم پہونچ سکا ہے۔ باوجود اِس کے کہ مذہب کے نام سے ہر قسم کی شیطنت منسوب کی گئی ہے۔ مذہب کا کوئی قصور نہیں نہ تو مذہب نے آج تک کسی پر ظلم ڈھانے کی اجازت دی ہے۔ اور نہ ہی متعصبانہ

چڑیلوں کو زندہ جلانے کو روا رکھا ہے، مذہب نے کبھی ایسی باتوں کو گوارا نہیں کیا، اگر کسی چیز نے لوگوں کو اِن شیطانی حرکتوں کے لئے اُکسایا ہے تو وہ سیاست ہے۔ مذہب نہیں، اور اگر سیاست مذہب کا نام لے کر اِن حیوانی کرتوتوں کا ارتکاب کرتی ہے تو اِس میں مذہب کا کیا قصور؟ شیطان فرشتے کے بھیس میں آ کر شیطانی کرے تو اس میں فرشتوں پر کیا الزام عائد کیا جا سکتا ہے؟

تو یاد رکھیئے کہ اگر کوئی شخص یہ دعوے کرتا ہے کہ فقط اُس کا مذہب سچا ہے اور اس کا پیغمبر رُوحانیت کا واحد علمبردار ہے تو سمجھ لیجیے کہ وہ شخص مذہب اور رُوحانیت کے ابجد سے بھی واقف نہیں۔ مذہب نہ تو زبانی باتیں ہیں نہ بحث و مباحثہ نہ نظریہ بازی ہے نہ دماغی طور پر کسی خاص اعتقاد کا اعتراف، مذہب اور روحانیت تو نام ہے اِس احساسِ لطیف کا جو دل کی گہرائیوں سے اُٹھتا ہے جس کی بدولت انسان کو ایسا معلوم ہوتا ہے کہ وہ خدا کو اپنی آنکھوں سے دیکھ رہا ہے، اپنے ہاتھوں سے چھو رہا ہے، مذہب تو وہ لطیف شعور ہے جب آدمی اپنے آپ کو رُوح سمجھنے لگتا ہے اور جان جاتا ہے کہ وہ کائنات کی رُوحِ اعظم کی تمام جلوہ ریزیوں سے منسلک ہے۔ اگر آپ کو مذہب اور رُوحانیت سے واقعی لگاؤ ہے تو آپ کی نظر میں وسعت اور آپ کی فکر میں گہرائی لازمی ہوگی، آپ مذہب اور رُوحانیت کو کسی خاص پیغمبر یا اوتار کی ذاتی ملکیت شمار ہی نہیں کر سکیں گے۔ بھلا اگر آپ کی رسائی خدا کے گھر تک ہے تو کیا آپ خدا کے اِن مائہ ناز فرزندوں کو پہچان نہیں سکیں گے جنھیں ہم پیغمبر کہتے ہیں۔ اور اگر آپ اُن کو پہچان نہیں پاتے تو آپ ابھی خدا کے گھر[لہ] سے بہت دُور ہیں۔ جیسا کہ میں پہلے کہہ چکا ہوں۔ ماں اپنے بچے کو ہر لباس میں پہچان لیتی ہے اسی طرح خدا کے سچے بندے خدا کے ہر پیغمبر میں اُسی کا جلوہ دیکھتے ہیں، یہ عظیم الشان روحانی ہستیاں جو وقتاً فوقتاً مختلف مُلکوں میں جلوہ گر ہوتی رہی ہیں۔ سب ایک ہی حقیقت کا پیغام لے کر آتی رہی ہیں۔ کسی نے اس حقیقت کے ایک پہلو پر زور دیا۔ تو کسی نے دوسرے پہلو پر، مگر ان میں بنیادی طور پر کوئی فرق نہیں کوئی اختلاف نہیں۔ آؤ ہم اِن سب کو اچھی طرح پہچانیں۔ اور آپس کے ظاہری تفرقات کو مٹا کر اس بنیادی حقیقت تک جانے کی کوشش کریں۔ جس کی تعلیم ہر جگت گُرو نے دی ہے۔ یاد رکھیئے کہ جہاں کہیں اور جب کبھی بھی انسان نے عملی طور پر مذہب کے معنی کو سمجھا ہے اور سچی روحانیت کو پایا ہے۔ جہاں کہیں اور جب کبھی بھی انسان نے خدا کی ہستی کے وجود کو محسوس کیا ہے۔ اور اس کی رُوح کو خدا کی قربت حاصل ہوئی ہے۔ وہاں ہمیشہ انسان کی فکر و نظر میں اتنی وسعت پیدا ہوئی ہے کہ اُسے ہر طرف

---

لہ The House of the Father.

انوارِ جلوہ کی چمک نظر آنے لگی ہے۔ مثال کے طور پر اہلِ اسلام کو دیکھئے اُن کا عقیدہ ہے کہ خدا ایک ہے اُس کے علاوہ دوسرا کوئی خدا نہیں اور محمدؐ اُس کے رسول ہے (لَآ اِلٰہَ اِلَّا اللہُ مُحَمَّدُ الرَّسُوْلُ اللہِ) اِس مقدس کلمے کی صداقت میں کس کو شک ہو سکتا ہے۔ لیکن جب اس کا مطلب یہ لیا جانے لگا کہ انسان کو اُس واحد خدا تک صرف اِسلام ہی کا پیغمبر لے جا سکتا ہے تو مذہب نے ایک سیاسی صورت اختیار کرلی۔ اور اہلِ اسلام کے علاوہ سب کو کافر قرار دے دیا گیا۔ حالانکہ یہ بات پیغمبرِ اسلام کی تعلیم کے موافق نہیں، اس کا نتیجہ یہ ہوا کہ بحرالکاہل سے لے کر بحرِ اوقیانوس تک مذہب کے نام پر پانچ سو سال تک قتل و غارت کا بازار گرم رہا۔ لیکن ہر اُس مسلمان نے اِس خوں ریزی کے خلاف آواز اُٹھائی جس نے اپنے مذہب اور اپنے پیغمبر کو عملاً اپنایا اور سمجھا، اور یزدانی حقیقت کو محسوس کیا۔ یہ سچے مسلمان مذہب کو سیاسی آلۂ کار بنانے سے ہمیشہ انکار کرتے رہے۔ کیونکہ وہ جانتے تھے کہ مذہب یا روحانیت کسی کی موروثی ملکیت نہیں ہے، مذہب تو وہ راہِ عمل ہے جس پر گامزن ہو کر انسان حقیقت تک جا پہونچتا ہے۔ اور اس راہ پر ہر انسان کو حق ہے کہ اپنی اہلیت اور اپنے رُجحانِ طبع کے مطابق قدم اُٹھائے۔

پیغمبروں اور اوتاروں کے کردار کو سمجھنے کے لئے ایک اور بات کا خیال رکھنا ضروری ہے۔ آجکل ایک طرف تو ہم زمانۂ حال کے نظریۂ ارتقا کی بات کرتے ہیں اور دوسری طرف مذہب کے معاملے میں گذشتہ زمانے کے بوسیدہ نقشوں پر اپنی زندگی قائم کرنا چاہتے ہیں۔ یہ دو رجحانات ایک ساتھ نہیں چل سکتے۔ اِس لئے ہمیں عہدِ جدید کے حالات کو مدِ نظر رکھتے ہوئے اپنے مذہبی خیالات کو نئے سرے سے تشکیل کرنا ہوگا۔ فکر کی نئی راہ نکالنا، نظر کا نیا انداز پیدا کرنا آسان نہیں ہے ہم سے غلطیاں ہوں گی لیکن اس میں کیا نقصان ہے۔؟ کیا ہم غلطی کے ڈر سے اپنے دماغ سے کام لینا چھوڑ دیں؟ کیا ہم ٹھوکر کے خوف سے دینی منزل تک جانے کی کوشش ہی ترک کر دیں؟ آخر غلطیوں ہی سے تو آدمی سیکھتا ہے۔ ہمیں غلطیوں سے ڈرنا نہیں چاہئے۔ علم و آگہی غلطیوں کے بغیر ممکن ہی نہیں۔ آپ کے سامنے یہ دیوار کھڑی ہے۔ کیا اِس دیوار نے عمر بھر کبھی جھوٹ بولا ہے؟ یہ تو چپ سادھے ہمیشہ اسی طرح کھڑی رہتی ہے۔ لیکن آخر یہ دیوار کی دیوار ہی تو رہ جاتی ہے اِسی طرح جانور کبھی جھوٹ نہیں بولتے۔ لیکن کیا اس وجہ سے گائے بھینس ہم سے بلند تر ہیں؟ آدمی جھوٹ بولتا ہے۔ لیکن وہی جھوٹ بولنے والا آدمی ترقی کرتے کرتے دیوتاؤں اور فرشتوں کے مقام تک بھی تو پہنچ جاتا ہے۔ ضرورت تو عمل کی ہے اس کی پروا نہیں کہ عمل کبھی غلط راہ پر چل نکلتا ہے۔ چلنے والا آدمی ضرور ٹھیک رستے پر آجائے گا۔ قابلِ رحم تو وہ آدمی ہے جو ہاتھ پر ہاتھ دھر کر بیٹھ جاتا ہے، ہمیں کچھ کرنا ہے تو دست و بازو کو عمل کی اور دل و دماغ کو فکر کی عادت ڈالنا ہوگی۔ اِس سے تو ہرگز کام نہیں چلے گا کہ ہم باپ دادا

کے خیالات کی اندھا دُھند پیروی کرتے رہیں، اگر ہم اِسی پر اکتفا کریں گے اور اپنے لئے کوئی نئی راہ نہیں نکالیں گے تو ہمارے احساس اور شعور کی طاقت مٹ جائے گی ۔ اِس سے تو موت ہی بہتر ہے ۔ اگر ہمارے دماغ سے تر و تازہ اور زندہ خیالات پیدا نہیں ہوتے تو پھر جینے کا مزا ہی کیا ہے ۔ مذہب اور رُوح کے متعلق ذاتی فکر و احساس کی بنا پر ہمارا کوئی راسخ اعتقاد ہی نہیں ہے تو ہماری زندگی زندگی ہی نہیں ۔ اگر ہم محض تقلید کرنا ہی جانتے ہیں تو ہم سے ناستک بھی کہیں بہتر ہیں ۔ اُنہیں ایمان والوں سے اختلاف سہی لیکن اُن میں خود سوچنے کی اہلیت تو ہے ۔ آخر اسی قوتِ فکر، اِسی آزاد خیال اور جرأتِ اِنکار ہی کی بدولت اُمید کی جا سکتی ہے کہ ایک دن وہ خدا تک جا پہونچیں گے لیکن اُن لوگوں کا کیا جائے جن میں سوچ بچار کا مادہ ہی مٹ گیا ہو ۔ ایسے لوگوں میں تو جان ہی نہیں ہے، اُن کے لئے مذہب اور رُوحانیت کے میدانِ عمل میں ایک قدم اُٹھانا بھی مشکل ہے جو اپنے دماغ سے کام لینا ہی نہیں جانتا ۔ وہ بھلا مذہب اور روحانیت کو کیا سمجھے گا ۔ ہاں منکر اور ناستک کم از کم اپنی عقل کو استعمال میں تو لاتے ہیں، وہ اِسی راستے سے رُوحانیت حاصل کر سکتے ہیں، اِسی لئے تو میں بار بار یہی کہتا ہوں عقل سے کام لیجئے خود سوچئے ۔ بچار یئے ۔ غور کیجئے ۔ یہ دماغی کاوش یہ جدوجہد ہی تلاشِ حق میں آپ کی مددگار ہوگی ۔ بیٹھے بٹھائے خُدا نہیں ملتا ۔ اگر کامیابی نصیب نہیں ہوتی تو کوئی بات نہیں، اپنی کوششوں کو جاری رکھیئے ۔ اگر ذاتی غور و فکر سے آپ کسی عجیب و غریب نتیجے پر پہنچتے ہیں تو گھبرانے کی ضرورت نہیں ۔ یہی غور و فکر کی قابلیت آپ کو آخر منزلِ مقصود تک لے جائے گی ۔ اگر آپ کو اس بات کا ڈر ہے کہ دُنیا آپ پر انگلیاں اُٹھائے گی، تو اپنے خیالات کو خود اپنے تک محدود رکھیئے، انہیں اپنے ہی سینے میں ذرا اور تھام رکھیئے ۔ لیکن اپنی تلاش کو جاری رکھیئے ۔ اپنی جدوجہد کو ترک نہ کیجئے ۔ آخر کامیابی ضرور ہوگی ۔ روحانیت کا آفتاب آخر ضرور اپنی پوری آب و تاب سے نُور پاش ہوگا ۔ یاد رکھیئے کہ اگر کسی کو برو زپٹی پکائی مل جائے وہ آرام سے ہاتھ پر ہاتھ رکھ کر بیٹھا رہے تو اُسے ہاتھ سے کام لینا ہی بھول جائے گا، روحانی زندگی میں بھی یہی ہوتا ہے اگر ہم اِس میدان میں بس ایک دوسرے کی دیکھا دیکھی بھیڑ چال ہی چلتے رہیں تو آخر روحانی موت واقع ہو جاتی ہے ۔ جہاں عمل نہیں وہاں موت ہی کی بے حسی رہ جاتی ہے ۔ عمل کو ہاتھ سے کبھی نہ جانے دیجئے ۔ عمل مختلف صورتیں اختیار کرتا ہے ۔ جہاں عمل ہے ۔ وہاں فرق اور امتیاز بھی ضرور ہوگا ۔ فرق اور اختلاف ہی تو زندگی کی نشانی ہے ۔ اِسی سے تو زندگی میں رنگینی پیدا ہوتی ہے ۔ یہی تو زندگی کا جمال ہے ۔ اسی سے تو کائنات کے حسین نقش و نگار پیدا ہوتے ہیں ۔ فن کارِ عالم کا ہُنر اسی سے تو آشکار ہوتا ہے ۔ فرق اور اختلاف سے ڈرنے کی ضرورت نہیں ۔ ہاں اس کے پسِ پشت جو ایک حقیقت ہے ۔ اُس کو کبھی نظر انداز نہیں کرنا چاہیئے ۔

مجھے آپ سے اتنی لمبی تمہید کے لئے معافی مانگنا ہے۔ لیکن میرے خیال میں اس کے بغیر دُنیا کے اوتاروں اور پیغمبروں کو سمجھنا مشکل تھا، اب ہم اس پوزیشن میں ہیں کہ اُن کو کسی حد تک سمجھ سکیں گے ہم نے تاریخ پر سرسری نظر ڈال کر دیکھا کہ بے جان اور بے حس آدمیوں کو چھوڑ کر جب کبھی بھی اِنسانی فکر اپنی گہرائیوں میں غوطہ زن ہوئی ہے۔ جب کبھی بھی انسان کو خدا سے سچی لگن لگی ہے۔ اُس کی رُوح خدا کے قریب تر ہوتی گئی ہے۔ اور بالآخر اُس کی روشن آنکھوں کو خدا کا براہِ راست اور مکمل جلوہ نصیب ہو جاتا ہے۔ یہ احساسِ ایزدی لمحہ بھر ہی کے لئے کیوں نہ ہو۔ انسان کی زندگی کا رُخ بدل دیتا ہے۔ سب شک ہمیشہ کے لئے دُور ہو جاتے ہیں۔ دل و دماغ کے سب بَل نکل جاتے ہیں۔ چالاکی اور ریاکاری کا نشان تک مِٹ جاتا ہے۔ دُنیا و مافیہا کی سب بندشیں ٹوٹ جاتی ہیں۔ انسان "کرم" (عمل) کے بندھن سے آزاد ہو جاتا ہے اور اُسے اُس پرماتما کے درشن ہو جاتے ہیں جو دُور سے دُور چیز سے بھی بہت پَرے ہے۔ اور نزدیک سے نزدیک شئے سے بھی بہت قریب تر ہے۔ یہی مذہب ہے یہی روحانیت ہے۔ باقی جو کچھ بھی ہے محض عقیدوں اور نظریوں کا سلسلہ ہے۔ اُن کی اہمیت بس یہی ہے کہ یہ شعور وادراک اور احساسِ ذات (کی منزل کی راہ دکھاتے ہیں۔ لیکن عموماً ہوتا یہ ہے کہ ہم اپنی کم نظری کی وجہ سے اِس راہ کو منزل سمجھ بیٹھتے ہیں۔ ہر شخص اپنے مقام پر رُک جاتا ہے۔ اور پھر اس بات پر تکرار ہونے لگتی ہے کہ کس کا مقام اعلیٰ ہے۔ ہماری مثال یوں ہے کہ ہم پھل کی ٹوکری کے بارے میں تو جھگڑ رہے ہیں اور یہ نہیں دیکھتے کہ اس کش مکش میں پھل بدرو میں جا گرے ہیں۔ مذہب کے نام پر لڑنے والوں سے مجھے تو یہی پوچھنا ہے کہ کیا آپ کو اُن تمام باتوں کا ذاتی تجربہ ہے جن کے متعلق آپ اتنی باتیں کرتے ہیں؟ کیا آپ کے دعوؤں کی پشت پر ذاتی ادراک و شعور موجود ہے۔؟ مثلاً اگر کوئی کہتا ہے کہ یسوع مسیح خدا کا واحد پیغمبر ہے تو میں اس سے پوچھوں گا کہ کیا آپ نے اپنے پیغمبر کو دیکھا ہے، کیا آپ کے باپ دادا نے اُسے دیکھا ہے۔ کیا آپ نے دوسرے پیغمبروں کو دیکھا ہے؟ اور اگر نہیں تو یہ سب دعوے کیسے؟ یہ سب بحث و مباحثے اور تکرار کیوں؟ پہلے اپنے پیغمبر کے کہنے پر عمل کرنا سیکھو، پہلے رُوحانیت کو اپنی ذات میں پیدا کرو، موازنے اور مقابلے کا سوال ہی نہیں اُٹھے گا۔ جو عقل سے کام لیتے ہیں۔ وہ کبھی اِن فضول جھگڑوں میں نہیں پڑتے۔

دراصل سب اوتار اور پیغمبر سچے ہیں۔ سب کا مقام بہت ہی بلند ہے۔ اور میں تو یہ سمجھتا ہوں کہ ہر ایک ہمیں اپنا مخصوص اُصول سکھانے کے لئے نازل ہوا اور یہ ہماری خوش قسمتی ہے کہ آج ہمیں متعدد سنہری اُصول وراثت میں ملے ہیں۔ جن پر عمل پیرا ہو کر اپنی زندگی میں تبرک اور تقدس بھر سکتے ہیں۔ بھگوان سری کرشن کو لیجئے۔ آپ نے گیتا کو پڑھا ہوگا۔ ایک سرے سے لے کر دوسرے تک جس واحد اُصول کی تلقین کی گئی ہے۔ وہ ہے بے تعلق ہو کر کام کرنے کا اُصول۔ دُنیا میں کنول کے پھول کی طرح بے تعلق ہو کر رہیئے!

تعلق واجب ہے تو بس ایک ہی ہستی سے۔ محبت کرنا ہے تو اُسی ایک پرماتما سے جو لازوال اور لاثانی ہے جو کبھی تغیر پذیر نہیں ہوتا۔ دل دینا ہے تو اُسی محبوبِ واحد کو دیجئے۔ دُنیا کی کسی اور چیز سے دل لگانا دُکھ درد اور مصیبت کو مول لینا ہے۔ یہاں کی ہر چیز فانی ہے۔ آدمی سے پیار کیا اور وہ مر گیا تو عمر بھر کا رونا دے جائے گا۔ دوست سے محبت برتی اور وہ وفادار نہ نکلا تو دُکھ ہی ملے گا اور تو اور خاوند اور بیوی کا پیار بھی ذرا سی غلط فہمی اور رنجش سے مٹ جاتا ہے۔ اور دل پر چوٹ لگتی ہے یا موت محبوب کو چھین لیتی ہے اور آدمی ایسا محسوس کرتا ہے کہ دُنیا ہی تباہ ہو گئی۔ دُنیا کا تو کاروبار ہی اسی طرح چلتا ہے، یہاں ہر چیز فانی ہے۔ یہاں کی محبت اور دوستی بھی مٹ جاتی ہے۔ اسی لئے بھگوان سری کرشن گیتا میں کہتے ہیں" پرماتما سے پیار کرو۔ وہی ایک واحد ہستی ہے جس کو ثبات حاصل ہے، اُسی کی محبت لازوال ہے۔ ہم جہاں کہیں بھی ہوں، ہمارا محبوبِ ازلی ہمیشہ ہمارے ساتھ ہوتا ہے۔ ہم پر ہر وقت اُس کی عنایت ہوتی ہے۔ اُس کے دل میں ہمارے لئے محبت بھری ہے۔ اُس کے لطف و کرم کی کوئی حد ہی نہیں، اُس کی محبت میں کمی بیشی نہیں ہوتی۔ ہم جو کچھ بھی کریں وہ ہم سے ناراض نہیں ہوتا وہ تو صرف محبت کرنا ہی جانتا ہے۔ بھلا خدا بندوں سے ناراض کیونکر ہو سکتا ہے۔ اگر آپ کا بچہ کوئی شرارت کرے تو کیا اُس کی وجہ سے بچے کے لئے آپ کی محبت میں کمی واقع ہو جاتی ہے۔ کیا آپ اُس سے ناراض ہو جاتے ہیں؟ تو خدا کے ناراض ہونے کے کیا معنی؟ وہ تو دانائے کُل ہے۔ کیا اُسے معلوم نہیں کہ ہماری منزل کیا ہے؟ ہماری زندگی کی معراج کیا ہے؟ ہماری اصل مکمل اور پاکیزہ ہستی ہے اور آخر کار ہمیں اُسی کمال تک پہنچنا ہے۔ پرماتما صبر و تحمل کا مجسمہ ہے، وہ نہایت اطمینان اور صبر سے انتظار کر رہا ہے۔ آؤ ہم اپنی ساری محبت اُسے سونپ دیں۔ اور پھر اُس کی محبت میں سرشار ہو کر دُنیا سے پیار کریں۔ کیونکہ یہ تمام سنسار اُسی کا ہے۔ وہی اس کائنات میں بس رہا ہے۔ دُنیا کے تعلقات میں بھی اُسی کی کشش ہے۔ آؤ ہم دُنیا سے اندھی محبت کی بجائے آنکھیں کھول کر پیار کریں۔ ہر چیز میں پرماتما کو جلوہ گر دیکھ کر اپنی محبت اس پر نچھاور کریں۔ ماں باپ سے دوستوں سے۔ بچوں سے بیوی سے سب سے پیار کریں۔ لیکن اُن تعلقات کی خاطر نہیں جو ہمیں اُن سے ہیں۔ بلکہ اُس واحد رشتہ کی خاطر جو پرماتما کو اُن سب میں دیکھ کر پیدا ہوتا ہے۔ اِسی لئے تو کہا ہے "میری محبوب خاوند سے اِس لئے پیار نہیں ہوتا کہ وہ خاوند ہے بلکہ اس لئے کہ پرماتما خاوند میں جلوہ گر ہے"۔ مطلب یہ ہے کہ خاوند اور بیوی کے رشتے میں بیوی اور خاوند ایک دوسرے سے محبت کرتے ہیں۔ لیکن دراصل وہ کشش جسے ہم محبت کہتے ہیں۔ خود بھگوان کی کشش ہے۔ کیونکہ خود بھگوان ہی سے تو دونوں کا وجود قائم ہے۔ یہ اور بات ہے کہ عموماً ہم بھگوان کی موجودگی کو محسوس نہیں کرتے۔ اور ایک دوسرے سے دُنیاوی اور جسمانی تعلقات کی بناء پر

پیار کرتے ہیں۔ جب تک غفلت کا یہ پردہ ہماری آنکھوں پر پڑا رہتا ہے اس وقت تک ہماری محبت میں سکھ کے ساتھ دکھ بھی لگا رہتا ہے لیکن جب ہم پرماتما کی موجودگی سے آگاہ ہو کر محبت کرتے ہیں تو محبت پاک ہو کر سراپا مسرت ہو جاتی ہے اور ہم پر نجات کے دروازے کھل جاتے ہیں۔ ویدانت کے فلسفے کے مطابق محبت کا یہی راز ہے۔ ہماری مقدس کتابوں میں لکھا ہے کہ جہاں کہیں محبت کی روشنی ہے اور جہاں کہیں مسرت کا شعلہ نمودار ہوتا ہے۔ وہاں خدا خود موجود ہوتا ہے کیونکہ وہی سب نور کا مطلع ہے اور وہی سب نشاط کا مخزن۔ سب چیزیں اُسی کے نور سے روشن ہیں۔ سب مسرتیں اُسی کی خوشی سے ماخوذ ہیں۔ اُسی کی ذات کا دوسرا نام محبت تبرک اور مسرت ہے اُس کے بغیر نہ کہیں محبت مل سکتی ہے نہ مسرت۔

بھگوان سری کرشن کی تعلیم کا موضوع یہی ہے کہ اپنا سب کچھ پرماتما کے ارپن کر دو۔ بے تعلق ہو کر کام کرنے کا مطلب یہی ہے کہ اسے بھگوان سے متعلق کر دو۔ خود سپردگی کے اس اصول کو بھگوان سری کرشن نے نے اپنی قوم کے کردار کا جزو بنا دیا ہے یہ طریقۂ عمل ہندوؤں کی سرشت میں داخل ہو گیا ہے۔ یہاں تک کہ ہندو پانی بھی پیتے ہیں تو یہ پرارتھنا دہراتے ہیں کہ پربھوا گرائس کرم" (عمل) میں کوئی خوبی ہے تو اسے قبول کرو بودھ لوگ خدا کو نہیں مانتے۔ لیکن سری کرشن کی تعلیم کا اثر اُن پر بھی ہوا ہے۔ اگر کسی بودھ سے کوئی نیک کام سرانجام ہو پاتا ہے تو وہ کہتا کہ "میرے کام کا ثواب اس دُنیا کو پہنچے اگر میرے "کرم" میں کوئی خوبی ہے تو اس کا پھل مجھے نہیں تمام دُنیا کو پہنچے بلکہ اگر ہو سکے تو دُنیا کے پاپوں کا پھل بے شک مجھے مل جائے تاکہ سب جہان کا تو بھلا ہو" بات وہی ہے جسے ہندوان الفاظ میں بیان کرتے ہیں کہ اپنے کرموں کا پھل بھگوان کے ارپن کرو۔ ہندو پرماتما کی ہستی میں اعتقاد رکھتے ہیں وہ کہتے ہیں کہ پرماتما قادرِ کُل ہے وہی تو واحد روحِ اعظم ہے ہے جس سے ہر روح پردۂ شہود پر نمودار ہوتی ہے۔ وہی کائنات کی روحِ رواں ہے' وہ ہر جگہ حاضر و ناظر ہے۔ اس لئے سب کچھ اسی کا ہے اور اُسی کو ارپن کر دینا چاہیئے۔ ثواب کی اُمید اور عذاب کے خوف، کو ترک کر دینا ہی سب سے بڑی عبادت ہے۔ اپنے نیک اعمال کا پھل پرماتما کو بھینٹ کر دینا ہی سب سے بڑی قربانی" ہے۔ اس سے تمام کائنات کا بھلا ہو گا کیونکہ سارا جہان پرماتما ہی کا رُوپ تو ہے۔

بھگوان سری کرشن کہتے ہیں کہ "اُس دُنیا میں رہ کر جو اپنے تمام کرموں کا پھل پرماتما کی بھینٹ کر دیتا ہے اُسے دنیا کی کوئی بُرائی چھو ہی نہیں سکتی۔ جیسے کنول کا پھول پانی کی تہ سے اُٹھتا ہے لیکن کھلتا ہمیشہ سطح پر ہے اسی طرح وہ شخص بھی دنیا کے بندھنوں سے آزاد ہے جو دُنیا کے کاروبار میں مشغول رہ کر بھی بھگوان سے غافل نہیں رہتا اور اپنا ہر کام اُسی کے ارپن کر دیتا ہے"۔

بھگوان سری کرشن ترکِ دُنیا کی تعلیم نہیں دیتے۔ وہ یہ نہیں کہتے کہ کام سے کنارہ کش ہو جاؤ بلکہ

اُن کی تعلیم کا لُبِ لباب تو یہ ہے کہ متواتر کام کیے جاؤ۔ دِن رات کام کرو۔ آپ پوچھیں گے کہ اس بے تحاشہ کام میں آرام کہاں ہے : اس میں سکون کیونکر ملے گا ؟ بھگوان کہتے ہیں" سکون ضرور ملے گا۔ لیکن کام سے بھاگنے سے نہیں"۔ ہاتھ پر ہاتھ رکھ کر بیٹھنے سے کسی کو نہ سکون ملا ہے نہ ملے گا۔ اپنی ذمہ داریوں سے کنارہ کش ہو کے دیکھ لیجیے۔ شہروں سے دُور پہاڑوں کی چوٹیوں پر جا کر بھی آدمی کا مَن تو چکر ہی میں رہتا ہے۔ اس سے تو لمحہ بھر چین نہیں، لٹو کی طرح گھومتا رہتا ہے۔ ایک سنیاسی سے جو ہمالیہ کے پہاڑوں میں گھومتا رہتا تھا کسی نے پوچھا "مہاراج کیا آپ کو ابھی تک کوئی اچھی جگہ قیام کرنے کے لیے نہیں ملی ؟ کیا آپ بتا سکتے ہیں کہ آپ یہاں ہمالیہ کے پہاڑوں میں کتنے عرصے سے گھوم رہے ہیں" سنیاسی نے کہا۔ چالیس برس سے یہیں گھوم رہا ہوں۔ یہ سن کر اُس آدمی کو حیرانی ہوئی اور اُس نے پوچھا "مہاراج یہاں تو ایک سے ایک خوبصورت جگہ ہے۔ کیا آپ کو یہاں ٹھہرنے کے لیے کوئی جگہ پسند نہیں آئی"۔ سنیاسی نے جواب دیا۔ "ٹھہرنے کا سوال ہی کہاں اُٹھتا ہے۔ اِن چالیس برسوں میں میرے چنچل مَن نے مجھے رُکنے ہی نہیں دیا" دیکھا آپ نے مَن کا چین حاصل کرنا اتنا آسان نہیں سکون فقط کام چھوڑ دینے سے نہیں مل سکتا۔ آپ نے اُس سپاہی کی کہانی تو سُنی ہوگی جو تاتار ڈاکو کو پکڑ لایا تھا۔ یہ سپاہی جب اپنی بارکوں کے نزدیک پہنچا تو اُس نے زور سے آواز دی۔ دیکھو میں تاتار ڈاکو کو پکڑ لایا ہوں۔ اندر سے آواز آئی "اسے بارک میں لے آؤ" سپاہی نے جواب دیا "یہ بارک میں نہیں آتا"۔

"اچھا تو تم اندر آجاؤ"۔

"یہ مجھے چھوڑتا ہی نہیں۔ میں کیسے اندر آؤں"؟

یہی حال ہمارے مَن کا ہے۔ اس پر قابو پانا مشکل ہے۔ ہم اس مَن سے کہتے ہیں" چین سے رہو صبر و تحمل سے کام لو" اور سمجھتے ہیں کہ ہمارے کہنے سے ہمیں اطمینانِ قلب نصیب ہو جائے گا۔ کہنے کو تو بچے بھی سکون اور آرام کی باتیں کر سکتے ہیں۔ لیکن دل کا سکون حاصل کرنا مشکل کام ہے۔ میں یہ بات اپنے تجربے کی بنا پر کہہ رہا ہوں۔ میں نے بھی اپنی ذمہ داریوں کو پسِ پشت ڈال کر چاہا کہ مجھے سکونِ دل مل جائے۔ میں بھی برسوں پہاڑوں میں گھومتا رہا۔ میں غاروں اور جنگلوں میں رہتا رہا۔ لیکن مَن کا چین کہیں نہ ملا۔ تاتار ڈاکو کی طرح میری دُنیا نے میرا ساتھ نہ چھوڑا۔ یہ ڈاکو ہمارے مَن کی صورت میں ہمارے ہی اندر موجود ہے۔ اس لیے دوسروں کو دل کی بے چینی کا باعث قرار نہیں دیا جا سکتا۔ یہ کہنا غلط ہے کہ کچھ حالات سکونِ قلب کے لیے موافق ہوتے ہیں اور کچھ منافق۔ اطمینان اور سکون تو داخلی چیز ہے۔ خارجی دُنیا نہ ہمیں تسکین دے سکتی ہے۔ اور نہ ہمارے سکون کو ہم سے چھین سکتی ہے۔ اگر ہم اپنے اندر کے ڈاکو کو

چپ کروا سکتے ہیں تو ہمیں یقیناً شانتی نصیب ہوگی۔ اور اگر ہم ایسا نہیں کر سکتے تو کام کاج چھوڑ دینے سے تو ہمیں سکون اور چین ملنے سے رہا۔

اسی لئے تو بھگوان سری کرشن ہمیں کام ترک کرنے کو نہیں کہتے۔ وہ ہمیں اپنی ذمہ داریوں سے کنارہ کشی کی تعلیم ہرگز نہیں دیتے بلکہ اُن کا کہنا تو یہ ہے کہ ان ذمہ داریوں سے مردانہ وار سبکدوش ہونا ہمارا فرض ہے، شرط صرف یہ ہے کہ نتائج کی پرواہ نہ ہو جو کام ہمارے حصے میں آیا ہے اُسے پھل کی فکر کئے بغیر نبھانا لازمی ہے ہم تو بھگوان کے خدمت گار ہیں ہمیں بحث و مباحثہ سے کیا ہم تو اُس کے سپاہی ہیں۔ ہمارا منطق اور دلیل سے کیا واسطہ۔ ہمارا فرض بس یہی ہے کہ اپنا کام کئے جائیں۔ بلکہ یوں کہنا چاہیئے کہ ہمارا حق تو محض اسی پر ہے کہ اپنے کام کی نوعیت اور درجہ کا خیال نہ کرتے ہوئے اسے پوری دیانتداری اور تندہی سے کرتے جائیں۔ ہمیں تو بس ایک ہی بات کا خیال رکھنا ہوگا۔ ہر کام سے پہلے اپنے من سے یہ سوال ضرور پوچھ لینا چاہیئے کہ کیا وہ کام بے غرضانہ ہے۔ یا اُس میں ہماری کچھ غرض مضمر ہے۔ اگر کسی کام میں خود غرضی شامل نہیں ہے تو بے فکر ہو کر اُس کام کو کرتے جاؤ۔ جہان کی کوئی طاقت تمہیں روک نہیں سکتی ہچکچانے کی چنداں ضرورت نہیں، دریائے عمل میں غوطہ زن ہو جاؤ۔ حق و صداقت کے موتی تمہیں ضرور ملیں گے بھگوان سری کرشن کا یہی پیام ہے۔ اُن کے اپنے مبارک الفاظ کو سُنیئے فرماتے ہیں: یوگی وہی ہے۔ کام کرنے کا راز وہی جانتا ہے جو کام کی شدت ہی میں آرام ڈھونڈھ لیتا ہے۔ جسے شور و تلاطم میں بھی سکون و عافیت کی جھلک نظر آتی ہے اور ساتھ ہی مکمل اطمینان اور شانتی میں بھی زندگی کی تیز رفتاری اور شدت سے غافل نہیں ہوتا۔ ایسا شخص رُوحانی ارتقا کی بلند ترین منزلوں سے ہوتا ہوا ہستی کے کمال کو حاصل کر لیتا ہے"۔

ظاہر ہے کہ بھگوان سری کرشن نے یہ تعلیم دے کر عمل کا یہ راز بتا کر ہمارے سب دنیاوی فرائض کو تبرک اور تقدس بخش دیا ہے۔ اِس فلسفہ کی رُو سے دُنیا کا کوئی کام ایسا نہیں ہے جسے ہم کم درجہ کہہ سکتے ہیں۔ کوئی شخص ایسا نہیں جسے ہم اس کے کام یا پیشہ کی وجہ سے نیچ کہہ سکیں۔ ہر شخص کا کام اپنی جگہ اہم اور متبرک ہے جب کام بھگوان ہی کے اَرپن کرنا ٹھہرا اور جب بھگوان سب کی بھینٹ کو برابر قبول کرتے ہیں تو فرق و امتیاز کہاں رہ جاتا ہے۔

جس دوسرے جگت گُرو کا مجھے آج ذکر کرنا ہے وہ ہیں مہاتما بدھ۔ اُن کا معرکتہ الآرا پیغام سُنیئے جنے دُنیا کو ہلا دیا جس میں آج بھی زبردست طاقت ہے۔ اور جسے سُن کر ہمیں محسوس ہوتا ہے کہ خود ہمارے دل میں اس کا مقام ہے۔ بھگوان بُدھ کہتے ہیں خود غرضی کو کُلیتاً مٹا دو۔ اس کو جڑ سے اُکھاڑ پھینک دو۔

ہر اُس چیز سے احتراز کرو جو خود غرضی کی طرف لے جاتی ہے۔ دُنیا کے غلام نہ بنو۔ اپنی چھوٹی خودی کو ختم کر دو مکمل طور پر بے غرض بن جاؤ۔ دُنیا دار بے غرض ہونے کا دعوےٰ کرتے ہیں۔ لیکن جہاں عملی ثبوت دینے کا موقع آتا ہے۔ خود غرضی کی طرف جھک جاتے ہیں۔ مثلاً خاوند اپنی بیوی کو دیکھ کر بے غرضی کے سارے دعوے بھول جاتا ہے یا ماں اپنے بچے کو سامنے پاکر تمام دُنیا کو اس پر قربان کرنے پر تُل جاتی ہے دُنیا کی ہر شے کا یہی حال ہے۔ مہاتما بدھ کہتے ہیں کہ جب انسان کے دل میں اپنی غرض پُوری کرنے کی خواہش پیدا ہوتی ہے۔ اور اس خواہش سے محرک ہو کر انسان خود غرضی کی راہ پر چل دیتا ہے۔ تو اس کی حقیقی ہستی، اس کی سچی خودی غائب ہو جاتی ہے۔ وہ خواہشات کا غلام ہو کر وحشی حیوان سے بھی بدتر ہو جاتا ہے اُسے دوسرے انسانوں سے ہمدردی نہیں رہتی وہ کبھی دوسروں کو اپنے پر ترجیح نہیں دیتا "پہلے آپ" اس کی زبان سے نکلتا ہی نہیں۔ اس کی زندگی کا تو یہی اُصول بن جاتا ہے کہ مجھے تو اپنے کام سے مطلب ہے مجھے دوسروں کی کیا پڑی وہ اپنے مفاد کا خود خیال رکھ لیں گے۔

آپ نے دیکھا کہ جہاں ہمیں بھگوان سری کرشن کے قوت بخش پیام کی ضرورت ہے۔ وہاں مہاتما بُدھ کی انسانیت خیز تعلیم کے بغیر بھی ہماری زندگی بلند نہیں ہو سکتی بھگوان کرشن کے بتائے ہوئے اُصول پر عمل کرنے سے ہی دُنیا کا کاروبار ٹھیک چل سکتا ہے نہیں تو ہم ہل بھی نہیں سکتے۔ انہیں کی تعلیم کی بدولت ہم اپنے ہر فرض کی ادائیگی سے سکون اور خوشی حاصل کر سکتے ہیں۔ ورنہ ہر ذمہ داری وبالِ جان بن کر رہ جائے۔ وہ کہتے ہیں اگر تمہارے کام کا کوئی پہلو اچھا نہیں تو گھبرانے کی کیا بات ہے۔ دُنیا کا کوئی کام ایسا نہیں جس میں کچھ نہ کچھ بُرائی نہ ہو۔ تم بے تعلق ہو کر کام کئے جاؤ۔ کام کے نتائج بھگوان پر چھوڑ دو" یہ سب کچھ بجا ہے اور اس پر عمل کئے بغیر جینا مشکل ہو جاتا ہے۔ لیکن ہمارے دل میں سکون اور چین کی جو زبردست خواہش ہے۔ اُس کو مہاتما بدھ کی تعلیم ہی پُورا کرتی ہے۔ ہم دیکھتے ہیں کہ وقت تیزی سے گزر جاتا ہے۔ دُنیا کی ہر شے محدود اور فانی ہے۔ ہر طرف دُکھ اور مصیبت ہے۔ اگر ایک کے پاس کھانے کو اچھا کھانا ہے اور پہننے کو اچھا کپڑا ہے تو ہزاروں بھوکے مرتے ہیں۔ اور لاکھوں ننگے رہتے ہیں۔ خوش حال لوگوں کو غریبوں کے دُکھ کا احساس کم ہی ہوتا ہے۔ لیکن کبھی کبھی تو ہر شخص کی زندگی میں کچھ لمحے ایسے آتے ہیں کہ انسان سمجھتا ہے کہ چاروں طرف دُکھ ہی دُکھ ہے۔ حق تو یہ ہے کہ آدمی پیدا ہی روتے ہوئے ہوتا ہے۔ یہ جہان تو آہ و زاری کا مقام ہے۔ اس سے نجات کیونکر حاصل ہو سکتی ہے؟ اس سوال کا جواب مہاتما بدھ دیتے ہیں اُن کا دُنیا کو یہی پیام ہے کہ اس دُکھ کا علاج چاہتے ہو تو یہ خود غرضی چھوڑ دو۔ دوسروں کے لئے جیو۔

لیکن ہماری رُوحانی تکمیل کے لئے بھگوان سری کرشن اور مہاتما بُدھ کے ہی پیام کافی نہیں۔ حضرت یسوع مسیح رُوحانی زندگی کے ایک اور پہلو پر زور دیتے ہیں وہ کہتے ہیں:" یزدانی دولت کی نعمت تمہارے اندر موجود ہے۔ اپنے آپ کو اس بے بہا نعمت کے قابل بناؤ۔" ہمیں اس اُمید افزا پیام کی اتنی ہی ضرورت ہے جتنی بھگوان سری کرشن اور مہاتما بُدھ کے پیاموں کی۔ فرض کیجئے کہ میں بھگوان سری کرشن کے اُصول کے مطابق بے تعلق ہو کر اپنے فرائض کو انجام دینے کی کوشش کر رہا ہوں۔ اس کوشش میں بسا اوقات میں اپنے معیار تک نہیں پہنچ سکتا۔ ایسے موقع پر جب میرے دل میں کسی چیز کے لئے خاص تمنا پیدا ہونے لگتا ہے تو مہاتما بدھ کا پیام آکر مجھے اپنی کمزوری سے آگاہ کر دیتا ہے۔ مجھے آواز آتی ہے" خبردار۔ اس دُنیا کی ہر شئے فانی ہے دُنیا سے جی لگانے سے دُکھ کے سوا اور کچھ حاصل نہیں ہوتا"۔ میں یہ آواز سُنتا ہوں اور کچھ سنبھل جاتا ہوں لیکن اس بات کا فیصلہ نہیں کر پاتا کہ دُنیا کے کام کاج میں لگا رہوں۔ یا اس سے کنارہ کش ہو جاؤں اس مقام پر حضرت یسوع مسیح کا پیغام بجلی کی کڑک کی طرح گونج اُٹھتا ہے۔ تیار ہو جاؤ۔ یزدانی دولت تمہارے ہاتھ میں آیا ہی چاہتی ہے۔ دیر مت کرو۔ کل تک کوئی بات نہ چھوڑو۔ اپنے آپ کو اس نعمت کے قابل بناؤ نہیں تو ہاتھ ملتے رہ جاؤ گے۔ اِس پیام کا اپنا مقام ہے۔ ہم اس پیام کو بھی قبول کرتے ہیں اور اس پیغمبر پر بھی بار بار سلام بھیجتے ہیں۔ ہم خدا کے اس اوتار کے آگے بھی سر جھکاتے ہیں۔

اس کے بعد رسُول خدا حضرت محمدؐ مساوات کا پیام لے کر ہمارے درمیان آتے ہیں۔ یہی مساوات کی تعلیم ہی اِسلام کی سب سے بڑی خوبی ہے۔ اسی مساوات کی تعلیم کی بدولت ہی اِسلام دنیا کے کونے کونے میں پھیلا اور اسی کی بدولت یہ مذہب زندہ ہے؛ ورنہ زندہ رہے گا۔ اور حضرت محمدؐ اس مساوات کے پیغمبر ہیں۔ اُنہوں نے دُنیا کو انسانی اخوت کا سبق دیا اور اس اُصول پر عمل کرنے کا طریقہ بتایا۔

تو دیکھا آپ نے کس طرح ہمارے یہ پیغمبر اور اوتار اپنا اپنا مخصوص پیغام لے کر دُنیا میں آئے اور ہماری مذہبی اور روحانی زندگی کو مالا مال کر گئے۔ اگر کوئی اِس پُوری وراثت کو سنبھال نہیں سکتا اور اس میں سے صرف کچھ حصے ہی کو قبول کرتا ہے تو یہ کم ظرفی ہے۔ مگر اس میں اس وقت تک کوئی بُرائی نہیں جب تک دوسروں کو اپنے حال پر چھوڑ دیا جائے اور نکتہ چینی اور جھگڑے فساد تک نوبت نہ آئے۔ لیکن رونا تو اس بات کا ہے کہ کم ظرف اور کم علم لوگ نہ صرف اپنے مخصوص پیغمبر یا اوتار کی تعلیم ہی تک اپنے آپ کو محدود کر لیتے ہیں بلکہ دوسرے رہنماؤں کے پیام کو اپنے خیالات کے مطابق توڑ موڑ کر ایک ہی مرکز پر لانے کی کوشش کرتے ہیں۔ اِن خود ساختہ نظریوں کو ان مذہبی رہنماؤں سے منسوب کر دیتے ہیں۔ اس لئے یہ یاد رکھنا چاہیئے کہ ہمیں دُنیا کے عظیم اوتاروں اور پیغمبروں کو سمجھنے کے لئے تبصروں اور تفسیروں کی ضرورت

نہیں، اِن ہستیوں نے اپنے اصولوں کو خود اپنی زندگی میں مجسّم کر کے ہمارے سامنے مثالیں قائم کر دی ہیں۔ اُن کی تعلیم کی بہترین تفسیر خود اُن کی زندگی ہے۔ اس کے مطالعے سے ہی اُن کے اصولوں کی تشریح ہو جاتی ہے۔ کسی پیغمبر کے پیام پر غور کرو اور پھر اُن کی زندگی کو دیکھو تو صاف پتہ چلتا ہے کہ اُن کا پیام اُن کی زندگی کا نچوڑ ہے۔ اور اُن کی زندگی اُن کے پیام کا مجسّم ثبوت۔ گیتا کو پڑھیے اور پھر بھگوان سری کرشن کی زندگی کا مطالعہ کیجیے تو یہ بات اچھی طرح واضح ہو جائے گی۔ اِس طرح حضرت محمدؐ نے اپنی زندگی ہی میں یہ دکھا دیا کہ اہلِ اِسلام میں مکمل مساوات اور اخوت کے کیا معنی ہیں۔ اُن کے یہاں نسل، قوم، ذات، رنگ یا جنس کا فرق روا نہیں ہے۔ مثلاً اگر ترکی کے سلطان کا زر خرید افریقی غلام اِسلام قبول کر لیتا ہے تو یہ سب باتیں مٹ جاتی ہیں کہ وہ پا بزنجیر لایا ہوا غلام ہے وہ افریقی ہے۔ سیاہ فام ہے۔ دوسری نسل کا ہے۔ مسلمان ہو کر وہ سلطان کے برابر ہو جاتا ہے۔ اور اگر اس میں قابلیت ہو اور آزاد ہو کر اس قابل ہو جائے کہ شہزادی سے شادی کر سکے تو یہ شادی بھی ممکن ہو سکتی ہے۔ اسلام کی اِس مساوات کا مقابلہ کیجیے۔ اُس طرزِ عمل سے جو آپ کے ملک میں نیگروں اور ریڈ انڈین لوگوں سے برتا جاتا ہے۔ یا جو اونچی ذات کے ہندو میرے ملک میں اُن لوگوں پر روا رکھتے ہیں جنہیں وہ نیچ یا پنچ ذات کے لوگ کہتے ہیں۔ مثلاً اگر کسی عیسائی کا ہاتھ ان کے کھانے کو لگ جائے تو وہ اسے ناپاک سمجھ کر پھینک دیں گے اور یہ حالت ہے ہماری باوجود ویدانت کے عظیم الشان فلسفے کے وارث ہونے کے، دنیا میں اِنسانوں کا ایک دوسرے کے ساتھ اس قسم کا سلوک دیکھ کر ہی اس بات کا اندازہ لگایا جا سکتا ہے کہ اہلِ اسلام کی نسل اور رنگ وغیرہ سے بالا مساوات کی عظمت کیا ہے اور حضرت محمدؐ کی عملی مساوات اور اخوت کی ہمیں کس قدر ضرورت ہے۔

مجھے اُمید ہے کہ آپ میری اِس بات سے اتفاق کرینگے کہ ہم دُنیا کے تمام اوتاروں اور پیغمبروں کے مخصوص اور بنیادی اُصولوں کو نہ صرف اپنا سکتے ہیں۔ بلکہ اپنے مذہب پر قائم رہتے ہوئے اُن پر عمل بھی کر سکتے ہیں اور اگر ہمیں سماجی اور مذہبی ترقی مطلوب ہے۔ اگر ہمیں انسانی تہذیب کی معراج کو پانا ہے تو ہمیں اصولاً اور عملاً سب اوتاروں اور پیغمبروں کو اپنانا ہوگا۔

یہاں ضروری معلوم ہوتا ہے کہ میں اس عام سوال کے بارے میں بھی کچھ کہوں کہ کیا آئندہ اور بھی اعلیٰ مقام پیغمبر پیدا ہونگے، مجھے اِس میں رتی بھر شک نہیں کہ آئندہ بھی بلند مرتبہ اوتار اور پیغمبر ہماری رہنمائی کے لئے پیدا ہونگے۔ یہ امر یقینی ہے لیکن ہمیں اس بحث میں پڑنے کی ضرورت نہیں مستقبل کے انتظار کی ضرورت نہیں۔ ہماری رہنمائی کے لئے گزشتہ پیغمبروں اور اوتاروں کی زندۂ جاوید روشن مثالیں موجود ہیں۔ میں آپ میں سے ہر ایک کو زمانۂ حال کے اُس نئے مذہب کا پیغمبر بننے کی تلقین کرتا ہوں

جس میں سب پُرانے پیغمبروں کو عزت کا مقام حاصل ہو۔ جس کی مقدس کتاب پُرانی مقدس کتابوں کو اپنی وسعتوں میں سموئے ہوئے ہو۔ پرانے سب اُصولوں کو اکٹھا کر لیجیے۔ اور اُن پر عمل کر کے آگہی اور عرفان کے اُس مقام پر پہونچ جایئے جہاں نہ صرف اِن اُصولوں کی حقیقت آپ کی ہستی میں مُجتّم ہو جائے بلکہ اگر ضرورت ہو تو آپ اِن میں اضافہ بھی کر سکیں۔ یہی مقام پیغمبروں کا مقام ہے۔ اور آپ سب کو ایک دن اِس مقام پر پہنچنا ہے۔ پُرانے پیغمبر اور اوتار سب کے سب تعظیم اور پرستش کے قابل ہیں۔ ہمیں سب کی عظمت کا اعتراف ہے۔ اگر ہم اپنے آپ کو اُن کا غلام سمجھتے ہیں تو بالکل بجا ہے وہ ہمارے رہنما ہیں۔ وہ ہمارے لئے رُوحانی راستے کھول گئے ہیں ہم اُنہیں اوتار اور رسول مان کر پوجتے ہیں اور پُوجنا چاہیے بھی لیکن اس پوجا میں ہمیں یہ نہیں بھولنا چاہیئے کہ ہماری اپنی حقیقی خودی بھی پرستش کے قابل ہے۔ اگر وہ پیغمبری کے مقام تک پہنچ سکتے تھے۔ اگر اُنھیں خدا کی قربت حاصل ہو سکتی تھی۔ اور وہ خدا کے فرزند کہلا سکتے تھے تو کوئی وجہ نہیں کہ ہم سب جو اُن کی طرح انسان ہیں۔ اُن کے مقام تک نہ جا سکیں[1]۔ وہ اپنے وقت میں درجۂ کمال تک پہنچ گئے۔ آج ہمیں بھی اپنے کمال تک جانا ہے۔ حضرت یسوع مسیح کے اِن الفاظ کو یاد رکھیئے "یزدانی دولت تمہارے ہاتھ آنے والی ہے"۔ آؤ آج ہم میں سے ہر ایک اِس بات کا مصمم ارادہ کرلے کہ میں بھی خدا کا پیغمبر بن کر رہوں گا۔ میں بھی نُورِ حقیقت کا عالمتاب آفتاب بن کر چمکوں گا۔ میں بھی فرزندِ خدا کا وہ مقام حاصل کر کے رہوں گا۔ جہاں قربت میں من و تو کا فاصلہ مِٹ جاتا ہے۔ اور انسان اور خدا ایک ہو جاتے ہیں جہاں میں میں نہیں رہوں گا۔ جہاں میرا احساسِ خودی احساسِ خدا بن جائے گا۔

---

[1] طالبِ لعل و گہر نیست وگرنہ خورشید
ہمچناں در عملِ معدن و کان است کہ بود